山西省哲学社会科学项目"生态善治视域下多元主体协同供给生态产品的制度创新研究"的阶段性成果

XinZiYou ZhuYi JingJiXue
SiXiang PiPan

生态文明建设思想文库

▶▶▶▶▶▶

杨茂林 主编

新自由主义经济学
思想批判

——基于生态正义和社会正义的理论剖析

李繁荣 著

山西出版传媒集团

山西经济出版社

图书在版编目（CIP）数据

　　新自由主义经济学思想批判：基于生态正义和社会正义的理论剖析 / 李繁荣著. -- 太原：山西经济出版社，2017.12

　　（生态文明建设思想文库）

　　ISBN 978-7-5577-0291-5

　　Ⅰ.①新… Ⅱ.①李… Ⅲ.①新自由主义（经济学）—研究 Ⅳ.①F091.352

　　中国版本图书馆 CIP 数据核字（2017）第 319415 号

新自由主义经济学思想批判：基于生态正义和社会正义的理论剖析

著　　者：李繁荣
责任编辑：李慧平
特约编辑：任永玲
封面设计：雨　竹

出 版 者：山西出版传媒集团·山西经济出版社
社　　址：太原市建设南路 21 号
邮　　编：030012
电　　话：0351-4922133（市场部）
　　　　　0351-4922085（总编室）
E - mail：scb@sxjjcb.com（市场部）
　　　　　zbs@sxjjcb.com（总编室）
网　　址：www.sxjjcb.com

经 销 者：山西出版传媒集团·山西经济出版社
承 印 者：山西出版传媒集团·山西人民印刷有限责任公司

开　　本：787mm×1092mm　　1/16
印　　张：16.75
字　　数：248 千字
印　　数：1-1000 册
版　　次：2017 年 12 月 第 1 版
印　　次：2017 年 12 月 第 1 次印刷
书　　号：ISBN 978-7-5577-0291-5
定　　价：48.00 元

总 序

　　《生态文明建设思想文库》(以下简称《文库》)是为积极顺应可持续发展战略,顺应党的十八大着重强调的"生态文明建设"发展要求而组织撰写的。它是我们此前出版的《经济社会可持续发展思想文库》之后的又一套丛书。本《文库》的组织撰写,目的在于积极促进联合国《21世纪议程》规定的可持续发展战略的落实,同时也将批判性地反思新自由主义的风行所导致的与社会正义和生态系统法则相背离的各种理论观点。为此,《文库》将从不同角度对与可持续发展战略相关的理论与实践问题进行探讨,故涉及内容较为广泛。

　　在当今时代条件下,无论可持续发展战略的落实,还是生态文明建设的推进,重视马克思经典的自然伦理的指导作用,了解并探讨"自然资本论"和"自然价值论"等国际前沿理论,认清新自由主义的泛滥导致的南北差距、各国内部的两极分化及威胁第三世界国家国际贸易的不平等现实,重视区域经济生态化定向及城乡生态化建设的发展趋势,注重完善和健全的环境法的重要性等等,都是与可持续发展及生态文明建设密切相关的理应探讨的重要内容。而所有这些,同样也都是我国目前急迫需要解决的重要问题。正因为如此,本《文库》组织撰写的内容具体包括:《自然的伦理——马克思的生态学思想及其当代价值》《新自由主义经济学思想批判——基于生态正义和社会正义的理论剖析》《自然资本与自然价值——从霍肯和罗尔斯顿的学说说起》《新自由主义的风行与国际贸易失衡——经济全球化导致发展中国家的灾变》《区域经济的生态化定向——突破粗放型区域经济发展观》《城乡生态化建设——当代社会发展的必然趋势》及《环境法的建立与健全——我国环境法的现状与不足》七个方面。

其中,《自然的伦理——马克思的生态学思想及其当代价值》一书,从历史的和逻辑的两个方面,系统研究了马克思的许多经典著作,研究了马克思的自然哲学思想的形成基础,研究了"古希腊自然哲学、德国古典哲学自然观及近代自然科学对马克思自然观形成的影响。进而,作者又探讨了马克思自然观的发展历程,具体说,从对《德谟克利特的自然哲学和伊壁鸠鲁的自然哲学的差别》(马克思博士论文)的考察,到对《1844年经济学哲学手稿》的探析,再到对《资本论》等经典著作的整体认知,全面探讨了马克思自然伦理的发展过程。在此基础上,又通过对马克思自然观与生态伦理的内在联系;马克思"人本自然论"的生态伦理意蕴;马克思"非中心技术论"的生态伦理意涵;马克思"物质变换论"的生态伦理特征;马克思的"生态正义论";马克思的生态伦理与当代生态文明实践等内容的全面论述,从而揭示出由"人本自然论""非中心技术论""物质变换论"和"生态正义论"等方面构成的马克思自然伦理的主要思想。这也是本书为我们呈现的马克思早在19世纪就已经创立的自然伦理思想著述。

关于人类与自然界的伦理关系,西方其他学者也有研究。譬如,美国学者奥尔多·利奥波德于1949年出版的《沙乡年鉴》《土地伦理学》一章中,也曾谈到工业化时代的人与"土地"(即他当时认为的自然环境)的伦理关系问题。由于利奥波德在20世纪40年代末就提出了人与自然环境的伦理关系,而在当时的美国受到了很大欢迎,故此,美国人将之誉为美国的以赛亚(希伯来人的"先知")。但是,与19世纪早就强调"人与大自然的伦理关系"的马克思相比,这位受到美国人普遍尊敬的"以赛亚式人物",已经是一位迟到了的"以赛亚"。

新自由主义的经济学者,在其对马克思的著述内容不甚了解情况下,武断地散布所谓"马克思主义过时论",以达到他们传播新自由主义的目的。而《自然的伦理——马克思的生态学思想及当代价值》一书的理论价值就在于:它以实证性的研究成果对上述观点进行了逻辑学的事实反驳!从全书论述的内容可以清楚地看出,马克思自然伦理思想的超时代性和历史穿透力是十分强烈的,因为我们所处的时代,亦即联合国《21世纪议程》为世界各国规定的"可持续发展战略"的时代,不仅强调人类与自然界的伦理关系,而且还将之延伸到了"代际"范畴。换言之,延伸到哈佛大学约翰·罗尔斯《正义论》中强调的"代际正义"①,亦即当代人与以后各代人的伦理关系方面。这也正是联合国"可持续发展战略"的主旨所在。故此,马克思自然伦理思想的伟大意义就在于:它可被运用于指导我们所处的"可持续发展战略"时代,运用于我国"生态文明"建设的实践之中。

《新自由主义经济学思想批判——基于生态正义和社会正义的理论剖析》一书,作者从马克思主义的基本观点出发,基于生态正义和社会正义,全面剖析了新自由主义的经济学理论和思想体系,剖析了它与市场原教旨主义理论上的一致性。正像亚当·斯密片面地主张自由市场经济一样,新自由主义也是同样。二者不仅有着理论上的病态一致,而且也都造成了各自所处时代的灾难性结局。所不同,后者因其中个别学者曾获"诺贝尔经济学奖"而使之更具有欺骗性,它也给当今世界各国造成更大的危害。因此,如果说亚当·斯密的自由市场经济学说导致了 1929—1933 年资本主义世界普遍经济危机,那么,新自由主义自 20 世纪 70 年代以来,也同样造成世界范围多次危机的发生。正像作者在《前言》中所说:新自由主义已经酿成"1987 年的黑色星期一,1994 年的墨西哥金融危机,1997 年的东南亚金融危机,2007 年的美国次贷危机,还有持续至今的全球性经济低迷。这些正以铁的事实告诉人们,新自由主义带领它的追随者,在经历短暂的繁荣后,正一步步走向更深的泥潭。经济危机间歇性爆发的间隔缩短,经济危机爆发涉及更广泛,因而危害程度也更深。

在书中,作者从马克思自然哲学思想出发,阐述了马克思在《资本论》中倡导的"人与自然正常的物质变换"的生态正义观,并借此剖析了新自由主义经济学的生态缺位。她指出:即如市场原教旨主义那样,新自由主义极力倡导的私有化、自由化、市场化,无视对自然界的过度消耗,这种以异化自然方式造成的生态影响已经全球化。在以资本为主体"追求经济不断增长的压力下,地球上几乎所有的动植物、土壤、空气、水等,都受着自由市场的操纵,屈从于资本增值的需要"。 进而,她又针砭了新自由主义的所谓"经济增长观"连同其"国际贸易理论"等自"华盛顿共识"以来造成的全球性生态困境和灾变。实践证明,它已经对人类生态安全形成了巨大的威胁。正像作者在《前言》中批评指出

① 〔美〕约翰·罗尔斯. 正义论. 北京:中国社会科学出版社,2001:285.

的:"新自由主义经济思想指导下的经济发展模式,忽略了人与自然之间的物质变换关系,掠夺性利用自然生态系统,才是导致全球性生态危机的真凶。"与此同时,她还进一步批评指出新自由主义极力倡导的"自由化、私有化、市场化"与"生态产品"及整个自然生态系统法则相背离的实质。在此基础上,作者不仅批判性地剖析了新自由主义学说体系的生态缺位,而且从更深层次指出了它是造成当代环境危机的核心意识形态。故此,她在第八章伊始就明确强调:"在这种价值观和意识形态的引领下,必然产生'个人主义基础上的利益最大化'与生态道德缺失之间的严重冲突"!

对于自由市场经济学说的生态缺位,马克思在《1844年经济学哲学手稿》中早有批评。他说:"自然界,就它本身不是人的身体而言,是人的无机的身体。"他还说:在资本主义自由市场经济制度下,"异化劳动使人自己的身体,以及在他之外的自然界,他的精神本质,他的人的本质同人相异化"[①]。这也是马克思最早把自然界作为"人的无机的身体"来对待,批评资本主义自由市场经济的"异化劳动",包括异化人的无机的身体——自然界,亦即"异化自然"而不记入其账簿的相关论述。其后,福利经济学派也有批评。庇古于1920年曾指出:追求"经济人自身利润最大化"的自由市场经济,将会导致"外部不经济"。发生于20世纪40年代至60年代的"洛杉矶光化烟雾",及50年代的"伦敦雾"等,均以铁的事实证实了这一点。正因为如此,美国学者赫尔曼·E.戴利在《珍惜地球》一书中指出:"亚当·斯密看不见的手使得私人的自利在不自觉地为公共利益服务,看不见的脚则导致私人的自利不自觉地把公共利益踢成碎片。"[②]而加勒特·哈丁则称之为"公地悲剧"![③]不难看出,新自由主义最无视的正是它们胁迫第三世界国家时常常用来说事儿的"普世价值",因为它们除了热衷鼓吹追求"经济人自身利润最大化"(内部经济)的市场经济外,并不尊重"人的无机的身体,即自然界"(马克思语);并不尊重"自然界的内在价值"(罗尔斯顿语)。故此,在它们炮制"华盛顿共识"后,便极力将这种违背自然法则的,反自然、反人类、反"普世价值"的理论,作为资本主义的国家意识形态向世

① 〔德〕马克思恩格斯全集.第42卷.北京:人民出版社,1979:95.

②③〔美〕赫尔曼·E.戴利.珍惜地球——经济学、生态学、伦理学.北京:商务印书馆,2001:41—43、146.

界各国强力推行。大量的事实证明,它已经造成了遍及全球性的"公地悲剧"!很清楚,全球自然生态系统遭到的严重破坏,正是新自由主义"经济全球化"泛滥的必然结果。这也是本书作者抨击"新自由主义经济学是造成环境危机的核心意识形态"的原因所在。

在书中,作者基于马克思主义基本原理,从社会正义角度出发,对维护国际垄断资本主义利益的新自由主义做了全面剖析。同时结合法国学者托马斯·皮凯蒂《21世纪资本论》对欧美发达国家分配不平等问题加剧的相关研究,依据世界银行对各国贫富差距拉大的统计,依据发达国家与发展中国家收入的严重不平等,及所有受新自由主义渗透的国家贫富差距急剧拉大的大量事实,对新自由主义经济学思想提出了严厉批评。正像她在第九章所说的:"新自由主义的泛滥,使人类社会的贫富差距达到了前所未有的程度。一方面,使国与国之间发展的不平衡加剧;另一方面,在几乎所有推行新自由主义的国家内部,都出现了贫富差距拉大的问题",它已经造成整个世界,尤其是第三世界国家的普遍灾难!正因为如此,作者在《前言》中对新自由主义的本质作了概括性评述:"新自由主义是剥夺最大多数劳动者起码权利的主义,也是剥夺第三世界最后一道防线即国家主权、民族独立,使国际垄断资本主义可长驱直入、为所欲为、加紧全面掠夺和压榨的主义,同时它也是稳定国际垄断资本全球统治地位的主义。"

在书中,作者还进一步抨击了新自由主义极力推行的"资源配置"方式,并指出:这种资源配置方式必然崇尚"弱肉强食的丛林法则"。事实上,新自由主义推行的"'丛林法则'式资源配置"方式,也是推行社会达尔文主义的斯宾塞、白哲特、萨姆纳曾极力主张的方式,它是与人类文明进步背道而驰的,也早已被人类实践和科学研究的进步所证伪。显然,新自由主义将已经被淘汰的社会达尔文主义式"丛林法则"用于当今时代,既是人类文明进步的极大亵渎,也是反科学、反人类、反社会的行为!它无疑会造成"弱肉强食"的社会乱局,故此,必然会使业已进步了的人类文明倒退到"经济动物式"的野蛮世界。今天,世界各国,尤其是发展中国家普遍出现的马太效应,即"越有的越给予,越没有的越掠夺",出现的贫富极度两极分化,出现的即如作者所说的"财富在财富一方积累,贫困在贫困一方积累"的种种社会乱象,都是新自由主义推行社会达尔文主义式"资源配置"方式的必然产物。很明显,这种"资源配置"方式已经造成社会分配中的极大不公。这种情况,不要说在历史上早已经遭到经典的马克思主义的批判,即使在文化人类学的研究中,同样也会摒弃这种以资本利益为核心的"资源配置"方式。美国学者弗兰克·G.戈布尔所撰《第三思潮——马斯洛心理学》第十三章《协和社会》之中,记述了美国著名文化人类学家露丝·本尼迪克特对"高协和社会"与"低协和社会"给定的标准与规定。她说:"高协和社会与低协和社会,在财富分配方式方面似乎有着区别。一个优等社会无论其富裕程度如何,财富的分配往往更加均匀;而在劣等社会里,富者越富,贫者越贫。"①很清楚,按照文化人类学家露丝·本尼迪克特给定的标准,新自由主义推行的就是一种与人类文明进步相抵触的劣等社会。

　　《自然资本与自然价值——从霍肯和罗尔斯顿的学说说起》一书,也是本《文库》的重要组成部分,是进行生态文明建设同样需要加以重视的内容。作者以当代西方学者保罗·霍肯等人的《自然资本论——关于下一次工业革命》和霍尔姆斯·罗尔斯顿的《哲学走向荒野》《环境伦理学》等前沿性绿色经典为主线,批判性地分析了西方传统工业化发展老路存在的问题。人们知道,传统的工业化发展方式,是建立在资本主义工业化基础上的发展模式,是以人类统治自然、征服自然、肆意掠夺自然为目的,并以此作为经济社会发展的根本指导思想的。多年来,新自由主义的泛滥加剧了人类与自然界冲突的发展方式的复归,其宗旨就是满足全球资本主义各国的最大化利润需求。它所采取的方法就是向大自然进行无限度的掠夺和索取。但是,在其给资本主义诸国及发展中国家少数既得利益者带来巨大利益的同时,也造成了人与自然界的尖锐对立和冲突,并因此而引发了全球性生态恶化、环境污染、资源锐减、社会两极分化等一系列突出问题。

　　面对这种局面,突破"仅仅片面强调社会生产力发展水平和 GDP 主义"的传统工业化发展方式,强调"自然资本论"和"自然价值论"的时代意义与价值,改变以往价值观与发展思路,将人类统治自然、征服自然,并无节制地掠夺自然的惯性思维,转变为人类与自然和谐共处的思维方式,进而纠正传统工业化

---

① 〔美〕弗兰克·G.戈布尔.第三思潮——马斯洛心理学.上海:上海译文出版社,2006:100.

发展方式及新自由主义泛滥造成的无视"自然资本"和"自然价值"的人类中心主义传统习惯，重视"自然资本"和"自然价值"与当今及未来社会生活关联的紧密性，探索出一条与我国生态文明建设相匹配的社会经济发展路径势在必行。

正是基于这一前提，作者在书中较详细地分析了经济高速发展和科技高度发达的当今时代，《自然资本论——关于下一次工业革命》和《哲学走向荒野》等绿色经典为人类变革勾画的未来共同方向，并在此基础上，紧密结合我国实际情况进行了深入研究，即结合《自然资本论》对现行资本主义经济模式，尤其是对新自由主义主导的经济模式进行了批判性反思，同时探讨了经济学理论的生态变革，讨论了与我国可持续发展相关联的改革问题，研究了我国生态文明建设中"资源生态合理性优化配置的方式"，强调了我国"自然资本再投资的公共政策"建立的紧迫性，也设想了我国当前"自然资本价值评估与核算体系"的建构问题等。继此，作者又依据罗尔斯顿"自然价值论"的学说体系，进一步探讨了"自然价值论"的理论重建，"自然资本"与"自然价值"视域下的可持续发展及生态文明建设等问题。尤其是，在系统性地阐述了霍肯和罗尔斯顿学说与我国生态文明建设相关联的诸多问题后，又紧密结合2015年4月，中共中央、国务院发布的《关于加快推进生态文明建设的意见》，及2015年9月，中共中央、国务院印发的《生态文明体制改革总体方案》展开了讨论，这使得本书研究的内容与我国生态文明建设的联系更加紧密，也更贴近我国生态文明建设的实践过程。

《新自由主义的风行与国际贸易失衡——经济全球化导致发展中国家的灾变》一书作者是从事国际贸易专业的教师，多年来目睹了发展中国家，尤其是我国在国际贸易中屡屡受挫，频繁遭到以美国为首的西方资本主义诸国的"惩罚性关税"和因此造成的巨大贸易损失，以及不平等的国际贸易秩序给我们造成的种种灾难，促使她跟踪考察了新自由主义肆虐全球的整个过程，探究了问题的深层原因，目的在于为各级决策机关和国际贸易机构提供参考依据，建立相应的对策机制，以应对新自由主义操控的充满着阴谋和陷阱的国际商贸环境。

在书中，作者以大量的研究资料和数据，系统分析了新自由主义主导国——美国代表国际垄断资本主义利益，为推行国际霸权主义，操控世界银行、国际货币基金组织、WTO三大支柱，制定不合理的国际经贸规则，促成不平等的所谓"国际政治经济新秩序"，使发展中国家按照国际垄断资本主义的意图被动地陷入它们设定圈套的各种事实与经过。在书中，作者又进一步揭露了美国如何借助世界银行、国际货币基金组织对发展中国家或"转轨国家"进行全面渗透和干预，强迫它们执行所谓"结构调整方案"，改变它们原有的经济结构、政治制度、价值观念，乃至文化传统，并将之纳入受其垄断控制的世界资本主义体系之中的霸权主义逻辑。在此基础上，作者以其专业知识进一步指出：新自由主义的经济全球化过程，借发展中国家欲加入WTO的机会，强迫"政府放松管制"的实质在于弱化发展中国家政府的管控措施，使之可长驱直入任何发展中国家，主导它们的政治导向，控制它们的经济命脉，掌控既不受限制又可牟取暴利的市场空间。与此同时，一方面可廉价掠夺这些国家的珍稀资源，污染并破坏它们的生存环境；另一方面又设置各种严苛的贸易壁垒，包括"关税壁垒"和"非关税壁垒"，后者又包括"技术壁垒""绿色壁垒"和"蓝色壁垒"等。以林林总总的贸易壁垒方式，把发展中国家的商品拒之门外，从而形成不平等且畸形世界贸易格局——既能使财富源源不断地流向西方，又可使发展中国家在国际贸易中连连受损，使之长期陷入经济低迷、环境恶化和社会两极分化的混乱局面。

本书将新自由主义的真实面目告诉人们：新自由主义是一个可怕的敌人！在其主导的现行不平等的国际经济贸易秩序中，全球许多发展中国家都出现严重的灾变！发展中国家若要确保本国经济安全及可持续发展，若要保护自己的生存空间，就必须对新自由主义制定的各种政策方式保持足够警惕，并建立相应的对策机制。

《区域经济的生态化定向——突破粗放型区域经济发展观》一书作者，是从事区域经济研究工作的专业研究人员。研究工作中，时常会遇到粗放型区域经济发展方式引发的许多不良后果。譬如，山西省挖一吨煤，将损失2.48吨地下水资源就是这方面的突出例子。这种粗放型经济发展方式的严重弊端，也迫使人们思考改变它的措施。于是近年来，作者将研究目标定位于"区域经济生态化"方面，并撰写了此书，旨在以"生态文明建设"为前提，依据"当代工业生态学"和"协同学"方法论的基本原理,突破多年来一直受新自由主义经济学思想影响的粗放型经济发展的思维定式,强调区域性经济、社会、生态多元目标动态平衡和协调发展。因此,有关区域经济生态化定向的基本界说就是:借助对区域性生态系统和生物圈的协同认知,寻求使之与生物生态系统"正常"运行相匹配的革新途径的经济发展定向。具体说,就是要以高效节约为目的的"循环经济",零排放为目标的"清洁生产",多企业、多行业协同运作的方式,促成区域经济发展过程中的"资源生态合理性优化配置"。换言之,所谓区域经济的生态化定向,就是要以"资源生态合理性优化配置"的系统化运作方式,对区域内物质流、能量流和信息流进行多方面、全方位的立体化协调,从而使之符合整体的生态系统法则的经济发展定向。而所有这些,既是区域经济生态化定向必须加以讨论的内容,也是本书作者将详细加以阐述的方面。

《城乡生态化建设——当代社会发展的必然趋势》一书也是本《文库》的一个重要方面。作者依据我国生态文明建设的基本国策,及十八届五中全会提出的"创新、协同、绿色、开发、共享"的理念,参考大量国内外文献和城乡生态化建设的典型案例,结合我国目前亟待解决的城乡生态困境撰写了本书。全书从生态文明建设基本国策对我国城乡生态化建设的引领与指导,及我国现阶段城乡生态化建设的现实需要出发,分析了城乡生态化建设的影响因素,提出城乡生态化建设的实践依据,指出了生态化建设是目前我国亟待做出的理性选择,同时紧密联系城乡生态化建设与反贫困的实际,展望了我国城乡生态化建设的未来发展趋势等。总之,全书多方位、多角度地为我国城乡生态化建设提供了许多具体的、创新性的重要依据,它对各级决策机关和社科研究机构都有一定参考价值。

最后,作为本《文库》另一重要组成部分:《环境法的建立与健全——我国环境法的现状与不足》一书,阐述了自联合国 1972 年在斯德哥尔摩《联合国人类环境宣言》以来,我国"环境法"形成和建立的整个过程,及其存在的许多现实问题。作者从事"环境法学"的教学工作。多年来,目睹了新自由主义泛滥造成我国生态环境的巨大破坏而现行"环境法条款"却无可奈何的局面,促使她思考我国"环境法完善与现存生态困境突破"方面的课题,并撰写了此书。旨在探寻我国立法、司法方面存在的问题,考察我国"环境法"执行中的漏洞,以有利于纠正现行"环境法"的问题和不足。书中指出：我国在"环境法"立法理念方面，充斥着人类中心主义的思想，与可持续发展的要求相距甚远。现行"环境法"方面的制度并不健全，不足以解决层出不穷的环境问题。同时她还列举出诸如市场无序化、政府行为消极、权力寻租、立法技术落后、司法严重腐败等，对环境法实施与落实的实质性弱化，并认为这些都是我国"环境法"实施中出现的制约因素或瓶颈。正因为如此，作者在书的下编——《中国环境法律制度的未来展望》中，紧密结合我国生态文明建设的现实需要，提出了我国"环境法健全的许多具体设想和对环境法落实过程消极因素的制约措施，因而有利于从法律角度确保和促进我国生态文明建设的顺利进行。

　　总之，在本《文库》的七本书中，每一本书都有较为独特性的理论建构与创新，都有对前沿性学术问题的思考，都有与可持续发展战略原则和生态文明建设的现实需要紧密关联的理论价值，也都结合自己的专业特点及国际前沿学术动态，奉献出了其创新性的学术成果。它们的问世，将从不同角度，对我国生态文明建设发挥积极作用。但是，由于撰写时间仓促，书中难免会有一些不足，还望学界方家及广大读者指正！

2017.8.19

前　言

新自由主义经济思想带来了什么？

强调市场自由竞争、反对国家参与经济活动、主张推行私有化的新自由主义经济学，自 20 世纪 70 年代末以来一直在经济学中占据主导地位，其理论观点和政策主张流行于各个国家。近年来，新自由主义经济思想在发展中国家产生的影响远远大于其在发达国家产生的影响。沉寂多年，因凯恩斯主义无法解决"滞涨"问题而再次兴起的新自由主义经济思想为世界经济的发展"带来了什么"？这是我们在享受似乎"极大丰富"的物质产品的同时应该冷静思考的问题。

对于全球 60 亿人口中的绝大多数而言，"极大丰富"的物质产品似乎可以呼之即来，但一夜之间又会几乎所剩无几。新自由主义经济学所高举的那只"无形的手"在推动经济增长方面越来越吃力，持续性的经济增长越来越难以实现。善良的人们在感慨生活的艰难，怀念曾经的辉煌；冷静的批判者却看到，正是新自由主义经济学指导下的短期经济快速增长，导致了长期经济增长的不可持续。

1987 年的黑色星期一，1994 年的墨西哥金融危机，1997 年的东南亚金融危机，2007 年的美国次贷危机……持续至今的全球经济低迷，正以铁的事实告诉人们，新自由主义经济思想并没有带领有关国家真正摆脱"滞涨"，相反，新自由主义经济思想带领它的追随者在经历短暂的繁荣后，正一步一步走向更深的泥潭。经济危机间歇性爆发的间隔缩短，经济危机爆发时的波及面更广泛，危害程度更深。善良的人们在感慨经济形势难以琢磨，冷静的批判者却看到，频繁爆发经济危机的原因正在于经济现象背后的理论危机，正是新自由主义经济学指导下的经济发展模式,使经济危机不但不可避免,而且危害更深。

如果说"雾都伦敦"是古典自由主义经济思想指导下资本主义生产方式发展的必然结果,新自由主义经济思想的指导则使这种生态影响全球化。在追求经济不断增长的压力下,地球上几乎所有的动植物、土壤、空气、水等,都受着"自由市场"的操纵,屈从于资本增值的需要。经济增长的"成就"已经威胁到大多数物种的存在,包括人类自己的生存和发展。善良的人们在感慨自然界的破坏性力量越来越强大,冷静的批判者却看到,新自由主义经济思想指导下的经济发展模式,忽略人与自然之间的物质变换关系,掠夺性利用自然生态系统,才是导致全球性生态危机的真凶。

托马斯·皮凯蒂在《21世纪资本论》中对过去300年来欧美国家的财富收入作了详尽探究,旨在证明近几十年来收入不平等现象已经扩大,很快就会变得更加严重。越来越多的发展中国家也在用事实告诉人们,富裕阶层越来越奢靡的生活与贫困者阶层的窘迫所形成的鲜明对比。善良的人们在感慨人类生来就存在的不平等,冷静的批判者却看到,新自由主义经济思想指导下的生产方式,必然导致财富在财富一方积累,贫困在贫困一方积累。

早在20世纪50年代,拉丁美洲国家就非常"幸运"地受到新自由主义经济思想的关照,从芝加哥大学学成归来的拉美"精英"有的在政府中任部长或中央银行行长,有的成了著名的企业家,这就为新自由主义经济思想在这些国家的应用奠定了基础。20世纪90年代,为了"帮助"拉丁美洲国家,"华盛顿共识"进一步为他们提供了改革方案和对策,开出了"开放市场、取消国家干预和将国有企业私有化"的药方。时至今日,拉美地区危机频发,社会秩序紊乱,拉美国家不仅没能解决反而加重了失业、分配不公和贫困化三大社会问题,经济增长几近停滞,拉美人民的生活较之以往更艰苦。善良的人们在同情拉丁美洲人民的同时也怒其不争,冷静的批判者却看到,新自由主义经济思想是带着资本的使命前往拉丁美洲的,披着"经济全球化"外衣的新自由主义贸易模式,使发展中国家"自愿"接受发达国家的剥削,导致国与国之间的差距加大。

不仅如此,新自由主义经济思想所主张的资源配置方式必然崇尚弱肉强食的"丛林法则",这种竞争精神越来越深入地渗透在经济生活、社会生活的各个方面。善良的人们在感慨传统文化和传统道德流失,冷静的批判者却看到,在竞争中,"我们也失去了大量与当今商业文化抵触的重要价值观"①。

如何对待新自由主义经济思想?

之所以会提出"如何对待新自由主义经济思想"这一问题,是因为在我国理论界、学术界对待新自由主义经济思想方面存在较大的分歧。有的人极力鼓吹,也有人全盘否定,还有人不作比较和判断地学习和介绍该理论本身。

应该说,这三种对待新自由主义经济思想的态度都是不可取的。实际上,在如何对待一种经济理论的态度问题上,马克思早已经为我们做出了表率。马克思在批判地继承英国古典政治经济学理论的基础上,建立了科学的马克思主义经济理论体系。在经济思想史上,古典政治经济学从生产领域对资本主义生产方式进行了初步分析,奠定了劳动价值论的基础,并且在不同程度上研究了剩余价值的各种具体形式,对社会资本的再生产和流通进行了初步的分析和探讨。但是由于其作为资产阶级利益的代表,其理论不可避免地存在庸俗和自我矛盾的成分。马克思对资产阶级古典政治经济学进行了透彻的分析,批判地继承了其中的科学成分,深刻地批判和抛弃了其中不科学的成分。

正确对待新自由主义经济思想的态度,不是极力鼓吹,也不是全面否定,而是要在客观、理性认识新自由主义经济思想理论体系的基础上,辨别其科学合理成分,更要能甄别出其科学外衣下的真正面目。

新自由主义经济思想是在亚当·斯密的古典自由主义思想基础上形成和发展起来的。在资本主义生产方式发展早期,"看不见的手"为理论基础的古典自由主义经济思想代表着处于上升时期的资产阶级的利益,一定程度上揭示了资本主义生产过程的内在规律,具有历史进步性。新自由主义经济思想继承了古典自由主义经济理论的命脉,其理论体系中有一些反映了现代市场经济一般规律的成分,对于现代市场经济国家有一定的借鉴意义,需要结合本国具体国情加以批判地继承。

但需要注意的是,我国理论界、学术界对新自由主义经济思想的分歧并不

①〔美〕道格拉斯·多德(Douglas Dowd).资本主义经济学批评史[M].南京:凤凰出版传媒集团,江苏人民出版社,2008:2.

现代市场经济一般规律的揭示，而是在于新自由主义经济学的核心

新自由主义经济学体系庞杂，将这些学派归结一处的原因在于其理论基

政策主张的一致性。建立在人性自私、私有制永恒和市场万能理论基础上的新自由主义，在全球范围内提出自由化、私有化和市场化的政策主张。新自由主义对市场的过度颂扬和崇拜，可称之为市场拜物教。①这种产生于资本主义私有制背景下、以市场原教旨主义为核心的理论，仍然是为资产阶级利益服务，并且是适应国家垄断资本主义向国际垄断资本主义转变需要的理论。新自由主义经济思想有其天生缺陷和理论误区，新自由主义经济理论中有许多并不适合我国实际的成分，对此我们都应该坚决批判和抵制。

批判新自由主义经济思想就是反对改革吗？

我国的经济体制改革是由传统的计划经济体制转变为社会主义市场经济体制。党的十八届三中全会对全面深化改革做出了战略部署。经济体制改革是全面深化改革的重点，经济体制改革的核心问题是处理好政府和市场的关系，要使市场在资源配置中起决定性作用和更好发挥政府作用。从我国经济体制改革的历程可以看出，我国进行的经济体制改革是一种市场取向的改革，是使市场在资源配置中逐步发挥越来越重要作用的改革。而新自由主义竭力鼓吹的是市场经济，是市场万能论。这样一来，人们往往会认为我国经济体制改革的方向与新自由主义的市场化主张是一致的，认为我国经济体制改革就是以新自由主义经济理论作为指导的。有人据此便认为，批判新自由主义就是反对市场经济，就是否定我国正在进行的经济体制改革。

批判新自由主义经济思想就是反对改革吗？一定程度上讲，产生这种困惑的主要原因在于西方新自由主义经济理论本身是具有迷惑性的。如果对新自由主义经济思想的核心和本质没有清楚的认识，或者对我国经济体制改革的目标没有正确的认识，就会产生认为我国经济体制改革是以新自由主义经济理论为指导的错误看法。

---

① 李建平. 新自由主义市场拜物教批判——马克思《资本论》的当代启示[J].当代经济研究,2012(9).

毫无疑问，新自由主义经济理论中有很多反映现代市场经济发展一般规律的东西。我国在经济体制改革过程中，也吸收了新自由主义经济学中一些有益的东西，特别是借鉴了西方国家发展市场经济的一些具体的政策和做法。但这并不意味着我国经济体制改革就是以西方新自由主义经济思想作为指导的。恰恰相反，我们的经济体制改革需要在批判新自由主义经济理论的理论前提及其核心理论的基础上才能使改革保持正确的方向。

必须明确，中国的经济体制改革与新自由主义经济理论的主张有根本的区别。我国建立和完善社会主义市场经济体制，是社会主义制度下的市场经济，也就是在社会主义国家宏观调控下，让市场在资源配置过程中发挥决定性作用的市场经济。就改革方向而言，我国经济体制改革的方向不变，是社会主义的市场经济，而不是资本主义的市场经济；就改革的目标模式而言，我国的经济体制改革是要建立国家宏观调控下的市场经济体制，是计划和市场相结合的市场经济，而不是自由放任的市场经济。就这两点而言，新自由主义所主张的私有化、市场化、自由化核心理论，绝对不适合中国，绝对不能作为中国经济发展和改革的指导思想。恰恰相反，如果以新自由主义经济思想为指导进行中国的市场经济体制改革，那么，我国的经济体制改革的方向、经济体制改革的目标模式都将发生重大变化。

总之，中国的经济体制改革不是以新自由主义经济思想作为指导的，因此，批判新自由主义经济思想绝不意味着反对改革。相反，批判新自由主义经济思想，是对新自由主义经济思想中一些不利于中国社会主义市场经济体制改革的地方进行批判，其目的是为了使我国的市场经济体制改革继续沿着正确的方向推进。

新自由主义经济思想的实践影响

理论的是与非、好与坏，最终的评判标准应该是实践。

斯蒂格利茨说，新自由主义经济理论的有害之处在于，一方面，它为银行家和投资者的行为提供"理论根据"，使他们相信，他们追求私利，会提高全社会的福利；另一方面，它为监管者和决策者提供"理论根据"，使他们相信，解除或放松监管，会促使私人部门繁荣，使大家都能从中获益。在这样的理论引导下,生产者按照利润最大化原则进行生产,消费者按照效用最大化原则选择自己的消费行为,政府部门放松监管,以市场的力量充分调动各类生产要素的积极性。这一切看上去都非常激动人心,而在新自由主义最初盛行的那段时期,其对生产和经济的增长也确实起了重要作用,但在短暂的繁荣之后,贫富分化、资源耗竭、生态破坏、社会动荡等一系列后果开始逐渐出现。

新自由主义发端于资本主义国家,新自由主义经济思想借助全球化的工具极力向全球推广。有学者指出,新自由主义属于资本主义,但是新自由主义却给世界带来更大灾难。新自由主义是剥夺最大多数劳动者起码权利的主义,也是剥夺第三世界最后一道防线即国家主权、民族独立,使国际垄断资本主义可以长驱直入、为所欲为、加紧全面掠夺和压榨的主义,同时它也是稳定国际垄断资本全球统治地位的主义。

"但凡采用了新自由主义经济思想指导经济发展实践的国家,都没有好的下场。"对于奉行新自由主义经济学的国家和地区,从其经济社会发展的实践看,出现了"苏东倒退的 10 年,拉美失去的 10 年,日本爬行的 10 年,美欧缓升的 10 年"这样一种普遍的发展特征,这足以说明新自由主义经济思想的实践影响。而那些被联合国认定的 49 个最不发达的国家,并没有通过私有化和发达资本主义国家主导的经济全球化途径富裕起来,有的反而更加贫穷。总的看,新自由主义推行到哪个国家和地区,哪个国家和地区就会遭到巨大风险和灾难。

不可回避的基本问题

批判新自由主义经济思想,为什么批判?批判什么?怎么批判?新自由主义经济思想无论在理论上还是在实践中,其造成的影响和既成后果都是毋庸置疑的。在我国,尽管更为严重的后果没有表现出来,但新自由主义经济思想已经在许多领域占据了重要的理论地位。有美国学者在谈到中国大学经济学教育的时候认为,新自由主义经济学在中国大学经济学专业教育中已经"深入人心",中国学生现在学会的不只是如何使用一套分析工具,他们还戴上了一副新的偏光眼镜,未经思考辨别就透过它认识世界。而这种带着新自由主义偏光眼镜认识世界的不仅仅是学生,不仅仅是学者,甚至已经深入社会主义市场经济建设和完善的许多环节。当前，进一步完善社会主义市场经济体制的关键，还在于克服新自由主义的思想障碍。

多年来，对新自由主义经济学的批评不绝于耳，但对限制新自由主义经济学的进一步传播却影响甚微，究其原因，除了新自由主义经济思想应用于实践造成的一些暂时具有迷惑性的现象以外，人们对新自由主义经济思想本质的认识还存在一定的"欲说还休"的成分。从某种程度上讲，刻意地回避某个问题或一些问题的讨论，自然会影响对新自由主义经济思想批判的彻底性。其中，关于新自由主义经济思想的意识形态问题就是一个不可回避但又经常被刻意回避的基本问题。

人们往往不愿意从意识形态的角度去讨论某一种现象，以避免把经济问题的讨论和政治问题的讨论混淆在一起。但是，我们无法回避的是，每一种经济理论都代表了某个阶级的利益，新自由主义经济学自然也有它所代表的某个阶级的利益。从国际范围内分析，新自由主义经济理论的传播和新自由主义经济政策的推广，也是代表了以美国为首的发达国家的利益。20世纪80年代以来，从国际扩张上来看，新自由主义经济思想还代表了国际垄断资本主义的利益，成为西方国家诱导社会主义国家和平演变的理论武器，成为西方发达国家对发展中国家推行新殖民主义的理论武器。新自由主义经济学作为大垄断企业的代言人，维护的是大垄断资本特别是美国的垄断企业的利益。新自由主义推行到哪个国家和地区，哪个国家和地区就会遭到巨大风险和灾难，甚至成为重灾区。

另外，在市场经济发展过程中，经济自由主义基本上是对于竞争力较强的经济活动参与者有利的，也是大多数情况下经济的强者所愿意支持和采用的理论和政策；而国家干预主义则基本上是对于竞争力较弱的经济活动参与者有利的，通常情况下是经济的弱者和有特殊利益者所愿意支持和采用的理论和政策。[①]从这一角度来看，极力反对国家干预主义的新自由主义经济理论所代表的阶级利益显而易见。21世纪初，竞争力较强的经济活动参与者，从国际

① 王志伟.经济全球化下的新自由主义经济学[J].福建论坛(人文社会科学版),2004(2).

上来看,是以美国为代表的发达西方国家,这些国家在经济全球化过程中同其他发展中国家相比显然是竞争力较强的经济活动参与者,新自由主义经济学家所提出的经济理论和经济政策,是为了使这些国家在全球市场中获得更多的利益。

目　录

第一章　西方经济思想在中国的传播

第一节　西方经济思想:从古典自由主义经济学
到新自由主义经济学

自由主义经济思想最初形成于 17 世纪的英国，以亚当·斯密为代表的古典经济学的自由主义思想被称为古典自由主义,也被称为旧自由主义。古典自由主义经济学主张通过自由竞争的市场机制来保证资本流向更有效率的领域,政府只需充当创造良好外部条件的"守夜人"。

作为亚当·斯密的追随者,萨伊成为"自由市场"最热情的呼吁者。萨伊的"市场法则"认为"供给会自行创造需求",因此,自由市场经济不会出现"生产过剩"的危机。按照古典自由主义的观点,无论市场出现了什么麻烦,都不需要政府出手干预市场,市场这只"无形的手"会自行调节市场供给和需求,使经济发展过程中出现的麻烦自行得到解决。

古典自由主义通常被视为由于工业革命和随后的资本主义体制而产生的一种意识形态。①在古典自由主义经济学的理论指导下,西方经济社会的发展经历了上百年的繁荣,生产力发展水平迅速提高,如马克思所说,"资产阶级在它不到一百年的阶级统治中所创造的生产力, 比过去一切时代创造的生产力总和还要多还要大"。随着社会生产的发展,整个 19 世纪里开始交叉出现生产的扩张和收缩,这种周期性的生产过剩危机,到 20 世纪越来越严重,甚至在1929~1933 年爆发了灾难空前严重的全球性大危机。

①〔英〕诺尔曼·P.巴利(Norman P. Barry).古典自由主义[M].上海:上海人民出版社,1998.

席卷整个资本主义世界的经济大危机彻底暴露了自由放任市场经济的弊端。坚持萨伊定律而"什么也别做，站在那儿别动"的古典自由主义经济学家对危机束手无策。"看不见的手"能够使经济自行实现均衡的神话破灭，主张自由放任市场经济的古典经济学的时代宣告结束，凯恩斯主义经济学应运而生。凯恩斯提出危机是由于需求不足造成的，他认为，经济中不存在生产和就业向完全就业方向发展的强大的自动机制，他主张国家参与经济活动，通过扩张性的财政政策，甚至实行赤字财政等手段增加有效需求，以促进经济增长。

凯恩斯的政策主张被美国"罗斯福新政"采纳，推动美国经济率先从危机中走出来，社会生产力得到恢复，凯恩斯主义经济学也成为西方主流经济学。但是，由于凯恩斯主义经济学是在大萧条的背景下出现的，其扩大的总需求是通过扩张性的财政政策以及国家增加货币发行来实现的，赤字财政政策的推行带来种种恶果，以至到20世纪70年代，西方国家出现了严重的"滞涨"，经济停滞和通货膨胀的并存使凯恩斯主义由鼎盛转向衰败。20世纪80年代，凯恩斯主义经济学退出"官方经济学"的宝座。

由于凯恩斯主义经济学无力解决"滞涨"问题，沉寂几十年的新自由主义经济学又开始活跃起来，并取代凯恩斯主义经济学而成为西方主流经济学。新自由主义经济学的政策主张同古典自由主义经济学相似，反对国家干预经济活动，主张推行私有化。新自由主义经济学重新流行之后，对许多国家尤其是发展中国家的经济发展产生了重要影响。

第二节　西方经济思想在中国的理论传播

在不同历史时期，西方经济思想在中国的理论影响范围和影响深度不同。改革开放前，我们把外来的西方经济理论叫做"资产阶级经济学"；改革开放初期，我们把外来的西方经济理论叫做"西方经济学"；80年代初期，我们把外来的西方经济理论叫做"现代经济学"。从我们给予西方经济理论的名称上可以看出，西方经济理论在我国的地位逐渐发生变化，从排斥到接受到普及，西方经济理论在我国逐渐取得了主流经济学的地位。

实际上,西方经济思想在我国的传播早在 20 世纪初就开始了。19 世纪末 20 世纪初,中国清王朝封建社会已经走向晚期,经济社会发展全面落后于世界,虽然吸收了一些西方工业革命的成果,但封建自然经济缓慢发展的状况没有改变。此时的西方国家,经历了两次工业革命,生产力飞跃式发展,社会财富急剧增加。随着工业和资本的高度集中,19 世纪末 20 世纪初各主要资本主义国家先后过渡到垄断资本主义阶段。这一时期已经形成了相对比较成熟的经济理论体系,对西方国家经济社会发展过程中的经济现象和经济规律进行概括和总结,并指导市场经济进一步向前发展。西方国家日益扩大的生产和迅速提高的生产力水平与同时期我国半殖民地半封建社会的经济社会发展形势形成鲜明的对比,一些有识之士把中国社会发展壮大的希望寄托在相对较成熟的西方经济思想的指导上。因此,清朝末期与民国初期我国留学于欧美和日本的一批留学生成为西方经济思想的第一批引进者,而这些留学生回国以后也成为当时中国经济学界的主流力量,在西方经济理论著作的翻译和介绍方面做了大量工作。

新中国成立以后的前 30 年,即改革开放前,我们对西方经济理论的态度是全盘否定和批判。这与我国经济和政治需要有关。新中国成立之后立即着手建立的中央集权的计划经济制度,依靠行政力量制定国民经济发展计划,用计划手段而不是用市场手段作为配置资源的基本手段。这种计划经济制度排斥市场经济,对西方经济理论自然是全盘否定和批判的。另外,从意识形态上来看,社会主义阵营和资本主义阵营的对立,加上一度把市场经济与资本主义画等号、把计划经济与社会主义画等号的错误看法,使得这一时期的自由市场经济思想在我国经济建设实践中完全没有用武之地。同时,意识形态领域里的斗争也使得在我国宣传西方经济理论成为被禁止的事情。

十一届三中全会确立了"解放思想,实事求是"的思想路线,经济领域的一系列改革也逐步展开,我国经济发展迎来了新契机。建立中国特色社会主义市场经济,坚持以公有制为主体、多种所有制经济共同发展的基本经济制度,必须研究市场经济发展的客观规律,这就需要借鉴已经发展了几个世纪的西方国家的市场经济发展经验。因此,改革开放后,出现了新一轮的西方经济思想的传播热潮,介绍与引进西方经济学的工作全面展开。西方经济理论引进与介绍的一个重要渠道是高校经济学教育，西方经济学基础理论课程成为财经类院校以及其他高校经济学专业必修的课程。同时，大量西方经济学著作被翻译出版，为西方经济理论在国内的传播发挥了重要推动作用。

　　综上所述，西方经济思想在中国的理论传播经历了初步引进、否定与批判、全面接受三个历史阶段。显然，我们以何种态度对待一种经济理论，取决于我国经济社会的发展需要有什么样的经济理论作指导。西方经济思想在我国的传播过程，与我国每一个历史时期的时代特征密切相关。

第三节　西方经济学在中国经济学教育中的地位变化

　　高等学校的经济学教育是西方经济思想在中国传播的主要渠道。有目共睹的是，随着西方经济学在我国的传播，我国的高等学校经济学教育发生了重大变化；或者可以说，我国高等学校的经济学教育所发生的重大变化，推动着西方经济学在我国的传播。到目前为止，高校经济学教学中，西方经济学的地位和影响逐渐上升，而马克思主义经济学的指导地位已经严重地被削弱，马克思主义经济学在中国处于边缘化的状态。[①]理论经济学的教学从以马克思主义经济学为主转变为西方经济学和马克思主义经济学二元结构，实际上已经转变为西方经济学教学占据主阵地的态势。一些高校的经济学和管理学教育中甚至完全取消马克思主义政治经济学的课程，只要求学生掌握西方经济学理论。迷信、崇尚西方经济理论，把西方某些学派的理论或者西方国家的某些政策实践奉为教条，认为只有西方经济理论才能正确指导中国市场经济发展学者的大有人在。

　　西方经济学在中国经济学教育中的地位变化是适应中国经济社会的变化而发生的。改革开放以后到现在，中国的经济学教育经历了曲折的发展历程，从西方经济学逐渐占据高校经济学教育主阵地的历程看，可以把中国的经济学教育划分为三个阶段。[②]

---

　　① 刘国光.对经济学教学和研究中一些问题的看法[J].高校理论战线,2005(9).
　　② 何自力.对中国经济学教育二元格局的反思[J].经济纵横,2009(1).

1978 年改革开放到 1992 年期间,适应我国经济改革和对外开放的要求,在经济学的教育方面,我们一方面坚持以马克思主义为指导的原则,另一方面对外开放和市场竞争需要学习和借鉴比较成熟的西方经济理论。因此,高等学校的课程设置开始调整,开设西方经济学课程,开始有分析地介绍和引进西方经济学理论。课程设置的改革和我国的其他改革一样表现出自上而下的特点,教育部对中国的教育有很强的影响力,一定程度上表现为国家指令性影响。1989 年,原国家教委正式启动编写财经类院校核心课程大纲,核心课程设置的变化使我国原来马克思主义经济学为主的经济学教育,转变为马克思主义经济学和西方经济学共存的二元化格局。新核心课程大纲中增加列入的课程包括西方经济学、比较经济学、国际金融、发展经济学、货币银行学等。

1992 年邓小平南方谈话后到 1998 年期间,中国的经济改革进入一个新的阶段,与此相适应,中国的经济学教育也进一步发生变化,马克思主义经济学和西方经济学在大学经济学专业教育中的地位变化越来越明显。邓小平的南方谈话使人们更加明确了市场化改革的方向,社会主义市场经济体制正式成为中国经济体制改革的目标模式。中国一方面对内进行经济改革,另一方面加快对外开放的步伐,经济社会发展的实践也要求大学经济学教育需要进一步调整。从另一个角度看,社会主义市场经济体制的建设,多种所有制经济的存在和发展,以及对外开放过程中多方面与国际接轨,也使经济学教育必须调整以适应市场对人才的需求。因此,这一阶段经济类的专业数量大量增加,经济类的专业也成为非常热门的专业,招生规模逐年扩大。这一阶段,大量的西方经济学文献被翻译成中文并介绍到国内,西方经济学的各个流派的观点被系统总结出来。在大学的经济学教学中,西方经济学越来越受到重视并且广泛普及。持"马克思主义经济学过时论"看法的人越来越多,许多原来讲授和研究马克思主义经济学的人也开始学习和讲授西方经济学。从课程设置看,西方经济学的课时量大幅度增加,马克思主义政治经济学课时量减少。以理论经济学专业为例,许多学校开设的课程中,介绍和宣传西方经济理论的课程包括微观经济学、宏观经济学、经济学说史、西方经济学流派、西方经济思想史、货币银行学、发展经济学、计量经济学等,马克思主义经济学只包括政治经济学和《资本论》选读,有的学校只开设政治经济学,有的学校甚至连政治经济学课程都不设置。而在大学课堂上的西方经济学教学中,对西方经济理论都是以介绍和阐述原理为主,很少进行分析和评价。

1998年至今,中国的经济学教育将培养创新能力强、综合素质高的优秀人才作为培养目标。经济类专业建设和经济类教学中重西方经济理论轻马克思主义经济学的风气,已经引起社会广泛关注。尽管教育部自上而下采取了很多指导性工作,希望能纠正经济学教育的风气,但这一阶段的经济学教育中重西方经济理论的势头并没有得到遏制,甚至愈演愈烈,马克思主义经济学被边缘化的趋势仍在继续。马克思主义经济理论的研究者们不失时机地在研讨会上呼吁,要求采取措施改变这种现状,但在大学经济学教育中越来越弥漫着一种对西方经济学严重崇拜的倾向。在学术研究过程中,西方经济学的表达方式,如数量化、模型化,也被看作是研究经济学的"标准语言"。发文困难、考核压力等使更多的马克思主义经济理论的研究者转而研究西方经济理论。种种迹象表明, 这一时期中国的经济学教育重西方经济理论轻马克思主义经济理论的势头有增无减, 尤其是20世纪70年代后西方新自由主义思潮主导下的市场化、自由化、私有化主张大行其道,并力图争夺中国改革理论的话语权。①

西方经济学在中国的大学经济学教育中为什么受到欢迎? 马克思主义经济学为什么会被边缘化? 恐怕发现其中的原因才能找到遏制这种趋势的办法。

首先,建立和完善社会主义市场经济体制,我们遇到了发展市场经济的一些新的问题,解决这些问题需要引入新的分析方法。西方发达国家的市场经济从基本成型到现在已经经历了很长的历史时期, 在处理市场经济发展问题方面已经有了比较成熟的理论,有关供求决定价格理论、消费者行为理论、生产者行为理论、市场均衡理论等使中国的经济研究者和市场经济实践者能够迅速了解市场经济是什么、怎样发展市场经济等问题,从而使许多人认为只有西方经济理论才能指导中国的市场经济改革。那么,通过大学经济学教育普及西方经济学似乎就是理所当然的事情了。

其次,从居民和企业等个体经济单位来看,改革开放以后市场的逐渐发展带来的生产力解放,使人们的收入提高,生活水平有了明显的上升。一系列的

---

① 何自力.对中国经济学教育二元格局的反思[J].经济纵横,2009(1).

改革措施激发了企业生产经营的活力,企业投资机会增加。经济社会的一系列变化使人们认为西方经济理论指导下的市场经济才能真正使人们过上富裕的生活。相比较马克思主义经济学术语而言,西方经济学中的价格、利润、成本、收益等更容易被民众所接受,似乎更接近于生活,这也使得西方经济学被看作是更能反映现实经济生活的经济理论而被普通民众所接受。

再次,西方经济学借助于数学形式,建立了各种理论模型,以各种精确的数据通过缜密的数学计算,把经济发展的结果置于缜密的计算模型中,从外表上看显得极为科学化。这也使研究者及学习者认为,掌握了西方经济学的各种理论模型,经济发展的过去、现在、未来都是可以计算出来的,从而产生了西方经济学才是像自然科学一样精确的科学体系这样的看法。这种看法在中国的经济学教育中产生了深远的影响,教者和学者都认为西方经济学才是有现实应用价值的理论,而政治经济学只是意识形态领域的理论,这不可避免地导致中国的经济学教育中重西方经济学轻马克思主义经济学的倾向愈演愈烈。

更为重要的是,中国经济学教育中西方经济学教育强势推广的重要原因还在于国外势力的影响。一方面美国的经济学会、西方基金会等都乐于同发展中国家的同仁们分享他们的理论成果,他们提供各种便利条件推动西方经济理论在中国的推广和传播,比如吸引中国学者前往学习,加强中国与西方国家的经济学学术交流等。世界银行、国际货币基金组织等国际机构也要求中国在经济学术语和统计等方面与西方国家使用同一种表达话语,美国政府为新古典经济学在中国的传播和扩张提供政策支持。这一系列支持和便利条件都极大地促进了西方经济学理论在中国的传播,突出表现在西方经济学有关课程几乎全面占领了中国经济学教育的课堂。

西方发达国家的市场经济和我国的市场经济有根本性的差别,所以西方经济理论不能不加辨别地被全盘接受拿来使用。当前中国高校经济学教育存在的问题已经显而易见。第一,课程数量占有绝对的优势;第二,使用西方原版教材;第三,讲授过程不加评判。这样的经济学教育所传播的西方经济学除了一些反映市场经济一般规律的结论外,更多的是反映资本主义自由市场经济规律的结论。教师在讲授过程中大多致力于介绍西方经济学的各个模型和理论板块,缺乏对西方经济学的理论评价,更缺乏结合中国特色社会主义市场经济发展对西方经济理论的评价。这势必导致教者和学者对西方经济理论没有客观的认识，也不能在批判的基础上借鉴西方经济理论正确地分析中国的市场经济发展问题。

那么，经济学教育中重西方经济学轻马克思主义经济学的趋势为什么难以扭转？其原因一方面和国内经济社会发展对经济理论的需要、国外政府和研究者极力推广经济理论成果有关以外，还和我国大学教育质量评估指标有关。对大学经济学质量评估的指标中，包括获得西方国家博士学位的教师人数、教师在西方经济学期刊发表文章的数量，显然西方经济学方向的学习和研究更有利于职业发展。而从科研论文的发表来看，经济学类期刊普遍都对以经济模型作为工具进行的研究表现出特殊的偏好，这也使高校经济学教师希望能从西方经济理论的学习和研究中为自己找到更好的出路。

第四节　西方经济思想对我国经济社会实践的影响

西方经济思想在我国的传播，不仅对我国的经济学理论教育产生了重要影响，而且对我国经济社会实践的各个方面都产生了深远的影响。西方经济思想对我国经济社会实践的影响逐步从经济领域蔓延到整个社会领域，甚至在意识形态领域产生了重要的影响。西方经济思想对我国经济社会实践影响的加深，是与中国特色社会主义市场经济改革理论的探索过程相适应的，是随着计划经济体制发展到计划与市场相结合再发展到建立社会主义市场经济体制的过程而逐渐深入的。

1978 年到 20 世纪 80 年代前半期，随着改革开放的提出和发展，经济学界也借鉴西方经济理论先后开展了有关价值规律、按劳分配、计划与市场关系的大讨论，开始出现了发展社会主义商品经济的理论主张。80 年代后期到 90 年代初，随着《中共中央关于经济体制改革的决定》明确肯定社会主义经济是商品经济，理论界借鉴西方经济理论对商品经济的内在运行规律进行了深入的研究，同时一系列经济改革实践在探索中取得了重要发展。这一时期，价格改革作为计划经济向市场经济转轨的焦点，借鉴西方价格理论，我国逐步构建了中国特色价格理论体系。这一时期,我国对所有制关系进行了重大调整,提出公有制的实现形式可以多样化,并对公有制的多种实现形式进行了深入的探讨和实验。这一时期,我国借鉴西方的产权理论,提出所有权和经营权的分离。这一时期,建立了政府调控市场、市场引导企业的宏观经济管理体制。收入分配制度上逐步采取措施克服平均主义,注重效率优先以发展生产力,兼顾公平以实现社会稳定。

1992年邓小平南方谈话之后,在明确了我国经济体制改革的目标是建立社会主义市场经济体制之后,经济理论研究和讨论应用于经济改革实践的过程进入了一个新的发展阶段。西方经济理论被大量地引入,并且极大地促进了我国改革开放的实践进程。这一时期,我国所有制改革以国有企业改革为重点,建立现代产权制度,建立现代企业制度;鼓励多种所有制经济共同发展,形成了以公有制为主体多种所有制经济共同发展的社会主义初级阶段基本经济制度。这一时期,建立了按劳分配与按生产要素分配相结合的分配制度。这一时期,建立了统一、开放、竞争、有序的现代市场体系。这一时期,随着经济改革的进行,政府职能也在不断转变。

随着我国社会主义市场经济体制的逐步建立和完善,西方经济思想在我国宏观经济政策制定中的影响也在逐步加强。让市场在资源配置过程中发挥重要作用,就必须做好市场在宏观经济发展中出现失灵的准备。1929~1933年经济危机爆发后西方国家的宏观经济理论及其政策实践,在纠正市场失灵方面有成熟的经验。我国在社会主义市场经济发展过程中所采取的一系列财政政策、货币政策、税收政策、收入分配政策等,都能看到西方经济理论的影子。

西方经济思想首先对我国经济改革理论研究产生影响,继而对我国微观经济主体的行为产生影响,还对我国政府职能转变及宏观经济政策产生重要的影响。经济改革和经济实践的变化会在整个社会生活中产生影响。随着我国社会主义市场经济的发展,环境污染问题和贫富两极分化问题越来越引起人们的关注。不得不承认,生态环境外部性和收入差距问题正是市场失灵的两个重要方面。同时,随着市场经济的发展,竞争作为市场经济的基本杠杆,不仅在经济领域发挥着基本的调节作用,也在人们的思想意识领域产生了重要影响。"弱肉强食"的市场法则、越来越强的竞争意识,潜移默化地影响着人们的价值观、人生观。

总之,在我国经济社会发展的不同历史时期,西方经济理论发挥的作用程度不同;在我国经济社会发展的不同历史阶段,西方经济思想中的不同理论发挥着不同的作用。社会主义市场经济的建设和发展,借鉴了西方经济理论中反映市场经济一般规律的一些东西,一定程度上促进了我国市场经济发展的进程。但同时,我们必须看到,西方经济思想归根结底是资产阶级上层建筑的一部分,是资本主义市场经济运行的经验总结,存在着许多不适合中国市场经济发展实践的东西,我们不能照搬资本主义市场经济,更不能以西方经济思想作为我国改革开放的指导思想。[①]

---

① 杨敏,周尚万.关于西方经济思想对我国改革开放影响的思考[J].改革与战略,2009(4).

第二章　新自由主义经济思想的方法论缺陷

　　方法论,就是人们认识世界、改造世界的根本方法,是人们用什么样的方式、方法来观察事物和处理问题。因此,任何一门学科或任何一门科学,其研究都是在一定的方法论基础上进行的。经济学也不例外。

　　经济学家研究经济现象的立场、观点,都与其摄取、加工、输出信息的方法有关。对同一经济现象,就有不同的观察研究结论,因此,导致了异彩纷呈的经济学流派。[①]

　　马克斯·韦伯曾说,"直接支配人们行动的不是思想,而是物质利益和理想利益",但他在这一说法后马上又补充说,"由思想所创造的世界观念经常像扳道工一样,决定利益火车头所推动的行动轨道"[②]。思想理论是人们所追求的物质利益和思想利益的强大推动器,关于这种思想理论的性质、研究对象、研究方法的认识,决定了该思想理论研究的目的、任务。

　　从各种经济理论产生发展的历史中也可以发现,建立在错误的方法论基础上的研究,其最终的理论结果也必将是错误的;以科学的方法论为基础,才有可能达到科学的研究目的。

　　无论在发达国家还是发展中国家,新自由主义经济思想遭到批判,原因之一就在于其存在方法论缺陷。

---

① 张作兴.经济学思维方式的特质与创新[J].东南学术,2005(2).

② 罗兰·斯特龙伯格.西方现代思想史[M].北京:中央编译出版社,2005:2.

第一节 破绽百出的假设

"一个社会即使探索到了本身运动的自然规律——本书的最终目的就是揭示现代社会的经济运动规律——它还是既不能跳过也不能用法令取消自然的发展阶段。但是它能缩短和减轻分娩的痛苦。"——《资本论》第一卷第一版序言。

经济学研究的任务就是揭示现代社会的经济运动规律。经济规律是社会经济发展过程中各种经济现象之间存在的不以人们的意志为转移的内在的本质的必然的联系。正如马克思所言,"分析经济形式,既不能用显微镜,也不能用化学试剂。二者都必须用抽象力来代替"①。以"假设"的方式,抽象掉一些对某一项研究来说无关紧要的因素,可以使研究更有效地进行。因此,"假设"便成为科学家建立起学说的基础。

与其他学科的研究一样,经济学的研究也需要建立在一定的假设基础之上。在一定的前提性假设条件下,经济学家对自己所研究的经济现象及所揭示的经济规律展开演绎过程和逻辑推理过程。这样一来,假设就成为经济科学研究的重要环节,假设的有效性便成为科学理论有效的必要条件。②

作为"社会科学皇后",经济学的研究是要从各种经济现象和经济问题中揭示经济规律。这就要求其假设前提必须与经济社会发展的实际相联系,符合实际,并且能对实际进行高度的抽象。符合经济社会发展实际的假设才是有效的假设,在此基础上按照正确的逻辑推理才有可能形成科学的理论。

从古典自由主义经济学历经辗转发展到现代西方主流经济学,西方经济学各种理论的一个共同特点就是:经济学派的理论假设所抽象的经济现象存在,建立于该假设前提基础上的经济理论就会被实践证实;经济学派的理论假

---

① 马克思. 资本论[M].第一卷.北京:人民出版社,2004:第一版序言.
② 孙勇. 从经济学派理论假设的变迁看西方经济学的发展 [J]. 江苏社会科学,2002
(1).

设所抽象的经济现象不存在了，建立于该假设前提基础上的经济理论就会被实践证伪。这种随着经济社会现象和经济问题的变化而发展的经济理论在经济学的短期研究中是常见的，虽然没有从整个人类社会发展的角度揭示经济规律，但在某种程度上也揭示了人类社会发展的特定时期的经济规律。

然而在经济理论发展的过程中，需要我们擦亮眼睛看清楚的，还有一些建立在任意假设前提基础上的经济理论。以自由主义经济思想为代表的主流经济理论之所以不能解释许多经济现象，其原因往往就在于主流经济理论模型中的假设前提是不恰当的，不合乎实际的。正如克鲁德曼所言："别忘了，格莱德只是一个票友理论家，而且还是一位草率的理论家。他和那些不小心的读者们从一堆事实中草率地得出结论，却没有意识到在他们的想法中其实隐含了很多破绽百出的假设。"①

一、破绽百出的假设之一："经济人"假设

"经济人"假设是什么？《新帕尔格雷夫经济学大词典》将经济人界定为：经济行为者是理性的，他们在各种约束的限制下，追求目标函数的最大化。新自由主义经济思想从古典自由主义经济学中继承而来的方法论硬核之一就是"经济人"假设，可以说新自由主义经济学的整个理论大厦都是建立在"经济人"假设的基础之上的。新自由主义经济思想的批判者都注意到，作为新自由主义经济理论的假设前提，"经济人"假设存在对人的认识和假定不科学的问题，建立在这一假设前提基础上的经济理论体系当然也存在重大错误。

通常认为"经济人"假设是由亚当·斯密首先提出来的。斯密在《国富论》中的这段话被后人视为其对"经济人"假设的经典表达："由于他管理产业的方式目的在于使其生产物的价值能达到最大限度，他所盘算的也只是他自己的利益。在这种场合，像在其他许多场合一样，他受着一只看不见的手的指导，去尽力达到一个并非他本意想要达到的目的。也并不因为事非出于本意，就对社会有害。他追求自己的利益，往往使他能比他真正出于本意的情况下更有效地促

①〔美〕保罗·克鲁德曼（Paul Krugman）. 致命的谎言：揭开经济世界的真相［M］.北京：北京大学出版社,2009:11.

进社会的利益。"亚当·斯密虽然没有直接用"经济人"一词来表达思想,但通常人们认为亚当·斯密的这段话就是"经济人"假设的最初出处。从这段经典表达中可以看到,斯密视野中的"经济人"假设包含利己主义原则、利润最大化原则以及理性主义原则。而其后的各派经济理论尽管有所补充或修正,但"经济人"假设仍是西方经济理论的理论内核,对"经济人"假设的补充发展仍然是从以上几个原则方面进行的。而作为新自由主义经济学的批判者,也正是发现"经济人"假设及其所包含的各项原则与现实中的人的实际并不符合。

二、对"利己主义原则"的质疑和批判

以斯密为代表的古典自由主义经济学体系以人的利己性假设为前提得以建立,并且斯密认为由于"看不见的手"的作用,人们在追求个人利益的同时会导致整个社会利益的提高。斯密之后的其他古典经济学家几乎都将利己主义原则作为人类行为的根本动机。随着资本主义经济的发展,西方经济学家对利己主义原则进行了进一步的拓展。利己主义原则被表述为经济主体的行为动机,即经济行为的目的就是追求个人利益的最大化,除此之外的其他目的均不在经济主体考虑之列。边际革命的产生,使得"经济人"的行为可以用数学、计量等方法更为精确地得以表达,当定量分析经济行为成为可能时,就使得"经济人"表面上更为科学,更具有迷惑性。[①]

利己主义原则本身存在谬误。马克思说,"人们在生产中不仅仅影响自然界,而且也相互影响。他们只有以一定的方式共同活动和相互交换其活动,才能进行生产,人们相互之间便发生一定的联系和关系;只有在这些社会联系和社会关系的范围内,才会有他们对自然界的影响,才会有生产"[②]。毫无疑问,在社会化生产过程中,经济交往从长期来看应该是建立在互利的基础上。亚当·斯密认为利己的同时实现了利他,把传统上认为互相对立的个人利益与公共利益在商品经济中统一起来,个人追求私利的行为,通过交换机制的作用,达到了促进整个社会利益的效果,所以正统经济学推崇自利原则。但自由主义经

---

①　杨静."经济人"假设的反思与评判[J].上海经济研究,2006(2).
②　马克思恩格斯选集[M].第1卷.北京:人民出版社,1995:344.

济思想发展的实践证明，个人利益和社会利益并不能在利己主义原则指导下自发地实现完美的结合，每一个经济主体追求自身利益的最终结果却以一次次的经济危机表现出来。

利己主义原则还存在其他的现实危害性。新自由主义经济学以经济人的利己主义为动机来解释经济主体的行为和各种经济现象。个人为了实现自身利益最大化，会最大限度地调动自身积极性，这在一定程度上能够促进自身能力的提高以及社会生产力的提高。然而也应该看到，利己主义假设前提对经济活动参与者是一种错误的指导，使得经济活动的参与者为了达到利己的目的，不惜采用任何手段。由于片面地强调利己主义原则，个人或单个经济主体在实现自身利益的同时，往往会忽略社会利益，"公地悲剧"现象由此而产生。

三、对"利润最大化原则"的质疑和批判

古典经济学首先把经济研究转向生产领域，最大化原则最初是对生产者行为进行分析得出的结论。随着经济理论的发展，最大化原则拓展到消费者的效用最大化、生产者的利润最大化、投机者的资本收益最大化、生产要素所有者收入最大化、政府官员选票最大化等领域，已经成为主流经济学家分析各种经济问题的普适性原则。

自由主义经济学家认为，消费者知道如何进行消费能够使自己花费有限收入实现效用最大化，生产者知道如何进行生产能够使自己花费一定成本实现利润最大化。利润最大化原则在理论上受到质疑。由于人们能够按照最大化原则的计算公式做出经济决策的前提是经济主体的完全理性假设，而边际效用、边际成本、边际收益等概念并不足以使人信服经济主体能够做出理性选择。因此，尽管有一套完整的理论，但利润最大化原则似乎只是一种完美的理论假设，在现实生活中能否实现却遭到了质疑。

随着经济社会的发展，利润最大化原则指导下的经济行为带来的经济社会后果越来越引起人们的关注。无论在现实中能否得到实现，作为自由主义经济理论的原则，它指引着经济行为主体的行动方向，使人们不惜一切为实现最大化目标而努力，这一方面对推动市场自由和社会财富的增长产生了积极的作用，但同时经济主体在追求利润最大化原则的过程中也存在错误倾向，把利

润最大化目标看作经济行为的唯一目标,为了实现最大化目标不惜违反法律、丧失道德。

随着全球生态环境问题日益严峻,人们进一步研究发现利润最大化原则是导致资源耗竭、生态恶化的一只无形的"幕后推手"。以生产者行为为例,在自由主义经济理论中,利润最大化目标是否实现是通过边际收益与边际成本的比较来衡量的。利润最大化出现在既定成本条件下产量最大或者既定产量条件下的成本最小这两种状态中,当生产某一单位商品的边际成本等于这一单位商品所能带来的边际收益时,厂商实现了利润最大化。其中,无论是总成本还是边际成本,纳入自由主义经济理论视野中的都只是生产过程中所使用的各种生产要素的成本,自然资源与生态环境成本没有被计入其中;纳入自由主义经济理论视野的只是厂商的私人成本,社会成本没有被纳入核算中。

在这种成本收益核算方法下,厂商为了实现最大化利润,会想方设法减少私人成本。而有些私人成本的减少,恰恰是通过社会成本的提高来实现的,比如不加处理的污水排放到河流中,未经过滤的大量烟尘排放到空气中……

以追逐个体利润最大化为目标,其结果是社会生产规模的无限扩张。资本为了追逐利润,会在全球范围内选择成本尽可能低而收益尽可能高的投资场所。因此,全球生态、环境、资源危机问题与经济扩张密切相关,而利润最大化原则则是全球经济扩张、全球生态危机、全球资源危机的根本原因。资本唯利是图的本性是生态恶化、资源枯竭等诸多全球性问题不断滋生、蔓延的深层原因。从这一角度看,"资本主义经济学一定程度上是环境危机的根源"[①]。

四、对"理性主义原则"的质疑和批判

理性主义原则或完全理性原则,在不同的学科领域所涵盖的内容有所差异。在经济学领域,主流经济学一直将理性主义原则作为其理论体系的一个重要假设前提。经济学领域的理性主义是指行为人具有全知全能的本领,具有纵向和横向方面完备的知识,他熟知自己的成本收益状况,知道哪一种决策可以

---

① 〔美〕丹尼尔·A. 科尔曼(Daniel A. Coleman). 生态政治:建设一个绿色社会[M].上海:上海译文出版社,2006:76.

使自己实现最大化。建立在理性主义原则假设基础上的新自由主义经济学方法论，即行为人的选择和决策意味着在资源约束条件下能够实现效用最大化或利润最大化。新自由主义经济学的这种对行为人具备完全理性的假设使其形成形式上完美的理论体系，貌似能够帮助经济行为主体按照最大化目标做出决策，但是这恰恰是该理论体系最脆弱的地方。对完全理性或理性主义原则的质疑是对"经济人"假设最具影响的批判。

对理性主义原则的严厉批判首先与人们质疑"完全信息"假设密切相关。因为理性主义本身就包含着经济行为主体在掌握完全信息的前提下能够做出的理性选择和预期。所谓完全信息，是指市场参与者对于某种经济环境的全部信息具有全部知识。对完全信息假设的质疑首先在于，完全信息假设的环境状态和经济条件与现实环境和社会可能提供的条件有很大的差距，在市场竞争过程中，无论是生产者之间还是生产者与消费者之间，为了实现自身利益最大化，经济主体总是会尽可能地对信息进行垄断性保护，事实上经济主体之间普遍存在着信息不对称的状况。因此，理论假设所依赖的经济条件与现实条件之间的差距，导致完全信息假设实质上仅限于一种理论上的假设，进而理性主义原则几乎成为不可能。

对理性主义原则的批判还来自于人们对掌握信息的经济主体自身能力的认识。不同的行为主体，自身能力不同，能够掌握到的信息数量也会不同。掌握的信息数量不同，在此基础上做出的决策也就不同。即使掌握的信息量相同，但是由于经济主体所处的环境不同，决策目标的排序不同，最终做出的决策结果也会不同。

总之，"经济人"假设是新自由主义经济理论的核心基础，新自由主义经济学家所主张的市场万能论、反对政府干预等理论及其政策主张，都是建立在经济行为主体是理性的"经济人"假设的前提条件下。但是，构成"经济人"假设主要内容的利己主义原则、利润最大化原则以及理性主义原则，要么是本身存在缺陷，要么是与现实不符，要么是实施的结果会造成恶劣的后果，从而使"经济人"假设破绽百出。

"经济人"假设所研究的人具有几个特点：一是抽象的人，即这种人所具有的人性或人的本质是一般的、普遍的；二是同质的人，经济活动中的每个人都是同质的、无差别的,都在追求自身利益特别是经济利益的最大化;三是非历史的永恒的人,理性的利己人是不受历史和社会影响的,是不随历史和社会的变化而变化的,因而表现为抽象的永恒的人性。"经济人"假设之所以在理论上站不住脚,归根结底是因为它是一种历史唯心主义思想。"经济人"假设用唯心史观看待社会发展和人性的思维方式,尤其是用抽象的人性论来解释人的经济行为。抛开个人赖以生存的现实社会,抛开人的经济行为所依附的生产关系,以自然科学般的"精确"的模型,用实证和规范的方法对经济主体的行为进行研究。但是,无论理论体系本身多么完美,仍无法弥补其方法论缺陷。

针对这一存在严重缺陷的假设前提,科学的研究方法应该是怎样的呢? 按照历史唯物主义的分析方法,经济活动中的人是处于一定的社会生产关系中的人,个人是在社会中进行生产和生活的。因此,经济活动中的人的行为是具体的,而不是抽象的,经济行为必然受到特定生产方式及与之相适应的生产关系和交换关系的影响和制约。从古典自由主义经济学一直到新自由主义经济学,尽管对"经济人"假设也进行了一定的理论修补,但始终都回避了这一点。因此,新自由主义经济思想中的"经济人"假设,属于只能解释部分现象的片面假设,由此得出以偏概全的经济学理论难以被确认为"公理"。[①]基于这种片面假设经济逻辑演绎而形成的理论体系自然存在偏差。按照这些漏洞百出的经济理论而制定和执行的经济措施,不免让人担忧。

与新自由主义经济思想关于理性主义经济人的认识不同, 马克思主义经济学认为经济活动中的人最重要的特点是人的社会性。经济活动中的人是社会的人,每一个个人都是在社会中进行生产的,这是马克思主义经济学对于经济活动中的人的最核心的规定性。在一定的社会形态下,经济活动中的人就是具体的人,而不是抽象的人,是由某种特定的社会关系所决定的人,因此,人的行为原则就不可避免地要受到其所处社会的生产方式和生活方式的影响和制约。从旧自由主义经济学一直到新自由主义经济学,其对经济活动中的人的认识和假定,都在一定程度上忽略了或回避了"社会人"这一点,而是以"理性的利己人"作为经济活动中人的本质性规定,是对经济活动中的人的一种片面

---

① 程恩富. 理论假设的分类与马克思主义经济学的创新[J]. 云南财经大学学报,2007(6).

认识。

五、破绽百出的假设之二：生产要素假设

生产要素理论是西方经济学建立的基础与前提。[①]在西方经济学理论体系中，生产过程是一个从生产要素投入到产品产出的过程；生产要素市场是把居民和企业联系起来的市场；居民凭借生产要素所获得的收入是其实现效用最大化的限制条件；企业采取措施降低生产要素成本是其实现利润最大化的基本途径。正因为生产要素如此重要，从古典自由主义经济学家到新自由主义经济学家都十分关注生产要素问题。

威廉·配第因其"劳动是财富之父，土地是财富之母"的经典论述被看作是劳动价值论的最早提出者，也被看作是最早对生产要素做出阐述的经济学家，劳动和土地是生产财富的两种生产要素。萨伊认为，在生产财富和效用的过程中需要三个要素，即劳动、资本和自然力。自然力是指自然界赋予人类的东西。古典经济学的集大成者约翰·穆勒在生产要素的构成上继承了前人的观点，把生产要素归纳为劳动、土地、资本三大类。生产要素"三要素"说在西方经济学生产要素理论中长期占据主导地位。在马歇尔、加尔布雷思等进一步研究的基础上，生产要素被进一步划分为劳动、土地、资本和企业家才能四要素。其中，土地这一生产要素不仅指土地本身，还包括地上和地下的一切自然资源，如森林、江河湖泊、海洋和矿藏等。

但是值得注意的是，在对生产者行为进行分析的过程中，为了研究问题的方便，西方经济理论对生产要素进行了抽象和假定，分别研究了一种生产要素的合理投入区域、两种生产要素的最佳组合问题，研究结果"完美"地说明了理性的生产者应该如何进行生产。研究过程中，实质上假定土地这一生产要素为既定数量。在对生产要素的价格进行分析的过程中，生产要素市场上，土地作为一种要素商品，其价格由土地的供给和土地的需求共同决定。我们暂且不对价格理论做出评价，把关注的焦点放在土地价格的决定上，发现西方经济学理论中，决定和影响土地价格的是一条垂直于横轴的土地供给曲线和一条向右

---

① 于刃刚.西方经济学生产要素理论述评[J].河北经贸大学学报,2002(5).

下方倾斜的土地需求曲线。也就是说,在研究土地价格问题时,土地的供给量仍然是被假定为既定不变的量。

因此,不难发现,虽然在古典自由主义经济学家那里,土地就已经被看作生产过程中不可缺少的生产要素,但在具体的研究过程中,在搭建"完美"的理论模型的过程中,土地又被看作不变因素而忽略掉了。这一"土地数量既定"的假设,在人类生产力水平较低的时代,对于经济学研究而言没有太大影响,也没有立即表现出恶劣后果。随着科技的发展以及科技应用于生产过程中,人类开发、利用自然界的能力大大提高,甚至于发展为掠夺性利用自然资源,"土地数量既定"的假设,事实上已经与现实不符。

进一步思考就会非常清楚,"土地数量既定"假设一定程度上看也是导致资源耗竭性利用、生态环境恶化的罪魁祸首。把自然资源和生态环境排除在分析因素之外,其直接后果就是生产者在核算成本的过程中无需考虑环境成本。无数的事实证明,生产活动如果不与自然环境相适应,甚至以自然资源的破坏为代价,它不仅是无效率的,而且是不可持续的和有害的。

六、破绽百出的假设之三:自由竞争市场假设

新自由主义把自由竞争的市场经济作为建构理论的基本前提。在这一假设前提下,新自由主义经济学的主要观点是极力张扬自由竞争下的市场机制,认为自由竞争制度是最佳的经济调节机制,政府不应该对经济进行干预。

自由竞争理论出现于 18 世纪中叶,与进一步推动资本主义生产力发展的实践需要相适应。其创立者亚当·斯密认为:"如果竞争是自由的,个人相互排挤,那么相互竞争,便会迫使每个人都努力把自己的工作做得相当正确。"按照斯密的观点,在自由竞争的市场经济中,每个生产者为了实现自身利益最大化,会循着"无形之手"的引导,调整产品的供给量;每个消费者为了实现自身利益最大化,也会循着"无形之手"的引导,改变对各种产品的需求量。自由竞争使经济系统在动态调整中实现供给与需求相适应,市场可以处于出清的状态。

自由竞争市场假设以及基于其建立的自由主义经济理论在诞生之初极大地推动了经济的发展。人类社会由前工业化社会向工业化社会转变的时代,社

会供给相对比较短缺,自由竞争市场假设在这样的时代背景下,满足了工业生产者大力发展生产的需要。为了在竞争中占有优势,厂商所采取的各种提高生产率的措施大大推动了机器大工业的发展。因此,自由竞争市场假设在"供给短缺"的时代对于推动经济社会的发展发挥了积极的作用。

在自由竞争市场假设理论的推动下,技术进步、生产规模扩大和产品供给量大量增加,现实的市场状况远非古典自由主义经济学诞生时期的状况。凡是实行自由市场经济的国家,都遇到了与自由竞争市场假设产生时的供给不足问题相反的新问题,有效需求不足成为困扰各个自由市场经济国家的大问题。自由竞争市场假设主张自由市场可以实现市场出清,供求会自动实现均衡,经济的发展完全无需政府干预,这种市场机制的完美性被实行自由市场经济国家的普遍的生产过剩事实所击破。

自由竞争市场假设所导致的生产过剩、经济危机大面积爆发的实践结果动摇了古典自由主义经济学的理论基础,凯恩斯的政府干预经济理论也正是为解决有效需求不足的经济危机而诞生的。20世纪70年代,在"滞胀"并存的新问题出现以后,新自由主义经济思想重新兴起,但在"自由竞争市场"这一理论假设方面却并没有任何改变。

经济学是一门应用科学,其研究对象的特殊性决定了经济学理论研究必须建立在现实基础之上,才能对现实经济问题做出科学解释,并且为解决这些问题提供正确的思路。新自由主义经济思想承袭了古典自由主义经济学的"自由市场竞争"假设,并因此排斥政府对经济的干预。可以想象,只要不改变"自由市场竞争"假设,生产相对过剩的历史就会重演,这种设想已经被20世纪90年代东南亚金融危机所证实,并再次被2008年爆发于美国而后波及多国的金融危机所证实。

第二节　经济学研究的数学化趋势

"研究必须充分地占有材料,分析它的各种发展形式,探寻这些形式的内在联系。只有这项工作完成以后,现实的运动才能适当地叙述出来。"①经济学作为"社会科学的皇后",由于其研究对象具有特殊性,也决定了其研究方法的特殊性。在充分占有材料的基础上,运用辩证方法,探寻事物现象之间的内在联系,揭示现代社会的经济规律。

然而,在经济学发展的历史长河里,经济学的研究方法有一种发展趋势已经引起我们的广泛关注,这就是数学方法在经济学研究中的应用越来越广泛。经济学的研究需要定性分析与定量分析相结合,因此,数学方法在经济学中的应用是十分必要的,但是绝不能因此而走向极端。②然而,我们所担心的问题却早已成为事实。自由主义经济理论认为经济学作为一套科学理论,有着类似于物理学一样的研究理念,数学应该作为其研究的基础语言,也应该成为经济学研究的共同语言。在自由主义经济理论中,经济主体的行为都是可以准确量化的,以准确的数值并通过各种数学模型,以期找到最佳的行为方式。

经济学研究应该采用什么方法在经济学界长期存在争议,近半个世纪以来,在西方主流经济学中进行了一场以数学方法取代非数学方法的研究方法革命,几乎将数学方法当作经济学研究的唯一方法,结果导致经济学研究的高度数学化的结果和趋势。

不可否认,数学在经济学中的应用对促进现代经济学的发展起到了重要的作用。通过定量分析有助于研究者更清楚地掌握经济现象发展的程度以及所处的阶段,从而能够对经济现象进行科学的定性分析。数学模型的优势主要集中在以下几点:第一,可以将假定前提表述得简洁明了和清楚无误;第二,逻辑推理严密精确,以防止漏洞和谬误减少无用的争论,有利于后续研究的开拓;第三,利用数学可以超越现实的特点,通过数学推理的方式推导出新结果,发现那些表面无关但在深层次上有关的潜在的相关性,得到直觉无法获得的关联;第四,证据的数量化可以使得实证研究具有一般性和系统性;第五,可以从数据中最大限度地吸收有用信息,减少分析中的表面化和偶然性。③经济学

　　① 马克思. 资本论[M]. 第一卷. 北京. 人民出版社,2004:第二版跋.
　　② 陈孝兵. 经济学的工具理性及其方法论. 经济评论,2007(5).
　　③ 田国强. 现代经济学的基本分析框架与研究方法. 经济研究,2005(2).

研究不排斥数学方法的运用。数学在经济学中的运用在经济学原理表述的精确性、经济学原理的逻辑论证、经济变量之间数量关系的测定、经济变量之间新的关系的揭示以及在发现新的经济学原理等方面都发挥了积极的作用。

经济学数学化趋势不仅左右着经济学研究的成果，甚至已经左右了当前经济学研究的整个过程。从专业经济学杂志刊登学术论文看，运用数学公式的经济学论文呈不断上升的趋势。研究者普遍感到缺少数学模型支撑的研究成果见刊越来越难。从经济学最权威的奖项——诺贝尔经济学奖与当代主流经济学研究者自身状况的角度看，获奖者绝大多数都运用了高深的数学知识对其经济理论进行表述，这使不擅长运用数学模型进行经济学研究的人越来越失去理论自信。从西方主流经济学训练的角度看，不懂数学知识，特别是不懂数学语言的人，会被认为是不合格的。

在通过量化能更直接反映经济问题的领域，数学的运用有极大的优势。因此，从已有研究来看，对于一些非基本制度和基本规律性问题的研究，西方主流经济学利用数学语言所得出的结论是有可取之处的。但经济研究的领域应该是人类一切经济活动和社会关系，在这些经济活动和社会关系中，许多现象和问题是不能进行量化的，尤其是社会生产关系。社会生产关系包括人们之间在生产过程、交换过程、分配过程和消费过程等各个环节的关系，制度的因素、道德的因素、历史的因素等众多的不能进行量化的因素对社会生产关系的分析起着重要影响作用，在这一领域有关问题的分析中，数学化语言是无能为力的。

自由主义经济学研究方法的数学化特点，决定了其研究更注重于微观领域，侧重于纯理论的推演。法国经济学家托马斯·皮凯蒂也认为："目前的经济学科不惜牺牲历史研究，牺牲与其他社会科学相结合的研究方法，而盲目地追求数学模型，追求纯理论的、高度理想化的推测。这种幼稚的做法应该被摒弃了。经济学家们往往沉浸于琐碎的、只有自己感兴趣的数学问题中。这种对数学的痴迷是获取科学性表象的一个捷径，因为这样不需要回答我们生活的世界中那些更复杂的问题。"然而，"那些更复杂的问题"才是真实世界中大量发生的事情，经济学家必须对这些经济现象进行解释，揭示经济规律。而过度数学化的研究方法，使经济学成为一种如科斯所说"漂浮在半空中的理论体系"，所形成的一个一个完美的经济模型或许在解释局部经济现象和经济问题时非常完美,但与错综复杂的真实世界却有一定距离。

数学研究方法、定量分析方法应该作为经济学研究的必要方法,但主流经济学过度使用甚至是一定程度的滥用数学化方法,已经使经济学数学化的发展与其初衷相悖,并且严重影响了经济学自身的发展方向。在许多人眼里,经济思想变成次要的了;判别经济学论著水平高低的标准不是经济思想的水平,而是运用数学的多少及其难易程度。

强调经济学研究方法的重要性,是因为科学的研究方法能帮助研究者得出科学的结论。重视经济学研究方法,不是因为这种研究方法本身有多完美,而是因为这种研究方法有利于经济思想水平的提高。过于追求数学化,导致经济学人文性质的逐渐丧失,经济学出现"贫困化"倾向。[①]正确而适度地应用数学方法才能进一步推动经济学的发展。数学方法是否应用得当,关键在于研究的有关经济范畴和所得出的经济理论是否正确,关键在于根据数学形式要求引入的有关分析假设是否符合现实经济生活,关键在于通过数学化工具得到的研究结果是否能解释现实经济问题。

第三节　经济分析的个体主义方法论

个体主义方法论也叫方法论个人主义,是与方法论整体主义相对立的一种方法论。方法论个人主义认为,大规模的社会实践应该仅仅被看作是事件参与者个人的行动、态度、关系的集合或结构;方法论整体主义认为,应按照社会现象本身的独立性去对其进行整体性研究,社会整体并不仅是构成整体的诸多个人的集合,而是真正的历史性的整体。[②]

在当代,在所有的方法论个人主义运用中,经济学的方法论个人主义是最引人注目的。甚至在整个人文社会科学界出现了所谓"经济学帝国主义"的现

① 余东华.从诺贝尔经济学奖看西方主流经济学的发展与演进[J].天津社会科学,2006(5).

② 卢风.西方社会科学方法论中的个人主义与整体主义之争[J].哲学动态,1993(8).

象。个体主义方法论作为经济分析的模式,总是从个人的行为开始,对个体的描述是分析的出发点。自由主义经济学认为,经济体系是由许许多多个单个的生产者、单个的消费者、单个的市场所组成的,追逐私人利益最大化的动机是经济行为的原生动力。自由主义经济学正是从这种个人自利行为分析推导出对整个市场的分析。这种经济学方法论就是以"理性经济人"的假设为核心的个人主义的方法论,"理性傻瓜"在传统经济学中一直扮演着基石的角色,支撑着整个分析大厦。[①]从个人的行动和目的、个人的意图和动机等方面对经济现象加以说明和理解,从个人的经济行为出发理解整体的市场行为,这是传统经济学方法论的一个重要特点。

经济学研究中的个体主义方法论从古典自由主义开始,经过长期的发展,内容不断得到完善,但个体主义方法论由于其自身的局限性也一直受到批判。个体主义方法论的理论困境在于,它与"理性经济人"假设存在千丝万缕的联系,按照个体主义方法论进行的研究所探究的出发点和终点都是个人的目的和偏好,将"追求个体利益最大化"作为个体行为的目标存在价值理性的缺失,同时个体主义方法论认为集体是个体的简单之和,从而通过研究个体行为即可获悉社会整体运行的结果,这一看法显然是错误的,集体理性与个体理性的关系绝不是一种简单的线性因果关系。社会、集体和集体理性并不能全部还原为个体、个体行动和个体理性,个体活动和个体的理性追求也并不能必然地导致社会和集体的理性状态。这是方法论个体主义的困境。

个体主义方法论由于自身的缺陷和困境,决定了建立于其上的自由主义经济理论也必然存在理论缺陷。不仅如此,这种方法论及其指导下的理论体系,对个体的经济行为又产生了重要的实践影响。一个显而易见的事实是,方法论上的个人主义长期影响下容易形成人们价值观上的个人主义。自由主义经济学家基于个体主义方法论所主张的自由竞争市场经济是最理想的社会制度,排除政府干预在外的自由竞争能在最大限度上激发经济主体的竞争力、创造力,弱肉强食的"丛林法则"作为实现个体利益最大化的依据盛行已久。对于

---

① 杨立雄.个体主义抑或整体主义[J].经济学家,2000(1).

社会生活中出现的各种价值失范、道德沦陷问题,自由主义经济学家应该深刻反省和检讨自己的思想,承担自己应该承担的责任。[①]

---

① 叶航.个体主义方法论的偏误[J].中国社会科学评价,2016(3).

第三章 新自由主义经济思想的 意识形态批判

在中央一台的《面对面》人物专访某一期节目中,中科院副院长丁仲礼院士接受主持人柴静的关于气候谈判问题的专访时, 柴静说,"人们会认为科学家甚至不应该以国家利益为前提, 而是应该在人类共同利益的前提下去制订方案"。丁院士回答道:"维护发展中国家的利益,保证联合国千年发展计划的落实,这难道不是人类共同利益吗? "丁院士的回答明确告诉我们,气候谈判不仅仅是人类如何解决共同面临的生态危机的问题, 气候谈判更是一场国与国之间的基本人权和利益之争。这再一次让我们明白,科学研究是没有国界的,但科学研究者有自己的国度,这个道理同样适用于经济学。①

第一节 任何经济思想都是与意识形态相联系的

意识形态,即"普遍的意识",是一种看似抽象但实际上并不空洞的东西。意识形态是由各种具体的意识形成的政治思想、法律思想、经济思想、社会思想、教育、艺术、伦理、道德、宗教、哲学等构成的有机的思想体系。马克思恩格斯从社会存在决定社会意识这一唯物主义认识论的基础上对意识形态范畴展开论证,提出了"经济基础—上层建筑"社会模型。一个社会占统治地位的生产关系的总和构成这个社会的经济基础, 在经济基础之上所形成的代表不同社会集团和阶级的不同利益的意识表达, 当其中一些特殊性的利益需求被看成

---

① 陈孝兵.经济学的工具理性及其方法论[J].经济评论,2007(5).

社会整体的普遍的利益需求时,这些意识表达便成为"普遍的意识",即意识形态。

经济思想属于意识形态范畴。"在政治经济学领域内,自由的科学研究遇到的敌人,不只是它在一切其他领域内遇到的敌人。政治经济学所研究的材料的特殊性质,把人们心中最激烈、最卑鄙、最恶劣的感情,把代表私人利益的复仇女神召唤到战场上来反对自由的科学研究。"①经济学研究的就是人们之间的物质利益关系,因此经济思想所包含的内容必然要对人们的物质利益关系做出一定的评价。而经济学家本身也是存在于一定利益关系之中的人,其经济思想的形成也不可能摆脱一定利益关系的影响。因此,任何经济学家的学说都难免为某些利益集团所偏爱,经济学家所主张的政策也往往会倾向于保护某些特定的利益集团。②

经济学家在著书立说时,经常会以"我们"来表达自己的观点。在不同的经济学家那里,"我们"所指代的主体却是不同的。比如,在斯密的经济思想中,"我们"指代的是早期的工业资本家,斯密以"我们"来表达的观点,也就代表了早期工业资本家的利益诉求。在马克思恩格斯的经济思想中,"我们"却是指代的工人阶级,是与工业资本家存在利益对立的工人阶级,马克思恩格斯以"我们"为主体所表达的观点,也就代表了工人阶级的利益诉求。在新自由主义经济学家的经济思想中,"我们"则是指代垄断资本家、垄断资本主义国家,其理论思想和政策主张,代表了西方发达资本主义国家及其所代表的国际垄断资本的利益诉求。

所以,任何经济理论和经济思想,都代表着某一个阶级或社会集团的利益,都是为某一个阶级或社会集团服务的。

经济思想本身是意识形态范畴之一,经济思想也对一个社会整体意识形态的形成和发展起着决定性的作用。

---

① 马克思. 资本论[M].第一卷. 北京:人民出版社,2004:第一版序言.
② 左大培. 中国经济学现代化的探索[J].经济研究,1996(4).

第二节　经济新常态下如何对待意识形态工作?

提出"经济新常态下如何对待意识形态工作"这样一个问题,是基于当前经济社会发展过程中的较为普遍性的问题。马克思指出:"一定的意识形态的解体足以使整个时代覆灭。"一个政权的瓦解往往是从一国国民的思想领域开始的,思想防线一旦被攻破,其他防线就不攻自破。——这绝不是危言耸听。

意识形态是建立在一定社会经济基础之上的观念的上层建筑,是一定的社会阶级、阶层和集团以自身的利益诉求为出发点和归宿,以一定的理想信念、政治信仰、价值观念为核心,以一定的话语系统和话语模式为表达载体,力求在全社会形成统一的政治理想、价值准则、理论主张和行为规范的思想体系。意识形态形成于一定的经济基础,但意识形态形成后又具有相对的独立性,会通过反作用于经济活动而对社会存在和社会发展具有一定的反作用,会推动或者阻碍社会生产的发展。因此,必须重视意识形态领域的工作。

一、意识形态的功能

之所以有人会产生经济理论、科学研究不应该掺杂意识形态领域的问题这种看法,或许是因为他们忽略了意识形态的功能或者说忽略了意识形态对社会生产过程的反作用。为了说明新自由主义经济思想在意识形态领域产生的影响,继而反观被新自由主义经济思想笼罩的意识形态对我国经济社会发展的影响,我们在这里重点阐述意识形态的经济功能。

如前所述,在某个特定的社会阶段和社会环境下,意识形态总是在一定的经济基础之上形成的,总是与一定社会集团的经济利益紧密相连。一定的社会集团或社会阶级利用意识形态的宣传和教化活动可以达到其实现利益目标的目的,这个过程正是意识形态的经济功能实现的过程。

意识形态直接影响和决定人们对经济制度、经济条件和经济体制的选择。受不同价值观念和政治信仰的影响,意识形态会使人们对社会经济环境做出自己的判断和认知,进而选择合理的经济体制。在既定的经济制度和经济体制下,一定的意识形态可以内化为人们的行为动机和行为准则,从而影响人们在经济活动过程中的积极性。意识形态领域的和谐一致,有利于人们对共同经济行为的认可趋同,从而在一定意义上能够激发人们不断创造生产力,提高经济效率。意识形态领域的和谐一致,使人们更加注重整个社会的共同利益,从而能够促进整个社会生产力的发展。

二、改革开放以来我国意识形态话语权的演变

改革开放带来新的发展理念和发展机会的同时,也带来了思想观念的日益多样化,同时也伴随着西方文化的强势渗透。与西方国家加强对发展中国家进行文化渗透和意识形态领域控制形成鲜明对比的是,我国在意识形态领域的话语权表现出弱化的趋势。这种意识形态话语权的变化与我国经济市场化的程度加深存在密切的关联。一方面,随着改革开放和社会转型的发展,西方各种思潮涌入我国,人们的思想观念和价值观念开始向多元化发展,对作为我国主流意识形态的马克思主义造成了一定的冲击和挑战;另一方面,西方国家借助于其经济优势和技术优势,在用商品、资本等物质力量征服其他国家的过程中,也将西方意识形态向全球推销,形成了所谓的"西方话语霸权"。这种西方话语霸权在我国产生了广泛的影响。

"话语权"所强调的不仅仅是说话和发言的资格,更重要的是指关系国家生死存亡的意识形态主导权。对于我国而言,为了稳定国家政权,重塑形象,必须牢牢掌握和巩固马克思主义意识形态话语权。

作为我国的经济社会发展的根本指导思想,马克思主义是社会意识形态的灵魂,一直引领着中国特色社会主义革命、建设和改革的方向。新中国成立初期,马克思主义意识形态作为观念的上层建筑对整个社会的发展与进步发挥着重要的作用。但意识形态话语权不是固定不变的,而是一个动态变化的复杂系统。随着我国改革开放的不断深入,占主导地位的生产关系逐步调整,意识形态话语权开始逐渐转型以适应我国经济基础的变化。总体来看,改革开放的不断深入,使人们越来越多地接触到外来事物,而西方国家所展示的工业化率先发展的大量成果,对我国人民造成了极大的思想冲击。在不断变化的国际和国内形势下,来自西方经济、社会、文化等各个领域的多样化社会思潮和非

主流意识形态开始冲击着主流意识形态话语阵地，马克思主义的指导地位面临严峻的挑战，马克思主义意识形态话语权出现弱化的倾向。

首先，经济利益的重组与社会转型的阵痛挑战着马克思主义话语权的主导力和影响力。随着中国改革开放进程的加快，中国社会急剧转型，社会阶层结构发生了巨大变化，经济利益开始重新组合。一方面一些社会阶层的经济力量和影响力逐渐发展壮大，成为社会的资本精英和知识精英，逐渐上升为社会的权贵阶层和强势群体；另一方面一些社会阶层由于自然禀赋、经济实力和文化资源占有量少等原因逐渐走向社会的底层，沦落为社会的弱势群体。因此，在中国社会转型的特殊境遇和复杂局面下，迅猛发展的生产力不断将人们的认知能力、生活方式和交往形式等推向越来越未知的领域，导致社会民众普遍的社会焦虑，甚至不知所措。社会观念领域各种传统的和现代的、国际的和国内的、保守的和激进的社会思潮和意识呈现一种紊乱无序的状态。为了建构政治模式，主导国家发展趋势，影响社会发展方向，塑造未来生活图景，各种利益集团和政治力量都从自身的利益出发，表达自己的利益诉求和政治理想，不断进行意识形态博弈和斗争。最终，思想理论的真理性魅力在残酷现实的压迫下开始失去往日的荣光，转型期产生的新的强势群体不断催生出新的意识形态，对应产生了各种非马克思主义意识形态思潮，不断挑战着马克思主义话语的主导力和影响力。

其次，非主流意识形态挤压马克思主义的话语空间，消解着马克思主义话语的作用力和凝聚力。1978 年改革开放以来，我国的所有制结构发生了巨大的变化，社会主义市场经济不断成熟，逐渐形成社会主义公有制经济为主体、多种所有制经济并存发展的局面，开始出现社会分化、利益重组以及利益代表的重构，民主政治也在很大程度上得到较快发展。纵观新中国的发展历程，尤其是在思想多元化的今天，各种非马克思主义、甚至是反马克思主义的意识形态从未放弃过成为主流意识形态的努力，总是想方设法利用各种渠道、手段和机会，蓄谋随时发动意识形态领域的战争，同主流意识形态争夺意识形态领域的话语权和主导权。力图影响和改变中国社会的性质和发展方向，严重挤压着马克思主义的话语权空间，使马克思主义意识形态面临被弱化的危险。

再次，信息技术的迅猛发展，新媒体充斥着我们生活的各个角落和方方面

面,潜移默化地改变着世界的基本面貌和人们的生活方式、消费方式以及交往
方式,同时搭建了意识形态发展的便捷舞台,也形成了意识形态较量的激烈战
场。人们通过网络、各种媒体自由地接受来自各方面的言论,其中不乏一些与
传统的人生观、价值观存在严重冲突的言论。在这一过程中,人们的价值观、人
生观普遍受到西方新自由主义的影响,传统的道德观念受到冲击,马克思主义
的价值理念也受到重大冲击。

新常态下,如何对待意识形态领域里发生的种种变化? 如何对待意识形态
工作? 关于这一点,我们必须明确,在意识形态领域里的尊重差异、包容多样并
不是放任不管。对于各种社会思潮,我们必须明确是非,排除各种错误思潮的
引导。将中国社会主义市场经济体制的建立和完善过程与我国意识形态领域
话语权的演变过程结合起来分析,会发现,进一步明确界定新自由主义经济思
想的意识形态本质,方能帮助我们正确认识意识形态领域里的变化。

第三节　新自由主义经济学的意识形态本质透析

一些经济理论研究者,一些非经济理论的理论工作者,以及一些高校正在
学习经济理论的大学生,在讨论经济思想的时候总是想刻意避开"意识形态"
的问题,也正是因为他们不喜欢将经济理论与意识形态联系在一起,所以他们
更愿意接受西方经济理论,也更愿意传播西方经济理论,同时他们对马克思主
义经济学的误解也在逐渐加深。值得庆幸的是,尚有一些学者认识到,西方经
济理论并非不具有意识形态性,恰恰相反,以新自由主义经济学为代表的西方
经济理论正是披着"普世价值"的外衣,进行着意识形态领域的渗透。认识到新
自由主义经济学的意识形态本质,才能消除对马克思主义经济学的误解。

以美国为首的西方国家通过新自由主义经济思想的推广将自己的价值观
上升为"普世价值",其意义就在于为发达国家在全球范围内实现自己的国家
利益铺平道路。因为,如果承认价值标准的多元化,以美国为首的发达国家就
没有干预其他国家的"合法性"理由。而通过新自由主义经济思想的传播,将自
己的自由、民主、人权抽象化,上升为一种所谓的"普世"价值,从而对其他国家

影响到本国利益的行为横加干预。

一、国内研究者关于新自由主义经济学的意识形态本质的认识

裴小革：新自由主义代表了资产阶级与企业上层管理者特别是金融领域上层管理者的意志和愿望，这个阶级及其代理人力图借助这个学说及其政策措施恢复和扩张自己在全球的霸主地位。①

蔡继明、王生升：以新自由主义经济学为基础的各种新自由主义思潮往往带有浓厚的西方意识形态的色彩，以致由此演化成一种国家意识形态，甚至成为"新帝国主义"的理论基础。②

高和荣：新自由主义是在反对国家资本主义尤其是在反社会主义的运动中诞生的，尽管其理论派别与理论观点各不相同，但其主要内容都体现着资本主义的价值观念，是真真切切地披着经济理论外衣的意识形态理论，意识形态不是新自由主义的"副产品"而是它的本真之义。它通过输出资本主义意识形态把非西方国家纳入整个资本主义体系之中，以实现其所谓的"历史的终结"。我们必须认清新自由主义的意识形态本质，必须在坚持改革开放、大力发展社会主义市场经济的基础上对新自由主义进行深入批判，以推动国际政治经济秩序更加合理地构建。③

张才国：新自由主义，不管是理论还是实践，一刻也挣脱不了意识形态的纠缠。在经济全球化和新科技革命的双重助推下，当代资本主义在生产力、生产关系和上层建筑等方面出现了一系列新变化。这种变化、调节必然要在意识形态和思想理论中有所折射。从某种意义上来说，资本主义在意识形态领域的变化更是触碰资本主义新变化的实质。新自由主义是国际垄断资本全球扩张的衍生物，经历了从经济学教条到意识形态的演变过程，它与马克思主义根本

①　裴小革. 新自由主义与资本主义经济危机——基于阶级分析方法的研究[J]. 理论探讨,2015(3).

②　蔡继明,王生升. 保守的理念与"革命"的方法——新自由主义经济学范式[J]. 天津社会科学,2004(2).

③　高和荣. 揭开新自由主义的意识形态面纱[J]. 政治学研究,2011(3).

对立。①

竟辉：新自由主义在根本上代表着资产阶级国际金融垄断资本集团的利益，它是国际金融垄断资本实现全球扩张和谋取世界金融霸权的理论体系。西方个别发达国家不遗余力地输出新自由主义，不择手段地对外进行意识形态渗透，其中一个重要目的就是获取超额利润，进而维护和巩固国际金融垄断资本集团的经济利益和政治地位。所以，要掀开披在新自由主义身上的意识形态棉纱，打破国内某些人对新自由主义的幻想。②

总的来看，研究者明确了新自由主义经济思想的意识形态特征，从不同角度指出新自由主义经济思想所代表的阶级利益，具体来说：

（1）新自由主义经济思想代表了当代西方垄断资产阶级的利益。以20世纪70年代爆发的石油危机为导火线，整个资本主义世界陷入滞胀的困境，凯恩斯主义对于生产停滞和通货膨胀同时并存的经济问题没有有效的政策措施。在这种情况下，新自由主义经济思想抬头，新自由主义者将滞胀的原因归结为国家对经济的干预过度、政府开支过大，在新的时代背景下，新自由主义经济理论重新阐释了自由化、私有化、市场化的主张，并通过里根主义和撒切尔主义在西方国家的经济理论中占据了主导地位。

新自由主义以私有化、自由化、市场化为其理论主要特征而阐释的一系列理论观点和政策主张，其目的就在于清理资本主义企业发展过程中的障碍。不论从世界各个国家的国内看还是从国际上看，新自由主义所主导的资本主义经济发展的总趋势，都是由资产阶级的利润动机所决定的。新自由主义经济学指导下的经济社会发展，财富更多地集中于少数人手中，广大的工薪阶层的收入增长缓慢。新自由主义经济理论作为发达资本主义国家的主流经济学，是为西方垄断资产阶级利益集团服务的。

（2）新自由主义经济思想代表了强势的垄断资本主义国家的利益。新自由主义经济思想不仅仅表现为在一国国内经济发展过程中占据主导地位，发挥

---

① 张才国.新自由主义的意识形态本质：国际垄断资本主义的理论体系[J].科学社会主义，2008（1）.

② 竟辉.意识形态安全视阈下新自由主义批判路向研究[J].当代经济研究，2016（10）.

着导向性作用,而且还通过各种渠道向国外推销。新自由主义经济思想已经成为发达国家掠夺发展中国家、国际金融垄断资本剥削各国劳动人民的理论工具。在经济上,强势的垄断资本主义国家向发展中国家推行新自由主义的主要目的,就是想要把发展中国家变为自己的经济附属地。在新自由主义经济思想的影响和指导下,发达的垄断资本主义国家可以通过压低自然资源的价格和海外投资从别的国家榨取更多的剩余价值,通过海外直接投资的方式把高污染高消耗产业转移到其他发展中国家。

正像在帝国主义的任何阶段一样,推行新自由主义的强势国家使用的主要工具,除了直接经济掠夺外,还有在弱势国家制造腐败、政局动荡和内外战争。

二、新自由主义经济思想的意识形态基本功能

新自由主义经济思想运用于实践中的目的就在于为制定和实行符合资产阶级的经济政治要求的政策和措施,提供理论的依据和形成舆论环境,以便资产阶级更有效地组织和管理好包括经济生活、政治生活在内的整个社会生活,维护资产阶级的统治。具体地讲,新自由主义意识形态的功能主要有三个方面:

第一,调节西方社会政治观念。这一功能的实现是通过排斥其他意识形态,如马克思主义的意识形态来实现的。

第二,维护西方社会政治制度。新自由主义经济思想尽一切可能宣传资本主义的个人自由、民主、人权等基本社会价值观念,宣传资本主义优越性;利用现代资本主义商业文化,稳定和维护资本主义制度,企图和平演变社会主义制度;歪曲和丑化社会主义制度,其中也包括利用社会主义制度本身的不完善和失误来诋毁社会主义。另一方面,新自由主义经济政策主张通过实行温和的改革来维护资本主义制度。

第三,欺骗和控制发展中国家。新自由主义建立在两个相互联系的原则之上:一是以金融作为纽带来控制社会的一切;二是给市场以最大的自由。推行这两个原则就是为了追求利润的最大化。

所以,新自由主义的资本逻辑是建立在阶级原则之上的,是为了谋求国际

垄断资产阶级的最大利益服务的。新自由主义是西方发达国家在后殖民时代向发展中国家灌输的价值观念和意识形态,意在促使发展中国家实行"门户开放"的政策,以便发达国家将西方文化和商品源源不断地输送到发展中国家,通过输送来实现自身利益的最大化,从全球范围内攫取利润。

20世纪70年代新自由主义思潮兴起以后,西方发达国家通过各种途径向发展中国家大肆宣传和灌输新自由主义以达到欺骗和控制发展中国家的目的。新自由主义鼓吹"国家作用的弱化",但是,在发达国家中国家的作用并没有弱化,而是仍在对经济进行干预。西方国家自身贸易保护主义逐渐加强,但却常常以新自由主义的"市场万能"的神话迫使发展中国家放弃其经济保护和限制措施,使经济转变为自由市场经济。貌似推行市场自由化——由市场这只看不见的手来调节国家经济,而实质上是图谋由最强国家担负起组织和管理世界经济的任务,阻止弱国拥有保护自己市场的机制和手段,保证其企业对弱国市场行使霸权。

新自由主义意识形态的进攻使许多国家特别是发展中国家在价值观念等意识形态上失去了正确的方向,许多国家在新自由主义意识形态的指引下,完全西化,取缔了原有的符合本国国情的意识形态,使这些国家付出巨大的经济和政治代价,导致经济恶化,国家和地区政治动荡。因此,对于新自由主义经济思想中揭示了市场经济发展规律性的问题,我们当然无需处于意识形态化的立场而进行评判,但对于新自由主义经济思想中具有浓厚的西方意识形态色彩的理论,我们自然要对其进行意识形态化的分析和评判,否则便无从看到新自由主义经济思想的真相所在。

1990年华盛顿共识的出现作为新自由主义取代凯恩斯主义的标志获得西方世界的共识,美国等西方国家把华盛顿共识作为向其他国家推销新自由主义的主要工具,积极倡导经济全球化成为当前推动世界经济全球化的主要鼓手。从新自由主义经济思想在全球范围内的推广过程来看,新自由主义经济思想所主张的自由化、私有化、市场化以及全球化,其真正目的就在于为西方垄断资本自由进入和退出各国市场开辟道路,清除国际垄断资本攫取利润的价值观障碍。作为一套意识形态,新自由主义包括一整套关于经济、政治、社会的理论观点和政策主张:在经济领域,要求实施快速而彻底的私有化、市场化和自由化,使国际金融垄断资本能够谋取暴利,最终以资本主义私有制取代社会主义公有制。

　　新自由主义积极主张经济领域中的国际合作,积极推动发达国家进行的全球化的努力,试图通过建立全球统一的市场,建构自由主义的世界体系。通过资本、技术的渗透,从而建立各国之间的依赖关系,特别是对于第三世界国家主张开辟国内市场,积极参与经济全球化当中,用经济全球化、市场化和资本的国际化来对抗民族国家的主权,把世界各国吸纳到其建立的世界经济体系。新自由主义自诞生之日起,就是服务于国际垄断资本主义的政治化、意识形态化的经济学思潮。30多年的全球化历史证明,新自由主义经济思想的要旨是:在提高"效率"的幌子下,推行全面私有化、一切市场化和极端自由化,直至全球垄断资本主义一体化,从而为垄断资本主义永久"自由"地攫取全球财富乃至称霸世界创造条件。

　　自由主义是一个错综复杂的综合体,在西方,自由主义的意识形态已经深入地渗入了人们生活的方方面面,自由主义意识形态已经内化到公众生活的准则和价值观念中,自由主义同人们的生活是如此地贴切,以至于往往很难把其作为一种独立的意识形态同其社会实践相互区别开。

　　因此,当自由市场经济学家宣称某一项规定之所以不能采纳是因为它限制了相关市场的"自由"时,他们实际上是在表达一种政治观点,即他们拒绝所提出的法律议案的目的是为了捍卫自己的权利。他们身着的思想外衣表面上给人的感觉是其政见的确不带有任何政治色彩,只是一种客观的经济真理,同时诱导人们相信其他人的政见则是政治性的主张。但是,客观地讲,这些人与其对手一样都是被政治因素驱动的。①

　　所以,新自由主义经济学所宣扬的所谓的自由不过是资本的自由,而不是全体社会成员的自由。新自由主义经济学不过是西方垄断资本对世界各国劳动人民进行剥削和掠夺的有力工具。

---

　　① 张夏准.资本主义的真相——自由市场经济学家的23个秘密[M].北京:新华出版社,2011:10.

第四节　马克思主义经济学的意识形态特征

马克思主义认为,意识形态是与一定的阶级统治联系在一起的。马克思把"占统治地位的思想"的总和称为社会意识形态。新自由主义是垄断资产阶级利益集团的意识形态,代表的是资本和富人的利益。

19世纪20年代以来众多周期性经济危机和当前的西方金融危机,从根本上不断验证了资本主义市场经济制度的相对落后性和低效率性,不断验证了为这一制度辩护和出谋划策的西方经济学也不可能是先进的。只有渗透唯物史观的科学思想方法,站在无私的工人阶级立场上,为人类大多数人谋福利,推动社会主义生产关系和经济制度去适应经济社会化和全球化大趋势的经济学,才具有整体的科学性和先进性。[①]

然而,对于马克思主义经济学应有的地位和意识形态领域的功能,却常常受到某些人的诟病。有人明确指出,强调马克思主义的指导地位,这只不过是出于"意识形态的原因",具有意识形态的经济学"不是学术"。这种说法完全无视马克思主义经济学是有史以来唯一科学的思想体系,马克思主义经济学家绝不否认自己的理论是工人阶级利益的代表,但除了阶级利益之外,马克思主义经济学对人类社会发展过程中的各种经济规律进行概括和总结,揭示了人类社会产生、发展总过程所必须遵守的各种规律。同时,认为强调马克思主义的指导地位是由于意识形态的原因,这一认识还在人们中造成了一种经济学的科学性与意识形态性相对立的印象。其实,学科研究对象的实质是由人们的物质利益关系所决定的,各种理论经济学都不可避免地代表一定集团的利益,都不可避免地既是学术体系,又是一种理论信仰和经济意识形态,表现为学术性、意识形态性的统一。马克思主义经济学和西方经济学概莫能外。马克思主义经济学的意识形态性质,体现在它代表和维护工人阶级和绝大多数人的经

---

① 程恩富,何干强.论推进中国经济学现代化的学术原则——主析"马学""西学"与"国学"之关系[J].马克思主义研究,2009(4).

济利益,进而成为解放全人类的经济学说,具有学术性、科学性与意识形态性、阶级性以及实践性相一致的鲜明特征。因此,马克思主义经济学公开声明它代表工人阶级的利益,这正表现了它的科学性质。西方经济学明明代表资产阶级利益,明明只会用"利己经济人"的有色眼镜去片面地分析复杂的经济关系,却竭力掩盖自己具有意识形态的性质,用所谓经济学的非意识形态性来标榜自己的"学术性"或"科学性",掩盖自己的非科学性。

第五节　全球化视野中我国意识形态安全问题

经济全球化的今天,中国的意识形态安全是一个迫切需要解决而又不能回避的问题。在新的历史条件下,我国的意识形态安全面临着诸多方面的问题,这些问题如果长期存在而又得不到很好的解决会带来我国意识形态的混乱,甚至影响国家的稳定与发展。因此,在经济全球化的今天,维护国家的意识形态安全,特别是我国这样的社会主义国家的意识形态安全成为一个严峻的课题。

新自由主义鼓吹市场万能,主张全面私有化运动,极力维护美国主导下的全球经济秩序。在这种思潮的影响下,有些学者认为我国市场经济的发展没有必要坚持公有制的主体地位,主张在我国取消公有制的主体地位;有的学者认为我国国有企业改革不够彻底,主张对国有企业实行全面私有化。虽然只是表现为经济领域内如何改革的主张或建议,但是对此我们必须要保持高度警惕,因为这些主张或建议事实上会导致否定社会主义制度的恶劣后果。

新自由主义是一种彻底的意识形态理论,之所以把新自由主义当作一种彻底的意识形态理论,是因为新自由主义具有如下四个方面的显著特征。第一,新自由主义是在反对国家资本主义尤其是在反对社会主义运动中诞生的。反社会主义与反国家资本主义构成了新自由主义的理论主题与理论目标,离开了反社会主义与反国家资本主义,新自由主义也就失去了自身的存在根基。第二,从新自由主义的发展历程来说,新自由主义总是在一个国家出现重大的经济社会问题的时候获得了较快发展。第三,从新自由主义所标榜的内容来看，都围绕着如何推进市场化、自由化、私有化以及全球化而展开，只要接受了新自由主义的这些主张，自然就得接受它所追求的私有制、资本主义一统天下、非资本主义终结等意识形态观念。

新自由主义自诞生之日起就已经明显地带有政治倾向与政治目标，体现为一种意识形态理论，因而始终是一种意识形态理论，反映着垄断资产阶级的利益、愿望与要求。新自由主义实质上就是西方国家的"政治经济学"，是披着经济理论外衣的意识形态理论。这种披着经济理论外衣的彻底的意识形态理论，自其产生之日起就把发展中国家纳入自己渗透干预的范围之中。对于我国社会主义市场经济发展过程而言，必须深刻认识新自由主义异化中国特色社会主义经济基础的经济历史本质。长期以来，新自由主义从未放弃对中国特色社会主义的异化，简言之，即新自由主义的渗透、误导，导致了私有化改革倾向。在思想理论层面，深化私有产权和市场；在改革实践层面，无度私有化导致公有经济在国民经济中的主体地位遭到严重削弱和我国经济对外依存度过高。

因此，在以自由主义为意识形态工具的国际垄断资本主义泛滥成灾的全球化条件下，我们必须牢牢抓住经济发展方式转变的历史机遇，深化改革，加快建设中国特色社会主义，最根本的就是坚持"两个毫不动摇"，警惕和排除新自由主义全面私有化、一切市场化、极端自由化的干扰和危害，坚持和完善基本经济制度。[①]

从我国经济发展的实践看，新自由主义从意识形态领域和平演变中国的企图没有得逞。中国的社会主义市场经济体制改革，始终坚持以公有制为主体多种经济成分并存的基本经济制度，市场经济的发展是在社会主义的前提条件下实现的，这使得西方国家颠覆社会主义制度的目的不能达到，但意识形态领域的斗争并没有停息。他们杜撰"中国威胁论"，中国威胁论歪曲中国走和平发展道路；他们极力鼓吹"消费主义论"，消费主义论腐蚀和消解我国主流意识形态，对于年轻人尤其产生了不良影响。

---

① 程言君，王鑫. 坚持和完善"公主私辅型"基本经济制度的时代内涵——基于新自由主义的国际垄断资本主义意识形态工具性质研究[J].管理学刊,2012(4).

总之,历史的经验不断证明这一点:经济学与意识形态是密不可分的,新自由主义经济学也不会例外。正如自由主义经济学发展的历史,它在早期具有反封建的革命性的自由,当其成为主流经济学甚至主流意识形态后,其自由变成了维护既得利益的自由,它实际上已经被硬化成为一种体制化的意识形态,但表现形式则更加隐蔽。今天的新自由主义经济学便是以科学的实证主义为表现形式,把自己的思想价值判断认定为中立的,伪装得似乎没有意识形态色彩,而这种伪装的科学化,则正表明其意识形态化程度的不断加深。

新自由主义产生之时,并不是一种单纯的意识形态,它是通过继承古典自由主义的合理因素, 以及在与凯恩斯主义共同竞争的年代里进行的自我雕琢和学术借鉴,新自由主义在经济思想和社会治理主张方面并非一无是处,而且在针对西方国家经济滞胀危机等方面,起到了不少的积极作用。新自由主义作为一种经济思想走上西方的主流政治舞台以后, 其意识形态化的过程是不可避免的,是西方资本主义世界的统治阶级"别无选择"的结果。

新自由主义意识形态化过程的目标指向十分清晰:西方世界在后殖民时代向发展中国家灌输新自由主义价值观念为的是在全球构建一种普遍认同的意识形态, 为以美英为代表的西方发达国家所主张的全球化发展模式提供思想保证,进而打开民族国家的经济大门,使垄断资本可以将西方资本、文化和商品顺利输入,同时可以保证大量财富回到国际垄断资本手中。而这种发展模式是全球利益分配方案的同义语:有利于垄断资本,不利于其他阶级;有利于西方发达国家,不利于发展中国家。

新自由主义已由一种重要的经济学学术思潮, 嬗变为国际金融垄断资本主义的经济范式、政治纲领和意识形态。遵循学术思潮的意识形态化规律,新自由主义意识形态化的路径是通过"经济自由的先在性"确立其认知基础,借助"非意识形态化"掩盖其价值观念,取道"经济全球化"推行其全球战略来完成意识形态化。[①]

因此,必须准确识别新自由主义的阶级立场:[②]新自由主义是国际金融垄

---

① 王熙,邓鹏.新自由主义意识形态化的路径研究[J].学习与实践,2013(5).

② 竟辉.意识形态安全视阈下新自由主义批判路向研究 [J].当代经济研究,2016 (10).

断资本集团维护其政治统治和阶级利益的重要手段。

英美等国的国际金融垄断资本利益集团依据新自由主义所进行的改革，只是对资本主义制度已呈现弊端的某种修补或改良，并未触及资本主义社会固有矛盾的制度性根源，自然也就只能稍微缓解却无法彻底根除经济危机。其实，作为当前国际金融垄断资本利益集团人事和改造世界的理论工具，新自由主义和以往其他资本主义思想体系一样，难以克服自身阶级立场所诱发的认识功能与价值功能之间的矛盾和冲突。在维护国际金融垄断资本集团政治统治和阶级利益方面，新自由主义的价值理性让位于工具理性。正是由于新自由主义治理模式所呈现出的压迫形式更加多样化、剥削方式更具隐蔽性的特点，它才一度成为国际金融垄断资本利益集团追逐剩余价值最大化的法宝。

新自由主义是国际金融垄断资本集团对外实施新殖民主义扩张的重要工具。资本逻辑是驱使资产阶级乐此不疲地殖民他国的内在动因。新自由主义一再要求发展中国家开放国内市场、放松金融监管、接轨经济全球化，其真实目的无非是控制他国经济命脉，通过实施新殖民主义统治为垄断资本提供更多空间，进而掌控全球经济霸权。

还必须准确识别新自由主义经济思想的政治图谋：新自由主义有着浓厚的意识形态色彩，是当今西方资本主义世界的主导意识形态。

作为建立在国际金融垄断资本之上的理论体系，新自由主义的阶级立场决定了其必然反对马克思主义、反对社会主义制度、反对共产党执政。由此，西方个别发达资本主义国家历来将新自由主义视为对社会主义国家进行和平演变的重要手段，并希望借助于新自由主义进行意识形态渗透来颠覆社会主义国家政权。

新自由主义经济思想以供给学派、理性预期学派、制度学派等等面目登场，新自由主义经济思想以"华盛顿共识"向发展中国家表示"友好"，但无论新自由主义经济学穿着哪一种外衣，我们都必须准确识别其政治图谋：新自由主义反对马克思主义的意识形态本质始终没有变；新自由主义颠覆社会主义政权的既定目标始终没有变；新自由主义力推"全球美国化"的努力方向始终没有变。

第六节　新自由主义经济思想引导下形成的西方社会思潮

不管我们承认不承认,随着市场经济的发展,新自由主义经济思想在我国经济社会发展的各个领域或者大张旗鼓或者潜移默化地发挥着作用。在新自由主义经济思想引导下,西方社会思潮在我国已经形成一种风气。

一、个人主义思潮

一切从个人出发,把个人利益放在集体利益之上,只顾自己,不顾别人。这是对个人主义的最基本特征的描述。这种个人主义思潮随着我国市场经济体制建设和完善的深入也甚嚣尘上。善良的人们会感慨人性之善恶问题,而批判者则会从这种个人主义思潮盛行的过程背后去思索导致这种现象的原因。各种迹象表明,个人主义思潮与新自由主义经济思想所宣扬的私有化思想有关,与个体主义方法论有关,与理性经济人假设有关,是私有制的产物。

从自由主义发展的历史看,奠定了个人主义经济理论的基础是亚当·斯密。认为人性是自私的,人自身的利益和公共利益之间的矛盾是通过"看不见的手"来解决的,"看不见的手"即指资本主义市场经济制度。个人主义思潮是适应资本主义经济制度的上层建筑,个人主义思想是与资本主义的发展相融相生的。哈耶克认为个人的自发活动是社会和谐运行的基础,应该得到充分的肯定;以个人自由为基础的私人企业制度和自由市场制度是当代资本主义所能选择的最佳制度。倡导减少政府干预,最大限度地发挥个人自由和市场作用。新自由主义逐渐获得资本主义世界意识形态的主流地位,个人主义正以另一种表现形式继续发挥着它的重要作用。

"人的问题"是很重要的问题。改革开放后,随着很多国外论著传入中国,个人主义思潮也随之涌入国内。与个人主义相适应的经济制度就是自由市场制度。随着中国特色社会主义市场经济体制的建立和完善,关于"个人主义"与"利己主义"、"个人主义"与"集体主义"的争辩与讨论也频繁出现。

二、自由主义思潮

自由主义充分调动各类生产要素积极性对近代以来的社会发展起到了很大的推动作用,但它不可避免地带有局限性,尤其是自由化被作为实现一定阶级或集团的利益的手段进行推广的时候, 自由主义的局限性以及破坏性就更大了。

作为西方反马克思主义的主要社会思潮之一, 新自由主义对于马克思主义进行了持久的批判,进而攻击我国的社会主义制度。新自由主义动摇了部分人对于社会主义制度的信心。新自由主义思潮从产生之日起,就把社会主义制度视为对资本主义制度的主要威胁,并将它作为主要的批判对象。新自由主义改变了部分人的集体主义价值取向。坚持方法论上的个人主义,把个人看作是比人类社会及其制度安排更为真实或根本的存在, 把个人看作是先于而且高于社会的存在。

需要注意的是,自由主义社会思潮的一系列社会后果已经出现。自由主义在强调个人价值时, 往往会忽视或者轻视社会视角的价值。在强调个人自由时,往往轻视了个人对社会的责任;强调个人权利时,往往会忽视个人对社会的义务。

新自由主义经济思想引导下形成的个人主义、自由主义社会思潮,不仅对我国经济领域而且在社会生活的各个领域都有体现。实现人与人之间、人与自然之间、人与社会之间的和谐发展,必须从根源上警惕新自由主义及其社会思潮的影响。

第四章　　间歇性的经济危机

在资本主义经济的发展过程中，经济危机是周期性地发生的，一次危机与下一次危机之间的间隔表现出一定的规律性。自 1825 年英国第一次发生普遍的生产过剩的经济危机以来，随后在 19 世纪出现了 1836 年、1847 年、1857 年、1866 年、1873 年、1882 年、1890 年和 1900 年经济危机。在资本主义自由竞争阶段以及在资本主义自由竞争向垄断资本主义阶段过渡的时期，经济危机大约每隔 10 年左右就会爆发一次。进入 20 世纪，又发生了 1907 年、1914 年、1921 年、1929~1933 年、1937~1938 年的经济危机。

引发美国股市大崩盘的 1929 年 9 月到 10 月，被后来者形容为"屠杀百万富翁的日子"，并且"把未来都吃掉了"。在危机发生后的 4 年内，美国国内生产总值下降了 30%，投资减少了 80%，1500 万人失业……

1997 年 7 月 2 日，泰国被迫宣布泰铢与美元脱钩，实行浮动汇率制度，当天泰铢汇率狂跌 20%。和泰国具有相同经济问题的菲律宾、印度尼西亚和马来西亚等国迅速受到泰铢贬值的巨大冲击……继泰国等国家金融风波之后，台湾的台币贬值，股市下跌，掀起金融危机第二波……

2007 年 4 月 4 日，新世纪金融公司申请破产保护；2007 年 7 月 16 日华尔街第五大投资银行贝尔斯登关闭了手下的两家对冲基金，爆出了公司成立 83 年以来的首次亏损；2007 年 8 月 6 日，美国第十大抵押贷款服务提供商美国住宅抵押贷款投资公司申请破产保护；2008 年 3 月美国联邦储备委员会促使摩根大通银行收购了贝尔斯登；2008 年 9 月 7 日美国财政部不得不宣布接管房利美公司和房地美公司；2008 年 9 月 15 日美国第四大投资银行雷曼兄弟空谷公司申请破产保护，同日美国银行发表声明，表示愿意收购美国第三大投资银行美林公司;2008 年 9 月 16 日美国国际集团(AIG)提供 850 亿美元短期紧急贷款,这意味着美国政府出面接管了 AIG;2008 年 9 月 21 日,在华尔街的投资银行接二连三地倒下后,美联储宣布:把高盛集团和摩根士丹利银行,改为商业银行……美国金融危机的爆发,使美国包括通用汽车、福特汽车、克莱斯勒三大汽车公司等实体经济受到很大冲击,实体产业危在旦夕。美国金融海啸也涉及全球,影响到了全世界。

经济危机何以间歇性爆发? 从华尔街到全世界,从金融界到实体经济,各国政府都在面临着严重的经济危机,经济学家又做了哪些努力? 经济学家所做的努力,实质上是拉动经济走出危机,还是将经济推向下一个危机? 人类经济发展能否避免危机的出现呢?

第一节　经济周期性波动的原因

从资本主义经济活动的历史轨迹来看,经济在沿着总体增长的轨迹运动的过程中,经常会伴随着经济活动的上下波动,经济危机正是出现在这种波动过程中。经济学家对经济周期性波动的原因的分析也是经济危机出现的原因的分析。在不同时期,经济学家从不同角度出发,对经济周期性波动的原因给予了解释和说明,大致有非凯恩斯主义的经济周期理论和凯恩斯主义的经济周期理论两大类。

一、非凯恩斯主义的经济周期理论

(一)消费不足理论

西斯蒙第在收入决定生产理论基础上论证了资本主义必然产生经济危机。根据收入决定生产的观点,年收入的总量必须用来交换年生产的总量;通过这项交换,每个人都可以得到自己的消费品,都要取得一笔再生产的资本,要为一项再生产而进行投资,并提出新的要求。因此,西斯蒙第认为,"如果年收入不能购买全部年生产,那么一部分年产品就要卖不出去,不得不堆在生产者的仓库里,积压生产者的资本,甚至使生产陷于停顿"①。这种情况表明生产超过了收入,也即生产超过了消费,生产和消费的这种矛盾的发展必然导致经济危机。即经济危机产生的根本原因就是消费不足。在西斯蒙第看来,由于资本主义制度下生产者的生产目的就是为了获取高的利润,自由竞争支配着生产者为了获取高利润纷纷采取扩大规模生产的措施,降低成本、削减工资是其增加利润的途径之一。由此,一方面在追求利润的过程中,生产规模扩大,生产不断扩张;另一方面分配制度导致财产集中到少数人手里。因此,西斯蒙第说,"由于财产集中到少数私有者手中,国内市场就必定要日益缩小,工业就必定日益需要寻求国外市场,因而该国的工业就要受到更加巨大的波动的威胁"②。

马尔萨斯是消费不足危机理论的另一个代表人物。根据马尔萨斯的看法,在生产与消费或供给与需求的关系中,如果发生有效需求不足,就会出现生产普遍过剩的经济危机。据此,马尔萨斯提出,为了顺利地进行生产,必须维持足够的"有效需求",即必须使消费者有足够的购买力。如果资本积累过快,商品生产超过它们所必需的购买力的增加,就会导致"有效需求"相对缺乏,从而产生普遍生产过剩的经济危机。因此,马尔萨斯主张扩大和刺激地主等不生产阶级的消费。

与西斯蒙第和马尔萨斯相比,李嘉图和萨伊对资本主义生产的发展持有更乐观的态度,这与他们所处的历史时期有关。李嘉图、萨伊处于资本主义经济发展的生产能力不足而消费能力尚有过剩的最后时期,这时候还没有爆发过普遍而全面的生产过剩的经济危机,他们也没有预见到社会生产可能会发展到生产能力过剩而消费能力不足的阶段。因此,李嘉图和萨伊都认为资本主义不会爆发生产过剩的经济危机。西斯蒙第和马尔萨斯虽然预言到了经济危机爆发的必然性,但是由于他们对经济危机的形成原因没有进行深入的分析,也就没能找出经济危机的深层原因,从而也没有提出有效解决经济危机的办法。

(二)投资过度理论

投资过度理论认为经济衰退的原因在于投资过多,即生产资本品和耐用

---

① 西斯蒙第(Sismondi).政治经济学新原理[M].北京:商务印书馆,1983:84.
② 西斯蒙第.政治经济学新原理[M].北京:商务印书馆,1983:217-218.

消费品部门的发展超过了生产消费品部门的发展。在经济扩张时,资本品和耐用消费品增长速度比消费品快;经济衰退时,资本品和耐用消费品下降速度也比消费品快。资本品和耐用消费品投资的波动造成了整个经济波动。根据引起投资原因解释的不同,投资过度理论又分为两派,一派认为是货币引起了投资过度,称为货币投资过度理论;另一派则认为是新发明、新市场开辟等非货币因素引起了投资过度,称为非货币投资过度理论。

货币投资过度理论又叫货币信用过度理论,货币信用过度论把经济周期看作是一种货币现象,认为经济波动是银行货币和信用波动的结果。按照这一理论,银行货币和信用的扩张导致利率下降,从而引起投资增加,经济走向繁荣;反之,银行货币和信用的紧缩导致利率上升,从而引起投资减少,经济走向衰退。

非货币投资理论着重从生产过程来解释危机,以卡塞尔为代表的非货币投资过度理论者认为,经济高涨的主要动因是新技术的发明、新市场的开拓以及萧条阶段利率的低落。这些因素促进投资活跃,于是生产资料和耐用消费品的生产大量增加,这就是经济的高涨阶段。当经济高涨达到一定阶段,由于货币工资上涨,成本提高,利润下跌,于是对生产资料的需求会减少。这一时期生产扩张所导致的生产资料和耐用消费品的供给增加与需求逐渐减少同时共存,以致使生产资料和耐用消费品生产部门出现生产过剩的经济危机。

(三)创新理论

熊彼特引进自己的"创新理论"来解释资本主义发展过程,认为创新是经济周期波动的主要原因。当创新出现时,造成了对银行信贷和对生产资料的扩大需求,对生产资料的扩大需求促成了新工厂的建立和新设备的增加,同时也增加了对消费品的需求,经济处于繁荣阶段。当创新扩展到较多企业,获利机会趋于消失之后,企业对银行信贷和对生产资料的需求就会减少,经济逐渐进入衰退阶段。由于创新"第二次浪潮"的影响,经济进入一个持续的失衡阶段,即萧条阶段。随着"第二次"浪潮的影响逐渐消失,经济进入一个必要的调整和恢复阶段,即复苏阶段。

熊彼特认为,资本主义经济危机通过资本主义体系的自我调整就能救治,而救治危机的办法有两种,一种是发展资本主义国有企业和大联合企业;一种是发展托拉斯组织。因为国有企业或者大联合企业进行新的基本建设可以延迟到不景气时期，是对繁荣时期通货膨胀、生产扩张的一种冲淡，也是减轻周期运动和危机的一种有效手段。

二、凯恩斯主义的经济周期理论

凯恩斯主义经济理论的提出是在 20 世纪 20~30 年代西方各国经济大萧条之后，传统的古典经济学和新古典经济学理论对于大萧条束手无策的情况下。凯恩斯认为，自由市场机制有其自身局限，会导致经济失衡，提出国家应该积极干预经济以解决经济萧条和普遍的生产过剩问题。

凯恩斯对经济危机的分析是以其有效需求不足为逻辑起点的。凯恩斯认为，一个经济社会的总收入与总就业量取决于有效需求，而有效需求取决于"消费倾向""资本边际收益率""灵活偏好"三个基本心理因素。

凯恩斯指出，总需求和总供给趋于均衡的要求不能够在市场机制的调节下实现，经济萧条以及劳动力失业的出现也就成为必然。原因在于，以两部门为例，一个社会的总需求由消费需求和投资需求之和所构成，边际消费倾向递减规律决定了消费的增长赶不上收入的增长，因而会引起消费需求不足；资本边际收益率递减规律以及人们的灵活性偏好，使人们的预期利润率有降低的趋势，人们更愿意持有现金，这就导致投资需求不足。

在这三个心理因素的作用下，经济发展过程中容易出现有效需求不足，从而导致社会上出现大规模失业和生产过剩，而被古典自由主义经济学视为无所不能的那只"无形的手"即市场自动调节的机制，将无法发挥出有效的作用来纠正这种经济失衡。

对此，凯恩斯主张在经济萧条和经济危机发生时，需要通过一定的宏观经济政策对经济生活进行积极的干预和调节。由于凯恩斯经济理论出现于大萧条的时代背景中，凯恩斯特别强调采用扩张性的财政政策甚至赤字财政来克服经济萧条，帮助经济走出危机。

第二节　新自由主义经济学倡导的经济发展战略

20 世纪 70 年代出现以"滞胀"为特征的经济危机之后，新自由主义各学派企图解决凯恩斯主义经济学所不能解决的经济问题，然而，经济发展的实践却表明，新自由主义经济学也为新的危机贡献了一份力量。"全球经济正处于衰退之中。这是世界历史上第二大经济危机，仅次于 1929~1933 年的经济大萧条。现在回过头来看，最终导致这场灾难的应当是 20 世纪 80 年代以来一直主导世界经济的自由市场思想。"[①]

第三节　新自由主义经济学对发达国家的影响

一、生产领域收缩，制造业向发展中国家转移

从历史上看，目前全球范围内出现过四次大规模的制造业迁移：第一次出现在 20 世纪初，英国将部分"过剩产能"向美国转移；第二次是在 20 世纪 50 年代，美国将钢铁、纺织等传统产业向日本、德国转移；第三次在 20 世纪 60、70 年代，日本、德国等向亚洲四小龙和部分拉丁美洲国家转移劳动密集型加工产业；第四次在 20 世纪 80 年代，欧美日等发达国家和亚洲四小龙国家，把劳动密集型产业和低技术高消耗产业向发展中国家转移。

劳动密集型产业和高消耗产业向发展中国家的转移，正是新自由主义经济学家实现其在发达国家内部经济目标的途径之一。为了保证资产阶级的利润，成本必须缩减，相对于发达国家的人工成本而言，把劳动密集型产业转移到拥有丰富的廉价劳动力的发展中国家，无疑会使成本大大降低。而这种包括

---

① 张夏准.资本主义的真相——自由市场经济学家的 23 个秘密[M].北京:新华出版社,2011:1.

劳动密集型产业和高消耗产业在内的制造业转移,对于发达国家来说,在全球范围内获取利润的同时,不得不说,其与制造业发展相关的研发、创新活动也受到影响,这对于经济持续发展来说是有潜在危险的。

二、工人收入压低,消费力逐渐减弱

尽量压低工人的工资,减少向低收入者提供的社会福利和社会保障,这也是新自由主义者提高资产阶级收入水平的一个途径。由于产业向发展中国家转移而导致就业机会的减少,低收入者收入降低的压力更大。在这种情况下,人们的消费能力事实上是有下降的趋势,这也为日后爆发生产过剩的经济危机埋下了隐患。

三、倡导金融自由化,推动资本主义经济金融化和虚拟化

20 世纪 80 年代,代表金融垄断资本的新自由主义在西方发达国家逐渐占据了话语主导权。国家管制资本主义逐渐被新自由主义模式的资本主义替代。自由化的一个重要表现就是金融领域的自由化。金融自由化是一种主张政府放松对金融部门管制和干预的政策主张,在金融领域充分发挥市场这只"看不见的手"的作用,使资本价格由市场决定,金融市场的准入自由化以及资本流动实现自由化。金融自由化的根本指导思想在于满足资本自由追逐利润最大化的本质要求,实质也就是新自由主义的根本指导思想。

20 世纪 80 年代以来,发达国家逐渐放松或取消金融管制,新自由主义倡导金融自由化极大地推动了资本主义经济的金融化和虚拟化进程。具体表现在:金融机构在摆脱了信贷控制的情况下,纷纷采取扩大信贷规模的办法来获取尽可能多的收益。利率的自由化使金融机构之间的竞争加剧,为了获取高额利润,投资银行不断推动金融创新,开发出高杠杆率的金融衍生产品。

正是在新自由主义思想的推动下,次贷市场逐渐发展起来,表面上看,社会经济的各个层面都由于金融市场的发展、金融衍生工具的创新得到了极大的便利。但是,潜伏的危机也在随着经济的发展一步一步地逼近,"次贷危机"最终于 2007 年初开始浮出水面。

第四节　新自由主义经济学对全球经济的影响

奉行自由市场政策很少会使穷国变富。20世纪80年代以来，一些发展中国家开始采取自由市场政策，期望能通过采取自由市场政策，尤其是通过与世界各地进行自由贸易的政策来实现发家致富的目的。但与人们通常相信的事实恰好相反，"大部分发展中国家在'过去悲惨的日子'里的经济增长更快，人均收入分配也更公平，金融危机也更少"①。从发达国家向发展中国家推广的新自由主义经济学，指导着这些做着发家致富梦的发展中国家。

新自由主义以市场化、自由化、私有化为核心，向发展中国家，尤其是东亚、拉美、东欧、非洲等地区的发展中国家，强力推行新自由主义改革。"华盛顿共识"更是为国际垄断资本进入发展中国家清除了障碍。在这场没有硝烟的战争中，发展中国家获得的是短期内经济的增长，外商投资的大量增加，同时也获得了国家经济主权的削弱、经济基础和经济稳定的受损、经济安全支柱的破坏。

大多数拉丁美洲国家从20世纪80年代开始，就按照新自由主义经济理论和政策的指导，进行了经济结构调整，大力推行贸易自由化、投资自由化和金融自由化，这些国家的企业也进行了私有化改革，并实行了紧缩性的财政政策。这些调整和改革给拉丁美洲国家带来了巨大的灾难。失业率攀升、贫困人口激增、收入分配不公平问题日益严重，一系列经济社会问题相继出现。在前苏东地区，按照新自由主义经济思想推行的"休克疗法"，同样导致了经济社会的倒退。亚洲一些国家在20世纪末按照新自由主义经济思想的政策主张，采取了一系列投资自由化和贸易自由化的改革，结果是由于不能控制外部因素的影响而受到国际投机资本的攻击，出现货币贬值、生产衰退以及严重的货币金融危机。

---

① 张夏准.资本主义的真相——自由市场经济学家的23个秘密[M].北京:新华出版社,2011:61.

与在发达国家内部产生的影响一样,在世界范围内,新自由主义思想推行的结果导致最富裕国家与最贫穷国家的差距越来越大。世界银行的发展报告指出,最富裕的 20 个国家的人均收入远远高于最贫困的 20 个国家,并且在新自由主义全球范围推行之后,最不发达国家的贫困化问题越来越严重。

新自由主义经济思想在发展中国家的推行也加剧了社会阶层的两极分化。自由化、私有化、市场化的推行,使资本掌握在一部分人手里,成为获取巨额利润的工具。在各个发展中国家,普遍都出现了资本与劳动之间的对立,而在这一对立关系中,新自由主义经济理论及其政策主张显然都是有利于资本一方的。在发展中国家内部,贫富差距问题也越来越明显,这也为日后不可避免地卷入危机奠定了基础。

更为重要的是,新自由主义经济思想在国际范围内的推广,其背后的真正目的是为发达国家的垄断资本进入发展中国家扫除障碍。发达国家的资本全面进入发展中国家,其结果是短时间内便严重冲击发展中国家的传统产业;以私有化、市场化改革为契机,发达国家的垄断资本可以迅速控制发展中国家的资源和垄断行业,获取高额的垄断利润。

就这样在一步一步潜移默化中,在发展中国家感恩于发达国家的"经济引导"和"投资支持"中,发展中国家走上了一条新自由主义经济学家铺设好的"红地毯",也使自己与发达国家的经济捆绑在一起,利润源源不断地流向发达国家,而在爆发经济危机的时候发展中国家也在劫难逃。

第五节　为什么说新自由主义经济学该为经济危机负责?

为什么说新自由主义经济学该为本次经济危机（2007 年开始的金融危机)负责? 新自由主义继承古典自由主义关于市场万能的理论主张,市场机制本身的局限性就暗含着经济危机爆发的可能性。因此, 当代资本主义经济危机,是历史上的资本主义经济危机在国家垄断资本主义时期的延续。但 20 世纪 70 年代以后,在新自由主义经济思想的主导下,当代资本主义经济危机又表现出一些新的特点,不难发现,经济危机的新特点,或者说经济危机本身就是自由主义经济理论指导下的必然结果。

一、当代经济危机的新特点

1997年东南亚金融危机和2007年始于美国的金融危机，共同的特点都是危机首先以货币危机、信用危机的形式表现出来，然后迅速波及实体经济，继而演变为席卷全球的国际金融危机，成为真正意义上的全球性危机。从其表现形式上看，当代经济危机与20世纪70年代以前的传统经济危机相比表现出一些新的特点：传统的危机通常表现为消费不足，而本次危机却表现为消费过度；传统的危机表现为生产过剩，而本次危机表现为金融过度；传统的危机首先爆发于实体经济领域，表现为经济危机，而本次危机则首先爆发于虚拟经济领域，表现为金融危机。

如果说传统经济危机的主要特点是是周期性危机的话，当代经济危机则是周期性危机与结构性危机、金融危机相交织的表现。从历史上看，结构性危机和金融危机都是在20世纪70年代以后出现的，与新自由主义经济思想流行起来的时期一致，这绝不是巧合。

结构性危机，是指经济结构在非周期性因素影响下严重失调，即一些生产部门之间的比例严重失调，阻碍整个经济稳定增长及正常运行而形成的危机。从表现形式上看，结构性危机与周期性危机的不同之处在于，结构性危机既可以表现为生产过剩，也可以表现为生产不足。由于供给侧结构性失调，结构性危机的治理需要从供给侧入手对生产结构进行重大调整，因而其持续时间一般较长。20世纪70年代以来，结构性危机一直困扰着当代资本主义国家特别是发达国家。

金融危机，如前所述，即信用过度膨胀基础上出现的银行信贷体系危机。20世纪70年代以后，在发达国家先后发生过1982~1983年、1988~1990年、1997年、2008年几次影响比较大的金融危机，尤其以1997年东南亚金融危机和2008年美国金融危机的波及面大。有学者将当代资本主义描述为金融资本主义，即金融资本主导社会政治经济，通过金融系统进行的货币财富的积累凌驾于产品生产过程之上的一种经济制度。在这一制度中，从储蓄到投资的金融中介活动成为整个经济的主宰，并因此对政治与社会发展产生深刻影响。自

20 世纪后半期开始,金融资本主义成为全球经济的主宰力量。与此同时,在新自由主义经济思想的影响下,西方发达国家进行了全面性的金融自由化,反对对金融资本的严格监管。在金融资本主义模式下,经济的稳定性与发展取决于金融业的自律与公共监管。一旦金融业为追逐利益而放弃自律,背弃维护金融与经济稳定的公共责任,而公共监管又严重缺失时,金融资本的过度膨胀就可能导致金融危机。2008 年的金融危机并非不可避免的,但公共监管的缺失与金融业为追求利润而放弃自律导致了金融危机的爆发。①

二、经济学家对经济危机的看法

在严重的金融危机和经济危机背景下, 也有西方许多人士反思西方现存的经济制度、经济理论和经济政策。"这次资本主义制度的危机至少意味着,此前长期掩盖在'现代''工业主义'和'西方'等一系列漂亮假面之下的资本主义已经重新进入了人们的视野。当人们开始谈论资本主义的时候,就说明资本主义出现了问题。"②面对不断爆发的经济危机,原本否认经济危机可能性的新自由主义经济学家也不得不面对现实进行反思。但他们认为危机的主要原因在于政府监管有误,在于国家干预经济。总之,他们一如以往地坚持反对国家干预经济的立场。对于经济危机,听听新自由主义经济学家的说法吧。

"是政府的行为和干预, 而不是任何私有经济固有的缺陷和不稳定性造成、延长并加剧了经济危机。"③——斯坦福大学教授约翰·泰勒。

"这是一次由政府监管、政府补贴和政府干预引起的危机……我们陷入这场危机正是因为背离了自由放任资本主义的原则。"④——美国加图研究所大卫·鲍兹。

"实际上这场危机至少应该部分归咎于政府政策,如过于宽松的货币政策和促进住房自由化的政治意愿等,它们催生了危险的房地产泡沫。"⑤——路易

① 周宏,李国平. 金融资本主义:新特征与新影响[J]. 马克思主义研究,2013(10).
② 特里·伊格尔顿(Terry Eagleton). 马克思为什么是对的[M]. 北京:新星出版社,2011:3.
③ 约翰·泰勒(John Taylor). 网易财经,2009-10-12,http://money.163.com
④ 大卫·鲍兹(David Boaz). 古典自由主义[M]. 北京:同心出版社,2009.
⑤ 路易吉·津加莱斯(Luigi Zingales). 繁荣的真谛[M]. 北京:中信出版社,2015:225.

吉·津加莱斯。

2007~2008 年金融危机以及此后出现的经济大衰退，又一次引发了人们关于经济模式的大讨论。新自由主义经济学家并不认为自由主义经济思想需要为经济危机的发生承担什么责任，相反，他们强调应该进一步减少对经济活动的大规模干预。

三、新自由主义经济学理论及其政策主张该为经济危机负责

没有任何一种经济理论会直接导致经济危机的爆发，新自由主义经济思想也一样，它并不直接造成资本主义的经济危机，但是，在新自由主义经济思想的指导下，西方国家对金融垄断资本的贪婪本性的纵容，使资本主义经济的基本矛盾进一步激化，是导致经济危机爆发的最深刻的根源。所以，新自由主义经济理论及其政策主张应该为经济危机负责。

首先，新自由主义经济思想极力推崇自由市场机制的魔力，认为只要允许市场这只"无形的手"指导资源的配置，实行自由放任的经济政策，社会经济的发展就能处于最理想的状态。这种假定市场万能的新自由主义经济思想本身就是错误的。我们丝毫不否认市场在配置资源方面的直接有效性，但同时我们也应该看到市场机制本身的局限性。单纯的市场调节能够很好地解决微观经济领域的平衡问题，但是对于宏观经济领域的平衡问题，市场机制却是无能为力的。市场这只"无形的手"引导着资本投向利润率高的行业，这使资本驱动下的产业发展与消费者的需求之间有可能会出现失衡。不仅如此，新自由主义经济思想主导下的资本在国际市场上的自由流动，使这种失衡在全球范围内推广。发达国家垄断资本追逐高额垄断利润的过程也是产业在国家间转移的过程，这一过程的最终结果表现为一些发展中国家甚至发达国家自身，出现了经济结构性失衡问题，一些行业产品生产严重过剩，同时消费者急需的另一些行业产品供给又严重不足，积累到一定程度便以结构性经济危机的形式表现出来。

其次，新自由主义经济思想极力推崇的自由化原则，其根本目的就是放松国家对经济生活的干预，放松对市场的监管。主张放松金融管制，开放金融业务，推动金融自由化。自 20 世纪 80 年代以来，美国实施了一系列金融自由化

政策并把它推广到世界各地，其结果是，金融市场缺乏监管，信息极不透明，欺诈成风并且带来了严重的金融泡沫。同时，金融自由化的盲目发展还使虚拟经济与实体经济严重脱离，虚拟资本和金融部门相对于实体经济急剧膨胀，收入分配和财富不断向金融资本和金融部门倾斜，经济增长日益依赖于金融泡沫支撑下的财富效应。虚拟经济与实体经济的严重脱离必然导致资产泡沫破裂，引发金融危机，进而导致实体经济危机。这是当前全球性金融危机频发的根本原因。

再次，新自由主义经济思想无视按照资本逻辑发展过程中出现的社会有失公平问题。新自由主义经济思潮鼓吹完全按照资本发展的逻辑，其结果是一些国家出现了贫富差距日益扩大的情况。包括美国在内的一些西方国家，在世纪之交贫富差距出现明显的扩大。一些被极力推销新自由主义经济思想的发展中国家，虽然取得了经济增长，但是却出现了一方面是少数人财富的积累，另一方面却是很多人贫困的积累，社会收入分配差距扩大。新自由主义下收入分配差距的扩大和工人实际工资收入的相对停滞，导致居民收入增长长期停滞，使得资本主义陷入这样的两难境地，要么是需求不足的危机，要么是在消费信贷的基础上创造出虚假的消费增长，进而陷入更严重的信用危机。新自由主义经济学导致贫富分化，贫富分化加重生产过剩。

最后，在新自由主义经济思想的鼓吹下，想尽各种办法追逐高额利润的资本所有者对于资源环境的保护以及社会和谐发展方面存在的问题视而不见。否认市场和政府的根本关系问题上，企业和政府都扮演着极为重要的角色。结果当资本贪婪的本性已经发展到损害社会的根本利益的时候，政府的监督和管理部门却视而不见，结果是整个社会的利益受到损害。

因此，就连日本《每周新闻》都认为，危机的元凶是 20 世纪 80 年代初里根与撒切尔推行的新自由主义的经济政策，即市场至上主义，是数十年的自由放任这一过度自由主义。经济的危机其实反映的是经济理论的危机，反映的是用来指导经济政策的理论很可能出现了问题。当"看不见的手"和"看得见的手"同时失灵的时候，有必要对我们曾经坚信不疑的理论信条进行一次重新的梳理和审视。①

---

① 陶永谊. 互利：经济的逻辑[M]. 北京：机械工业出版社，2011：前言.

第六节　马克思对经济危机的分析

2008 年从美国开始爆发的金融危机几乎席卷全球,直到现在危机的影响都还没有完全消除。为了寻找尽可能快地走出危机的办法,经济学家、政客首先需要明白危机爆发的原因,而我们所看到的对本次金融危机原因的各种解读,比如金融创新论、政策失误论、监管缺位论、政治周期论、风险低估论、中国责任论、人性贪婪论等,总的来说,这些对经济危机爆发原因的解读,多数都是从某种经济现象出发来解释经济危机,都没有触及危机爆发的根源。

其实,这次金融危机并没有超出马克思关于经济危机的逻辑判断,从根本上说,这次金融危机爆发的根源仍然在于生产社会化与生产资料资本主义私人占有这一资本主义的基本矛盾,表现为生产的无限扩大与劳动人民的购买能力相对缩小之间的矛盾积累到一定程度的时候,便会以危机的形式爆发。只不过危机一定会选择在某一个环节爆发,而近年来经济危机的爆发大多是从金融领域开始,这一点马克思也早有预见。

全面梳理并理解马克思对市场经济中存在经济危机爆发的可能性、必然性的有关论述,也许更有利于我们对经济危机根源的认识。

一、让·巴·萨伊:不存在经济危机

马克思的经济理论大厦是建立在对古典经济理论批判的继承基础上的,而新自由主义经济学又是在发展古典自由主义经济学的基础上来解释经济现象的。因此,要分析马克思的经济危机理论,正确认识和评价新自由主义经济学与经济危机之间的关系,也许把古典经济学、马克思经济学与新自由主义经济学结合起来看,更有利于我们理解这些问题。

让·巴·萨伊在其著作中的有关论述,表明了他"断然否定危机"的态度。

"把销路疲滞归因于缺乏货币的说法,是错误地把手段看作原因。这种错误的产生,是由于差不多一切产品在最终变为其他产品之前,总首先变成货币,而照庸俗的看法,货币是最重要的货物并且是一切交易的目的,但其实货币不过是媒介而已。销路呆滞绝不是因为缺少货币,而是因为缺少其他产品。如果其他产品存在,我们不怕得不到充分数量的货币以处理这些价值的流转和互换。"①

"在市场有货物和服务供应的条件下,这个说法对一切情况都可适用。在价值生产最多的地方,货物和服务的需求最大,因为这地方所创造的价值即唯一可用以作购买手段的东西,比其他地方都来得多。在以产品换钱、钱换产品的两道交换过程中,货币只一瞬间起作用。当交易最后结束时,我们将发觉交易总是以一种货物交换另一种货物。""值得注意的是,一种产物一经产出,从那时刻起就给价值与它相等的其他产品开辟了销路。"②

在萨伊的理论中,商品的出售就是供给,商品的购买就是需求,所以,萨伊认为,供给会给自己创造出需求。在资本主义条件下,某一种产品可能会滞销,但自由竞争会自动调节,使各种产品的供求趋于平衡。就全社会来说,总供给一定等于总需求,普遍性的生产过剩的经济危机是不可能发生的。

对此,马克思讽刺说,"任何一门科学都不像政治经济学那样,流行着拿浅显的普通道理来大肆吹嘘的风气。例如,让·巴·萨伊由于知道商品是产品,就断然否定危机"③。

二、马克思:简单商品经济已经存在经济危机爆发的可能性

萨伊作为古典政治经济学的代表人物之一,其理论也反映了他对自由放任市场经济的主张,因为供给可以自行创造需求的话,自由市场经济就可以自动实现均衡,从而无需国家干预经济。对于这一理论认识及政策主张的问题所在,马克思这样指出:

"有一种最愚蠢不过的教条:商品流通必然造成买和卖的平衡,因为每一次卖同时就是买,反过来也是一样。……但这种教条是要证明,卖者会把自己的买者带到市场上来。作为两极对立的两个人即商品占有者和货币占有者的

---

① 萨伊(Say JeanBaptiste). 政治经济学概论[M]. 北京:商务印书馆,1997:143.
② 萨伊. 政治经济学概论,商务印书馆,1997:144.
③ 马克思恩格斯全集[M]. 中文第 1 版. 第 23 卷. 北京:人民出版社,1972:133.

相互关系,卖和买是同一个行为。但作为同一个人的活动,卖和买是两极对立的两个行为。因此,卖和买的同一性包含着这样的意思:如果商品被投入流通的炼金炉,没有炼出货币,没有被商品占有者卖掉,也就是没有被货币占有者买去,商品就会变成无用的东西。这种同一性还包含这样的意思:如果这个过程成功,它就会形成商品的一个休止点,形成商品生命中的一个时期,而这个时期可长可短。既然商品的第一形态变化是卖又是买,这个局部过程同时就是一个独立的过程。买者有商品,卖者有货币,也就是有一种不管早一些或晚一些再进入市场都保持着能够流通的形式的商品。没有人买,也就没有人能卖。但谁也不会因为自己已经卖,就得马上买。流通所以能够打破产品交换的时间、空间和个人的限制,正是因为它把这里存在的换出自己的劳动产品和换进别人的劳动产品这二者之间的直接的同一性,分裂成卖和买这二者之间的对立。说互相对立的独立过程形成内部的统一,那也就是说,它们的内部统一是运动于外部的对立中。当内部不独立(因为互相补充)的过程的外部独立化达到一定程度时,统一就要强制地通过危机显示出来。商品内在的使用价值和价值的对立,私人劳动同时必须表现为直接社会劳动的对立,特殊的具体的劳动同时只是当作抽象的一般的劳动的对立,物的人格化和人格的物化的对立,——这种内在的矛盾在商品形态变化的对立中取得发展了的运动形式。因此,这些形式包含着危机的可能性,但仅仅是可能性。这种可能性要发展为现实,必须有整整一系列的关系,从简单商品流通的观点来看,这些关系还根本不存在。"[1]

在这一段马克思分析货币的流通手段职能的文字中可以看出马克思的观点:

(1)商品经济不同于产品经济。产品经济是一种使用价值和另一种使用价值的直接交换,是萨伊所说的那种"供给直接等于需求",而商品经济则是以货币为媒介的一种使用价值和另一种使用价值之间的交换。

(2)正是由于货币发挥作用,执行流通手段的职能,卖者在卖出商品以后,并不必然直接成为买者,供给并不必然带来需求。

(3)简单商品经济中已经存在经济危机爆发的可能性,但这种可能性要变

---

① 马克思. 资本论[M]. 第一卷. 北京:人民出版社,2004:135.

为现实性,还需要一系列的关系。

总之，以货币为媒介的商品流通本身就已经包含了经济危机爆发的可能性。进一步分析我们应该注意到,经济危机爆发的可能性从一开始就与货币有直接的关系，随着商品经济的发展，货币在商品流通过程中的职能也越来越多,货币的形式也发展起来,这一过程的发展也正是经济危机的爆发从可能性逐渐演变为现实性的过程。

三、货币的支付手段:货币危机爆发的可能性

简单商品流通中产生债权人和债务人的角色后，货币也就取得了另一种职能。货币成了支付手段。货币执行支付手段的职能,毫无疑问,对商品经济的发展起到了极大的促进作用。但同时,也由于货币有支付手段的职能,它使商品经济的发展具有了更大的不可控性。马克思这样说明:

"货币作为支付手段的职能包含着一个直接的矛盾。在各种支付互相抵消时,货币就只是在观念上执行计算货币或价值尺度的职能。而在必须进行实际支付时,货币又不是充当流通手段,不是充当物质变换的仅仅转瞬即逝的中介形式,而是充当社会劳动的单个化身,充当交换价值的独立存在,充当绝对商品。这种矛盾在生产危机和商业危机中称为货币危机的那一时刻暴露得特别明显。这种货币危机只有在一个接一个的支付的锁链和抵消支付的人为制度获得充分发展的地方,才会发生。当这一机制整个被打乱的时候,不问其原因如何,货币就会突然直接地从计算货币的纯粹观念形态转变成坚硬的货币。这时,它是不能由平凡的商品来代替的。商品的使用价值变得毫无价值,而商品的价值在它自己的价值形式面前消失了。昨天,资产者还被繁荣所陶醉,怀着启蒙的骄傲,宣称货币是空虚的幻想。只有商品才是货币。今天,他们在世界市场上到处叫嚷:只有货币才是商品! 他们的灵魂渴求货币这唯一的财富,就像鹿渴求清水一样。在危机时期,商品和它的价值形态(货币)之间的对立发展成绝对矛盾。因此,货币的表现形式在这里也是无关紧要的。不管是用金支付,还是用银行券这样的信用货币支付,货币荒都是一样的。"①

---

① 马克思. 资本论[M]. 第一卷. 北京:人民出版社,2004:161-162.

　　《资本论》第3版出版的时候,马克思对这段话加了注释,指出,"这里所谈的货币危机是任何普遍的生产危机和商业危机的一个特殊阶段, 应同那种也称为货币危机的特种危机区分开来。后一种货币危机可以单独产生,只是对工业和商业发生反作用。这种危机的运动中心是货币资本,因此它的直接范围是银行、交易所和金融。"

　　马克思区分了两种货币危机:一种货币危机是单纯由于货币流通和支付过程中的不顺畅而使人们感觉到的缺乏货币的状况, 这种货币危机主要对专门经营货币业务的行业和领域造成困扰,继而会对工商业发生反作用。另一种货币危机则是与工业和商业交织在一起的,是在工业生产和商业流通过程中,货币流通与商品流通互相作用,最终以货币危机的形式表现出来的生产危机。第一种货币危机可以通过调整货币数量、货币形式等得以缓解,第二种货币危机则需要从生产领域去寻找解决问题的根源。

四、货币流通:反作用于商品流通

　　"货币作为流通手段不断地留在流通领域,不断地在那里流动。于是产生了一个问题,究竟有多少货币不断地被流通领域吸收。"① 由于货币执行流通手段的职能, 马克思自然地分析到了流通中需要多少货币来媒介商品流通的问题。

　　理解货币流通和商品流通之间的关系对我们理解经济危机问题非常重要。

　　货币作为购买手段在买者和卖者之间不断变换位置, 货币执行流通手段职能的时候,流通中的货币需要量不是任意的,而是以商品流通为基础的。据此, 马克思认为流通中所需要的货币量由待销售商品的价格总额与货币的流通速度所决定。在此基础上,马克思又分析了货币支付手段职能条件下的货币流通规律、信用货币条件下的货币流通规律。

　　总之,当货币流通适合商品流通的需要时,就能促进商品流通从而促进商品生产的发展;反之,如果货币流通不适合商品流通的需要,即流通中的货币

---

① 马克思. 资本论[M]. 第一卷. 北京:人民出版社,2004:139.

数量多于或者少于商品流通对货币的需要时,都会束缚商品流通的发展。具体说来,当流通中的货币数量少于商品流通对货币的需要时,商品变换为货币的速度就会受到缺乏货币的影响,生产规模的缩减成为不得已的选择;相反,当流通中的货币数量多于商品流通对货币的需要时,旺盛的购买力会推动生产规模的扩大,这种影响扩张到一定程度时就已经埋下了生产过剩的隐患。不仅如此,信用货币流通极可能导致支付危机。在信用货币条件下,一旦债务到期,产生了支付的需要,或者债务的某个环节出了问题,造成整个债务链的货币支付危机,经济危机便以货币支付危机形式爆发出来。

五、商业资本:促进形成经济危机

货币流通对商品流通从而与经济危机之间的关系,在马克思分析"商业资本"问题时就更明确了。

"在现代信用制度下,商人资本支配着社会总货币资本的一个很大的部分,因此,它可以在已购买的物品最终卖掉以前反复进行购买。……这里将会创造出一种虚假的需求。尽管商人资本的运动独立化了,它始终只是产业资本在流通领域内的运动。但是,由于商人资本的独立化,它的运动在一定界限内就不受再生产过程的限制,因此,甚至还会驱使再生产过程越出它的各种限制。内部的依赖性和外部的独立性会使商人资本达到这样一点:内部联系要通过暴力即通过一次危机来恢复。""因此,在危机中发生这样的现象:危机最初不是在和直接消费有关的零售业中暴露和爆发的,而是在批发商业和向它提供社会货币资本的银行业中暴露和爆发的。"[①]

"在某一个看不见的点上,商品堆积起来卖不出去了;或者是一切生产者和中间商人的存货逐渐变得过多了。消费通常正好是在这个时候兴旺到了极点,这部分地是因为他们雇佣的工人由于充分就业,比平时支出多。资本家的支出也会随着他们的收入的增加而增加。……由于所期望的需求的刺激,这种生产在一段时间内能够安稳地进行下去,因此,在这些部门,商人和产业家的营业非常活跃。一旦那些把货物运销远处(或存货在国内堆积起来)的商人的

---

① 马克思. 资本论[M]. 第三卷. 北京:人民出版社,2004:339.

资本回流如此缓慢,数量如此之少,以致银行催收贷款,或者为购买商品而开出的汇票在商品再卖出去以前已经到期,危机就会发生。这时,强制拍卖,为支付而进行的出售开始了。于是崩溃爆发了,它一下子就结束了虚假的繁荣。"[①]

由马克思的精彩论述中,我们看到,商业资本可以节省社会流通资本,可以缩短资本的流通时间, 可以加快资本的周转速度。正是由于商业资本的出现,使社会总资本中有更多的资本可以投入到生产领域,创造出更多的价值和剩余价值。商业资本的发展,对促进整个资本主义的发展发挥了重要作用。但是,商业资本的作用要以它的数量不超过社会必要劳动比例为条件,商业资本的比重取决于产业资本的规模,如果商业资本的数量过多,流通混乱,就会对生产和消费造成矛盾,促进经济危机的爆发。

马克思关于商业资本周转过程中对资本主义生产的影响的分析充分说明,商业资本发挥作用的结果与资本主义经济危机的爆发有紧密关系,商业资本周转及其作用的发挥不是经济危机爆发的根本原因, 但商业资本流通如果脱离资本主义生产的现实,则会对资本主义再生产产生错误的指导,从而促使生产相对过剩的危机爆发。

批发商业、银行业之所以是危机易爆发的环节,主要是因为信用在其中发挥着重要作用。信用制度的形成对资本主义生产和流通发挥了重要的作用,信用制度进一步促进了利润率平均化的过程;信用制度减少了流通费用;信用制度推动了股份公司的成立。信用发挥作用的结果使资本主义生产能超出自有资本的限制而在更大规模上发展起来。在信用制度促进资本主义生产发展的积极作用发挥的同时, 信用制度还对资本主义生产的相对过剩和商业过度投机起着推动作用。"如果说信用制度表现为生产过剩和商业过度投机的主要杠杆, 那只是因为按性质来说具有弹性的再生产过程, 在这里被强化到了极限。"[②]"建立在资本主义生产的对立性质基础上的资本增殖,只容许现实的自由的发展达到一定的限度,因而,它事实上为生产造成了一种内在的、但会不断被信用制度打破的束缚和限制。因此,信用制度加速了生产力的物质上的发

---

① 马克思. 资本论[M]. 第三卷. 北京:人民出版社,2004:340.
② 马克思. 资本论[M]. 第三卷. 北京:人民出版社,2004:499.

展和世界市场的形成；使这二者作为新生产形式的物质基础发展到一定的高度，是资本主义生产方式的历史使命。同时，信用加速了这种矛盾的暴力的爆发，即危机，因而促进了旧生产方式解体的各要素。"①

从马克思的分析看，无论是商业资本、商业信用还是银行信用，都是通过直接或间接地对生产过程发挥作用，使资本主义生产出现相对过剩。因此，马克思所揭示的资本主义经济危机的本质仍然是生产相对过剩的危机，经济危机的根源仍然是资本主义生产的社会化和生产资料资本主义私人占有之间的矛盾，商业资本和信用制度只是促进这一矛盾爆发的要素。

六、资本积累和再生产：经济危机的根源暴露无遗

马克思认为，资本主义经济危机的实质是生产相对过剩的经济危机。通过梳理马克思关于"资本的积累过程"和"社会总资本再生产"问题，我们对经济危机的根源会有更明确的认识。

马克思的"资本积累理论"向我们清楚地描述了资本主义的两极分化产生和发展的过程。资本主义生产的特征是扩大再生产，即资本家要把剩余价值的一部分再转化为资本投入到再生产过程中去。这种不断积累的动机不是资本家的节欲或慈悲之心决定的，而是资本家追求剩余价值的动力和市场竞争的压力所致，资本家需要不断地把剩余价值转化为资本进行资本积累，从而使资本主义生产具有无限扩大的趋势，财富也越来越在资本家一方积累起来。

由于资本有机构成不断提高的趋势，在积累和伴随积累的积聚进程中资本可变部分相对减少。可变资本的减少意味着，积累将伴随着工人就业量的减少。"工人人口本身在生产出资本积累的同时，也以日益扩大的规模生产出使他们自身成为相对过剩人口的手段。"②

随着资本积累的进行，资本主义的生产迅速扩大，资产阶级获得的利润迅速增加，资本集聚和资本集中相互促进着，使社会财富日益集中在少数人手中，劳动者在社会总财富中所占的比重不断缩小，财富分配的两极分化日益严

---

① 马克思. 资本论[M]. 第三卷. 北京：人民出版社，2004：500.
② 马克思. 资本论[M]. 第一卷. 北京：人民出版社，2004：727-728.

重,社会购买力和产品增长的差额也随之迅速扩大。"社会的财富即执行职能的资本越大,它的增长的规模和能力越大,从而无产阶级的绝对数量和他们的劳动生产力越大,产业后备军也就越大。可供支配的劳动力同资本的膨胀力一样,是由同一些原因发展起来的。因此,产业后备军的相对量和财富的力量一同增长。但是同现役劳动军相比,这种后备军越大,常备的过剩人口也就越多,他们的贫困同他们所受的劳动折磨成反比。最后,工人阶级中贫苦阶层和产业后备军越大,官方认为需要救济的贫民也就越多。这就是资本主义积累的绝对的、一般的规律。"①

马克思的论述到这里,我们已经十分清楚了,生产无限扩大和劳动者有支付能力的需求减少过程伴随着资本积累的过程,当这种供给扩大而有效需求缩小之间的矛盾发展到一定程度,生产相对过剩的经济危机最终就会爆发出来。

七、社会总资本再生产:部类之间及其内部比例关系不协调会导致供给侧结构性失衡

"社会总产品,从而社会的总生产,分成两大部类:I.生产资料:具有必须进入或至少能够进入生产消费的形式的商品。II.消费资料:具有进入资本家阶级和工人阶级的个人消费的形式的商品。"②把社会总产品从而社会的总生产分成两大部类,这是马克思研究社会总资本再生产的两大理论前提之一。但是,只是从两大部类的划分及其比例关系来理解马克思的社会总资本再生产理论并且将其运用于分析社会生产过程中出现的结构比例协调问题,那显然是不够的。在两大部类划分的基础上,马克思对社会生产各部门的结构和比例做了进一步的深入研究。

第一部类的社会总产品价值中,IC 是生产资料的生产资料形式;第二部类的社会总产品价值中,IIC 是消费资料的生产资料形式。这就是说,马克思进一步把生产生产资料的第一部类划分为"生产资料的生产资料"和"消费资料的

---

① 马克思. 资本论[M]. 第一卷. 北京:人民出版社,2004:742.
② 马克思. 资本论[M]. 第二卷. 北京:人民出版社,2004:438—439.

生产资料"两个分部类;在此基础上,马克思又将"消费资料的生产资料"进一步划分为"必要消费资料的生产资料"和"奢侈消费资料的生产资料"。"年商品生产的第 II 部类是由种类繁多的产业部门构成的,但是,按他们的产品来说,可分成两大分部类:(a)消费资料。(b)奢侈消费资料。"①也就是说,马克思把第二部类的社会生产部门按照所生产产品的不同划分为两大分部类:"必要消费资料"生产部门和"奢侈消费资料"生产部门。在简单再生产的前提下,马克思分析的结论包括:

(1)两大部类之间的关系:$I(V+M)=IIC$。年劳动以生产资料的实物形式创造的新价值产品, 等于年劳动的另一部分生产的产品价值所包含的以消费资料形式再生产的不变资本价值 C。其扩展公式 $I(C+V+M)=IC+IIC$ 与 $II(C+V+M)=I(V+M)+II(V+M)$ 清晰地表明了两大部类之间的比例关系,即社会生产中第一部类所生产的生产资料正好满足全社会再生产对生产资料的需求;社会生产中第二部类所生产的消费资料正好满足全社会再生产对消费资料的需求。扩展公式的左边代表总供给,右边代表总需求,马克思的社会总资本简单再生产的实现条件明确表示当社会总供给与社会总需求相等时, 再生产能够顺利实现。因此,社会主义市场经济条件下,宏观经济的发展在充分发挥市场对资源配置的决定性作用的同时, 还要关注社会总产品的数量比例关系。

(2)两大部类之间关系的进一步分析:以消费资料形式存在、要和 $I(V+M)$ 交换的 IIC,其中一部分是用来交换必要生活资料的生产资料,另一部分是用来交换奢侈生活资料的生产资料。如果两大部类的平衡关系式 $I(V+M)=IIC$ 使研究者们注意到了马克思强调的社会再生产过程中的数量比例协调关系的话,这进一步的分析则向我们强调了社会再生产的结构比例协调的重要性,不仅强调了全社会的生产资料总供给在数量上要相当于全社会对生产资料的总需求, 而且强调了社会总产品的供给结构要适应再生产过程中对社会总产品的需求结构,生产资料的生产资料、消费资料的生产资料(必要消费资料的生产资料、奢侈消费资料的生产资料)等各类产品的生产数量和结构如果能适应

---

① 马克思. 资本论[M]. 第二卷. 北京:人民出版社,2004:448.

市场对它们的需求,社会产品在市场上能够顺利销售出去,实现价值补偿,不会出现产能过剩;如果供给结构不能适应需求结构,一方面某些行业会出现严重的产能过剩,另一方面也会制约其他行业的再生产。我国当前出现的供给侧结构性失衡、消费品市场产品低端化及有效供给不足等问题的解决,从长远的看,应该通过第一部类的产业结构优化升级,减少无效产能;通过创新技术,提升第一部类自身以及第二部类产品的全球竞争力,扩大有效供给。

(3)第二部类内部的关系:这里研究的是以消费资料形式存在、在第二部类内部进行价值补偿和实物补偿的 $II(V+M)$。马克思按照消费资料的实物形式对第二部类生产进行了划分,IIa 是生产必要消费资料的分部类,IIb 是生产奢侈消费资料的分部类。研究结果表明,IIa 的资本家对奢侈消费资料的需求与 IIb 的工人和资本家对必要消费资料的需求之和相等。对第二部类内部交换关系的分析,同样向我们强调了社会再生产过程中的结构比例协调的重要性。正如马克思所言,"既然全年总产品实际进入以流通为中介的年再生产过程,所以这些比例关系在全年总产品的每一次分配中,都具有质的决定意义。"①不同时代人们对必要消费资料和奢侈消费资料的界定会发生变化,一些奢侈消费资料会随着生产的发展变为必要消费资料,同时一些必要消费资料也会随着时间的发展而被消费者淘汰。我国经济经历了持续的高速增长,已经步入中等收入国家行列,相应的消费结构也发生了变化。但从我国消费资料的供给结构来看,并没有及时得到调整,导致国内初级产品、低端产品过剩,甚至劣质产品充斥市场,一部分消费需求需要通过国外市场来满足,这在全球经济不景气、外需不足的背景下,内需也乏力,不利于我国经济向好发展。基于马克思的部类划分理论,唯有从供给侧入手,优化我国消费资料产业结构,提升产品的品质,才能满足新常态下国内的市场需求,在此基础上,配套的需求管理政策也才能行之有效。

(4)第一部类内部的关系:这里研究的是以生产资料形式存在、在第一部类内部进行价值补偿和实物补偿的 IC,这一部分是马克思所说的"生产资料的生产资料"。"第 I 部类的不变资本,由大量的不同的资本群构成。它们被分别

---

① 马克思. 资本论[M]. 第二卷. 北京:人民出版社,2004:454.

投入不同的生产资料生产部门。……每个这种资本群或每个这种社会的群资本,又由数量或多或少的独立执行职能的单个资本构成。"①这些"生产资料的生产资料"或者进入把它当作产品生产出来的特殊生产部门,或者进入第I部类的另一个群。第I部类的资本家按照比例从中取得他们需要的相应的生产资料。显然,我们再次看到马克思在分析社会总产品及其实现问题时非常重视供给结构的问题,马克思本人也指出,这里的分析所得出的结论具有普遍性:"如果生产是社会的,而不是资本主义的,那么很明显,为了进行再生产,第I部类的这些产品同样会不断地再作为生产资料在这个部类的各个生产部门之间进行分配,一部分直接留在这些产品的生产部门,另一部分则转入其他生产场所,因此,在这个部类的不同生产场所之间发生一种不断往返的运动。"②

总之,马克思对社会总产品及其实现问题的分析,是在对社会总产品总供给和总需求的数量比例和结构比例综合分析的基础上得出的结论,马克思的分析也绝不仅仅止于两大部类之间的比例关系,而是深入分析了两大部类之间、第一部类内部、第二部类内部等各种复杂的数量比例和结构比例关系,形成了系统而全面的社会总资本再生产理论体系。

八、固定资本大规模更新:经济周期性波动的原因

在分析资本的循环、周转过程时,马克思指出,"产业资本的连续进行的现实循环,不仅是流通过程和生产过程的统一,而且是它的所有三个循环的统一。……在这里,每一部分的相继进行,是由各部分的并列存在即资本的分割所决定的。……但是,决定生产连续性的并列存在之所以可能,只是由于资本的各部分依次经过各个不同阶段的运动。并列存在本身只是相继进行的结果。例如,如果对资本的一部分来说 W′–G′ 停滞了,商品卖不出去,那么,这一部分的循环就会中断,它的生产资料的补偿就不能进行;作为 W′ 继续从生产过程中出来的各部分,在职能变换中就会被它们的先行部分所阻止。如果这种情况持续一段时间,生产就会受到限制,整个过程就会停止。相继进行一停滞,

---

① 马克思. 资本论[M]. 第二卷. 北京:人民出版社,2004:472.

② 马克思. 资本论[M]. 第二卷. 北京:人民出版社,2004:473.

就使并列存在陷于混乱。在一个阶段上的任何停滞，不仅会使这个停滞的资本部分的总循环，而且会使整个单个资本的总循环发生或大或小的停滞。"①马克思从这一分析中得出结论：只有三个循环顺利进行，资本循环总过程的连续性才能顺利实现。但是，资本主义的社会化大生产和生产的无政府状态之间的矛盾，决定了这个连续性会经常遭到破坏。

资本的不断循环形成资本的周转。在分析资本周转问题时，马克思揭示了资本主义经济危机的周期性及其物质基础。由于追求剩余价值的内在动力和竞争的外在压力，迫使资本家必须不断地通过使用先进的机器设备、采用先进的技术来提高劳动生产率，缩短自己生产商品的个别劳动时间，以获取超额利润。固定资本的更新就成为它们提高劳动生产率的第一选择。马克思认为，固定资本由于周转速度较慢，在周转期内会存在"无形损耗"的压力。一方面，由于生产技术水平的提高和创新的发展，固定资本的寿命会延长；另一方面，"生产资料的不断变革——这种变革也随着资本主义生产方式的发展而不断加快——又使它缩短。因此，随着资本主义生产方式的发展，生产资料的变换也加快了，它们因无形损耗而远在有形寿命终结之前就要不断补偿的必要性增加了"②。

根据对资本主义经济发展历史的考察，马克思认为大工业中最有决定意义的部门进行固定资本大规模更新的生命周期大约平均为 10 年。他指出："这种由一些互相连结的周转组成的长达若干年的周期（资本被它的固定组成部分束缚在这种周期之内），为周期性的危机造成了物质基础。在周期性的危机中，营业要依次通过松弛、中等活跃、急剧上升和危机这几个时期。虽然资本投入的那段期间是极不相同和极不一致的，但危机总是大规模新投资的起点。因此，就整个社会考察，危机又或多或少地是下一个周转周期的新的物质基础。"③大规模的固定资本的更新使资本主义走出经济危机，但同时固定资本的大规模更新所带来的生产力水平的普遍提高，又为生产的大规模发展、生产相对过剩提供了物质基础，为经济危机的下一次爆发埋下了伏笔。

---

① 马克思. 资本论[M]. 第二卷. 北京：人民出版社，2004：119-120.
② 马克思. 资本论[M]. 第二卷. 北京：人民出版社，2004：206.
③ 马克思. 资本论[M]. 第二卷. 北京：人民出版社，2004：207.

第七节　从马克思的角度理解当代经济危机

从以上分析可以看出,早在一百多年以前,马克思对简单商品经济、资本主义商品经济发展过程中为什么会爆发经济危机、经济危机的表现、经济危机爆发的领域、经济周期性波动的原因等问题已经进行了深入的分析。当我们回到马克思,回到《资本论》中马克思有关经济危机的论述,就会发现,当代资本主义经济危机、金融危机的爆发早已在马克思的预料之中,以金融危机为集中表现形式的经济危机爆发的深刻根源依然没有超出马克思的分析。

金融危机的根源,仍在于资本主义市场经济的制度性缺陷。从《资本论》第一卷出版至今的一百多年时间里,资本主义生产力不断出现突飞猛进的发展,也出现了许多马克思没有预料到的新现象,但生产的社会化和生产资料资本主义私人占有这一资本主义的基本矛盾没有改变。只要这一基本矛盾没有改变,生产无限扩大与有支付能力的需求缩小之间的矛盾就会在资本积累和再生产过程中逐渐激化,直到以危机的方式爆发出来。一百多年以来周而复始地爆发的经济危机,尽管每一次爆发时的直接导火索有区别,但其深刻根源从来都没有发生变化。

新自由主义经济学家的理论观点和政策主张,正是对生产社会化与生产资料资本主义私人占有这一基本矛盾起到了推波助澜的作用。在新自由主义经济学家的理论指导下,金融衍生工具不断创新,为资本在全球范围内的扩张和获利提供了极大的便利,但同时也为危机埋下了更多的爆发点。20世纪第一次国际金融危机爆发后,新自由主义经济学家否认当前危机的严重性,对美国和西方国家经济形势一再表示乐观,断言经济很快就会复苏,政府无须干预。但此后仍然周期性爆发的经济危机一次又一次地说明,只要资本主义基本矛盾没有改变,经济危机就不可避免。

第五章　经济自由主义与国家 干预主义之争

纵观经济思想发展的历史,不难发现,自18世纪重商主义经济学开始,整个西方经济理论的发展历史, 其实就是一部经济自由主义与国家干预主义论争的历史。两种思潮你方唱罢我登场,在不同历史时期不同时代背景下轮流占据经济学的主流地位。对应于经济自由主义和国家干预主义,会有不同的政策主张。梳理国家干预主义与经济自由主义的历史演变,更有利于我们了解新自由主义经济思想的本质,也更有利于我们对社会主义市场经济中"如何处理好政府与市场的关系"做出准确的判断。

第一节　经济自由主义与国家干预主义的历史演变

经济自由主义是强调市场机制的有效作用, 反对国家干预经济生活的政策主张;国家干预主义是强调市场机制的缺陷,主张以国家干预经济生活来弥补市场不足的政策主张。

一、重商主义:较早的国家干预主义

14~15世纪以后资本主义形成的过程中,商业资本起着极为突出的作用。商业和商业资本的发展,扩大了旧的市场,又不断开辟新的市场,促进了各国国内市场的统一和世界市场的发展。

重商主义最初是作为国家政策出现的。随着资本主义进一步发展和社会实践的需要,对国家实际采用的重商主义政策有了从理论上进行研究的必要,

并逐渐得到一些思想家的论述,从而形成了重商主义学说。

重商主义者是站在国家和政府的立场上,以增加国家财富和权力为直接目标的,因此,重商主义是较早的国家干预主义。重商主义者认为,国家为了致富和防止贫困,必须发展对外贸易,并且在贸易过程中要遵循多卖少买、多收入少支出的原则,以求在对外贸易中实现顺差。国内商品生产应服从商品输出的需要,生产国外畅销产品的手工工场应该得到大力支持。为此,重商主义者主张,国家应该积极干预经济活动,从而促进对外贸易的发展,使货币尽量多地流入国内而尽量少地流向国外。

二、以斯密为代表的古典自由主义经济学:经济自由主义的基础

以斯密为代表的英国古典政治经济学,用经济自由主义反对重商主义的政策主张,反对政府对市场经济活动的干预和政府管制。重商主义的经济理论和政策主张在商业资本积累和农业、工业的发展过程中曾经起过重要的作用。但是当市场经济进一步发展需要更多的工业资本来推动时,政府干预就成为资本主义进一步扩张的障碍了。

斯密以其"无形的手"理论为基础,表明其主张自由放任市场经济的态度,从而也被看作是典型的经济自由主义的代表。斯密认为,一个国家最好的经济政策就是对私人经济活动减少干涉的经济自由主义政策,"每一个人,在他不违反正义的法律时,都应听其完全自由,让他采用自己的方法,追求自己的利益,以其劳动及资本和任何其他人或其他阶级竞争。这样,君主们就被完全解除了监督私人产业、指导私人产业,使之最适合社会利益的义务。要履行这种义务,君主们极易陷入错误;要行之得当,恐不是人间智慧或知识所能做到的"①。但是,斯密也并不是完全彻底地抛弃国家干预。事实上,斯密的"看不见的手"是以政府提供一种既定的"社会秩序"为前提的。根据斯密的观点,国家的职能主要有三点:"第一,保护社会,使其不受其他独立社会的侵犯。第二,尽可能保护社会上各个人,使不受社会上任何其他人的侵害或压迫,这就是说,

---

① 亚当·斯密(Adam Smith). 国民财富的性质和原因的研究[M]. 下卷. 北京:商务印书馆,1972:252.

要设立严正的司法机关。第三,建设并维持某些公益事业及某些公共设施(其建设与维持绝不是为着任何个人或任何少数人的利益),这种事业与设施,在由大社会经营时,其利润常补偿所费而有余,但代由个人或少数人经营,就绝不能补偿所费。"①

由此,以斯密为代表的古典政治经济学家,虽然主张经济自由主义,但也不是完全反对政府干预,只不过政府干预的目的是要为自由市场经济的发展提供一个有利于自由竞争的环境。在其政策主张中,经济自由主义占据主导地位,国家干预只是为经济自由主义提供服务的。

三、新古典主义经济学:经济自由主义的进一步发展

19世纪末20世纪初,西方主要资本主义国家向垄断资本主义过渡,适应时代需要,经济理论的分析工具也发生了变化。以马歇尔为代表的新古典主义经济学和古典自由主义经济学在经济自由主义思想这一点上是一致的,只不过,新古典主义经济学用工具性分析方法把市场经济变成了可以达到均衡的模型。在此基础上,认为资本主义是可以自行调节的,在自由市场竞争的条件下,通过价格体系的自动调节作用,必然会使一切可以利用的资源被用于生产。因此,只要国家采取自由放任的政策,资本主义经济就能够达到均衡状态。

经济自由主义是马歇尔经济学的主要政策主张,但马歇尔也不是完全反对国家干预。在1890年出版的《经济学原理》中,马歇尔首次提出了"外部经济"的概念。这一思想在庇古重新论证后,成为主张国家干预经济的重要基础。

四、凯恩斯革命:政府干预主义理论

无论是古典自由主义经济学还是新古典主义经济学,都认为市场是可以自行调节的,没有国家干预的市场经济可以实现均衡,因而认为自由市场经济制度是最完美的制度。然而,1929~1933年严重的资本主义经济危机却引发了人们对自由放任主义经济理论的重新思考。寻找摆脱危机的办法使凯恩斯经

---

① 亚当·斯密. 国民财富的性质和原因的研究 [M]. 下卷. 北京: 商务印书馆,1972: 252-253.

济学登上了历史舞台。

就像人们把凯恩斯称作"宏观经济学之父"一样,凯恩斯认为一国的宏观经济发展状况取决于有效需求是否充分,市场机制本身存在缺陷,对由于心理因素导致的有效需求不足市场机制是无能为力的,因此,调节经济的任务就落在国家身上。

为刺激有效需求,凯恩斯设计了一套调节机制,其主要思想被其追随者发展为一整套管理有效需求的财政政策和货币政策。这一套需求管理政策帮助欧美国家走出经济衰退并推动了经济发展。凯恩斯革命使人们放弃了"市场万能"的信条,接受了国家干预经济的思想和政策主张。在凯恩斯及其追随者的经济思想中,国家对经济生活的干预已经不再是为自由市场经济提供有利环境,国家干预主义已经占据主导地位,市场经济中国家应该是宏观经济的积极干预者和管理者,应该在财政政策、货币政策、收入政策、产业政策等方面发挥主动干预的作用,以纠正市场的失灵。

五、新自由主义经济学:死灰复燃的经济自由主义

凯恩斯的需求管理政策带领欧美国家走出 20 世纪 30 年代的大萧条。但是,随着科学技术的进步,资本主义制度也发生了重大变化。20 世纪 60 年代末和 70 年代初,在西方国家出现了"滞胀"现象,即经济衰退和通货膨胀并存的局面。按照凯恩斯需求管理的方法,医治经济衰退的对策会加剧通货膨胀,而医治通货膨胀的对策又会加重经济衰退。凯恩斯主义处于两难的境地。于是,新自由主义经济学再次兴起。

其实,20 世纪 30 年代到 20 世纪 70 年代初,虽然国家干预主义一直占据主导地位,但是经济自由主义却从未消失过。很多坚持自由市场经济信念的经济学家通过批判国家干预主义和进一步研究自由市场经济来继承和发展古典自由主义。当"滞胀"把凯恩斯主义推下神坛时,新自由主义经济学再次占据理论主导。新自由主义经济学家与古典自由主义经济学家一脉相承,认为市场有充分的自我调节能力,反对政府干预经济,强调政府失灵。新自由主义认为市场是最佳的可以自我调适的社会结构,如果不受外来阻碍,就会最大限度地满足所有的经济需要,有效使用所有经济资源,并自动为所有真正希望工作的人

提供充分的就业机会。他们认为之所以会存在贫困、失业和周期性的经济危机，是因为市场受到工会、政府等诸多限制。因此，新自由主义要求政府应该减少对经济的干预和管制，缩小政府；削减工会的力量，减少对劳动力市场的保护；进行国有企业私有化；降低税率。

六、当代金融危机的反思

1998 年蔓延于东南亚的金融危机和 2008 年源于美国的金融危机，对当代西方主流经济学的理论基石——经济自由主义提出了挑战，市场经济并非是完美的。而这两次规模较大的金融危机，把 20 世纪 70 年代起备受争议的凯恩斯主义又推到了前台。

第二节　经济自由主义与国家干预主义的对立统一

由以上梳理可以看出，经济思想发展的历史，正是一部经济自由主义和国家干预主义此消彼长互相斗争的历史。然而，在总结梳理的过程中，我们发现，经济自由主义并非是完全排斥国家干预的自由主义，而国家干预主义也并非是完全不要市场的干预主义。其实，在商品经济产生以来，对商品经济发展做出概括和总结的经济思想，一直以来都是经济自由主义和国家干预主义对立统一存在着的。经济自由主义的主张实际是经济自由主义占主导地位而国家干预主义处于从属为之服务的地位；国家干预主义的主张实际是国家干预主义占据主导地位对自由竞争的市场进行主动干预的市场经济模式。

因此，要经济自由主义还是要国家干预主义的命题本身是不正确的。要市场还是要政府的命题，实质上是在市场经济中如何处理好市场和政府之间关系的命题。20 世纪下半期，当代西方经济学的发展已经显示出某种融合的大趋势。萨缪尔森提出"中间道路经济学"，主张市场机制与政府作用两大力量的融合："市场机制在许多领域决定价格和产量，而政府却通过税收、支出方案和规章制度来调节市场。市场和政府这两个部分都是必不可缺的。没有政府和没有市场的经济都是一个巴掌拍不响的经济。"①

一、市场决定资源配置是市场经济的一般规律

市场决定资源配置是市场经济的一般规律。随着人类生产的发展,相对于人类的需求而言,资源越来越表现出其稀缺性,这就需要人们对有限的、稀缺的资源进行合理配置,把资源配置到最需要的生产环节,以最少的资源耗费生产出最多的产品和劳务。

市场配置资源是指在经济运行过程中,市场机制根据需求与供给的变动引起价格的变动,从而根据价格的变动来调整对资源的配置。价值规律就像一只无形的手,通过价格机制、竞争机制、供求机制,调节着生产资料和劳动力在社会生产各个部门之间的分配。

市场价格是商品价值的货币表现,是市场供求关系的综合反映。供求变化在市场上引起价格的升降,价格的波动又会引起供求的变化。供求关系实际上就是竞争关系。市场竞争是市场供求双方围绕商品质量和价格等方面进行的经济较量。在发达的市场经济中,竞争渗透在生产和流通的各个环节,涉及生产的各种要素。只有竞争,才能使价格随供求的变化而波动;只有竞争,才能使价值规律得以贯彻;只有竞争,才能使经济充满活力。所以,竞争是市场机制的灵魂。市场机制配置资源的作用正是在供求、价格和竞争三大要素的相互依赖、相互作用的过程中实现的。市场主体的内部动力和竞争压力形成一种客观的强制,迫使他们去改进技术,改善经营管理,节约社会资源或劳动消耗,在优胜劣汰中促进资源不断优化配置,技术不断进步,生产力不断提高。

二、市场失灵需要国家干预来弥补其缺陷

市场机制是实现资源合理配置的有效手段,但在现实经济生活中,市场机制在很多场合不能导致资源的合理配置,这种情况被称为"市场失灵"。②

---

① 〔美〕保罗·A. 萨缪尔森(Paul A. Samuelson),威廉·D. 诺德豪斯(William D. Nordhus).经济学[M]. 上. 北京:中国发展出版社,1992:86—87.

② 高鸿业. 西方经济学[M]. 北京:中国人民出版社,2000:416.

（一）垄断

一些不可避免的原因导致垄断的形成：第一，独家厂商控制了生产某种商品的全部资源或基本资源的供给。这种对生产资源的独占，排除了经济中的其他厂商生产同种商品的可能性。第二，独家厂商拥有生产某种商品的专利权。这便使得独家厂商可以在一定的时期内垄断该产品的生产。第三，自然垄断。有些行业的生产具有这样的特点：生产的规模经济效益需要在一个很大的产量范围和相应的巨大的资本设备的生产运行水平上才能得到充分的体现，以至于整个行业的产量只有由一个企业来生产时才有可能达到这样的生产规模。而且，只要发挥这一企业在这一生产规模上的生产能力，就可以满足整个市场对该种产品的需求。在这类产品的生产中，行业内总会有某个厂商凭借雄厚的经济实力和其他优势，最先达到这一生产规模，从而垄断整个行业的生产和销售。这就是自然垄断。

垄断的出现，导致资源的配置并未实现最有效率的状态。行业壁垒的存在、寻租行为、免费搭便车行为等，造成效率低下，需要政府管制以弥补市场调节之不足。

（二）外部影响

很多时候，某个人的一项经济活动会给社会上其他成员带来好处，但他自己却不能由此而得到补偿。此时，这个人从其活动中得到的私人利益就小于该活动所带来的社会利益。这种性质的外部影响被称为"外部经济"。

很多时候，某个人的一项经济活动会给社会上其他成员带来危害，但他自己却并不为此而支付足够抵偿这种危害的成本。此时，这个人为其活动所付出的私人成本就小于该活动所造成的社会成本。这种性质的外部影响被称为所谓"外部不经济"。

外部影响的存在必然造成一个后果，资源的配置不可能达到帕累托最优状态。市场机制这只"看不见的手"在外部影响面前失去了作用。为了纠正外部影响所造成的资源配置不当，经济学家纷纷提出需要国家干预，以税收和津贴、明晰产权、企业合并等办法来减少经济活动的外部性影响。

（三）公共物品

在私人物品的生产过程中，市场机制配置资源是有效率的。在经济生活中,还存在一些不具备消费的竞争性的商品,即公共物品。例如,国防、道路和电视广播等。

由于具有非竞争性和非排他性的特点，公共物品和公共服务就成为要么是私人资本不愿意从事的生产,要么是私人资本没有能力从事的生产,公共物品的生产和消费问题不能由市场上的个人决策来解决,因此,必须由政府来承担提供公共物品的任务。

第三节 经济自由主义与国家干预主义之争的新自由主义经济思想批判

20 世纪 70 年代,在"滞胀"背景下,以货币主义、供给学派和理性预期学派为代表的新自由主义占据西方经济学的主流地位，并成为美英等国政府制定经济政策的主要理论依据。新自由主义经济学在经济自由主义与国家干预主义之争中的态度是非常明确的,他们认为市场经济是可以自行稳定的,认为凯恩斯主义积极干预经济的政策是有害的,一定程度上讲,"滞胀"正是凯恩斯主义政策执行的后果。因而,新自由主义经济思想强调市场机制的作用,主张政府少干预经济。

虽然 20 世纪末和 21 世纪初的两次大规模的金融危机对新自由主义经济思想的经济自由主义主张提出质疑,但从各国经济发展实践来看,新自由主义经济思想的影响仍然很深。

货币主义学派的代表人物弗里德曼笃信应遵循自由市场的发展，他认为经济体系之所以不稳,正是因为货币受到扰乱。他认为不需要政府干预私人经济,应让市场机制完全地充分地发挥作用,只要充分发挥市场机制的作用,经济体系本身是可以稳定的。

供给学派的一个核心思想是强调自由市场经济,反对政府干预,认为政府干预不仅会破坏市场经济的自动调节机制，而且往往由于干预不当而损害经济中的供给力量。

理性预期学派坚持人是理性的,总在追求个人利益的最大化。由于理性预期的作用，市场机制能确保充分就业均衡，政府干预经济的政策要么归于无效,要么加剧经济波动,是不必要的,自由市场竞争机制仍然是经济发展的最好机制。

最主要的是,新自由主义经济学流行之后就经济自由主义而言,对发展中国家的影响要大于发达国家。"华盛顿共识"的主要内容是开放市场、取消国家干预和将国有企业私有化等。在新自由主义经济思想的影响下,拉美国家的改革不仅没有解决反而加重了失业、分配不公和贫困化三大社会问题。

虽然是经济自由主义与国家干预主义之争中的一环,但新自由主义经济学对各国经济社会所产生的破坏性影响远远超过以往的经济自由主义所产生的影响。

新自由主义经济学错误地把不受政府管制的市场称为自由市场,[①]他们所宣称的经济自由,实质是对资本而言的经济自由,对雇佣工人而言则是意味着隶属于资本的自由。全球化背景下,资本的自由流动也将资本对劳动的剥削全球化了。在出现越来越严重的贫富差距的时候,在新自由主义思想家的眼里,他们认为这种贫富差距正是反映了要素对经济发展贡献的不同;认为财富在富人一方的积累会带来投资的增加,从而创造更多的就业岗位。然而事实并非如此。新自由主义经济学反对国家干预,甚至主张政府公共职能私有化。无论是社会治理去监管化,还是政府公共职能私有化,都表现了新自由主义经济学在实践中捍卫资本利益的原则。借着经济全球化过程,新自由主义经济学家以经济自由主义为旗帜,要求发展中国家放开对资本的限制,使资本在一国内部可能带来的失业、不公、贫困等问题,以更大的规模在国际范围内表现出来。

第四节　经济自由主义与国家干预主义之争的马克思主义解

2008 年源于美国的金融危机,使人们在质疑新自由主义经济理论的同时,把 20 世纪 70 年代起备受争议和批判的凯恩斯主义又推了出来。但是,"回到

---

① 蔡万焕.新自由主义的兴衰——大卫·科兹对新自由主义的批判 [J].红旗文稿,2015(14).

凯恩斯"只不过又是以国家干预主义占主导代替经济自由主义占主导,并不能真正解决资本主义经济周期性波动的问题。其实,在经济思想史上,对资本主义制度和经济自由主义的最激进的批判来自马克思和恩格斯。不同于经济自由主义和国家干预主义之争的是,他们的批判焦点是资本主义的私有财产制度。[①]有关资本主义制度和经济自由主义是如何在资本积累及再生产过程中导致生产无限扩大和劳动者有支付能力的需求缩小之间的矛盾激化,最终导致经济危机爆发,这一过程在前面章节已经详细分析,这里不再赘述。而对于国家干预主义,在这里,"回到马克思"也许能让我们更清楚地认识市场经济中需要怎样的国家干预。

一、国家的起源

国家的产生是一种历史现象:"国家绝不是从外部强加于社会的一种力量……毋宁说,国家是社会在一定发展阶段上的产物;国家是表示:这个社会陷入了不可解决的自我矛盾,分裂为不可调和的对立面而又无力摆脱这些对立面。而为了使这些对立面,这些经济利益互相冲突的阶级,不至在无谓的斗争中把自己和社会消灭,就需要有一种表面上驾于社会之上的力量,这种力量应当缓和冲突,把冲突保持在'秩序'的范围以内;这种从社会中产生但又居于社会之上并且日益同社会脱离的力量,就是国家。"[②]"社会产生着它所不能缺少的某些共同职能。被指定去执行这种职能的人,就形成社会内部分工的一个新部门。这样,他们就获得了也和授权给他们的人相对独立的特殊利益,他们在对这些人的关系上成为独立的人,于是就出现了国家。"[③]

由此可以看出,国家是在人类社会发展过程中逐渐出现的,社会发展产生了对某些职能的需求,社会分工随之产生了专门执行这些职能的特殊部门。因此,自产生那一天起,国家就带着执行某些职能的使命。当社会发展过程中出现私人无法解决的一些矛盾和对立时,就需要国家出面进行适当的干预。

[①] 刘灿. 从经济自由主义和国家干预的纷争与现实看市场经济模式 [J]. 中国经济问题,2010(1).

[②] 马克思恩格斯全集[M]. 第 21 卷. 北京:人民出版社,1965:194.

[③] 马克思恩格斯全集[M]. 第 37 卷. 北京:人民出版社,1971:486-487.

二、国家的本质

作为人类社会发展到一定历史阶段而出现的执行某些职能的国家，既然是为了解决"这个社会不可解决的自我矛盾"，以使利益互相冲突的阶级不至在无谓的斗争中把自己和社会消灭，那么必然存在一个问题：国家，是代表哪一方的利益或者说站在哪一方的立场上来解决矛盾？因此，我们首先要清楚，国家的本质是什么？马克思告诉我们，国家是统治阶级利益的代表。"在古代是占有奴隶的公民的国家，在中世纪是封建贵族的国家，在我们的时代是资产阶级的国家。"①

在封建社会向资本主义社会过渡的过程中，"当时中央集权的国家政权必须充当新兴资产阶级社会在争取摆脱封建制度束缚的斗争中的有力武器。以扫除领主的、地方的、城镇的、各省的特权这些中世纪垃圾为任务的 18 世纪的法国革命，不能不同时从社会基地上清除那些妨碍着中央集权的国家政权充分发展的最后障碍，这种国家政权有它的按系统的和等级的分工原则建立的遍布各地的机关。这样的国家政权是在第一帝国时期产生的，而第一帝国本身则是由老朽的半封建的欧洲反对近代法国的几次同盟战争产生的。在以后的复辟、七月王朝、秩序党共和国的议会制度下，这个拥有令人倾心的官职、金钱和权势的国家机器最高管理权，不仅变成了统治阶级中各个争权夺利的党派争夺的对象，而且，随着现代社会经济进展使得工人阶级队伍更加扩大、处境更加困难、抵抗更加有组织、要求解放的趋势更加发展，一句话，随着现代阶级斗争——劳动与资本的斗争——采取更鲜明的形式和规模，国家政权的面貌和性质也发生了显著的变化。它一直是一种维护秩序、即维护现存社会制度从而也就是维护占有者阶级对生产者阶级的压迫和剥削的权力。但是，只要这种秩序还被人当做不容异议、无可争辩的必然现象，国家政权就能够摆出无所偏袒的样子。"②

在马克思恩格斯生活的年代，资本主义经济已经发展到了一定的水平。恩

---

① 马克思恩格斯全集[M]. 第 20 卷. 北京：人民出版社，1971：305.
② 马克思恩格斯全集[M]. 第 17 卷. 北京：人民出版社，1963：643.

格斯指出，"现代国家，不管它的形式如何，本质上都是资本主义的机器，资本家的国家，理想的总资本家。它愈是把更多的生产力据为己有，就愈是成为真正的总资本家，愈是剥削更多的公民。资本关系并没有被消灭，反而被推到了顶点。但是在顶点上是要发生变革的。生产力的国家所有不是冲突的解决，但是它包含着解决冲突的形式上的手段，解决冲突的线索。"①"现代国家是与这种现代私有制相适应的。现代国家由于捐税逐渐被私有者所操纵，并由于借国债而完全为他们所控制；这种国家的命运受到交易所中国家债券行市涨落的调节，所以它完全取决于私有者即资产者提供给它的商业信贷……实际上国家不外是资产者为了在国内外相互保障自己的财产和利益所必然要采取的一种组织形式。"②

通过对资本主义生产方式、资本积累的一般规律的分析，马克思恩格斯看到，由于资本主义生产方式日益把大多数居民变为无产者，当矛盾激化到一定程度的时候，无产阶级最终将取得国家政权，把生产资料变成国家财产。"但是，这样一来它就消灭了作为无产阶级的自身，消灭了一切阶级差别和阶级对立，也就消灭了作为国家的国家。"③

当国家终于成为整个社会的代表时，它就使自己成为多余的了。当不再有需要加以镇压的社会阶级的时候，当阶级统治和根源于现代生产无政府状态的生存斗争以及由此产生的冲突及极端行动都被消除了的时候，就不再有什么需要镇压了，也就不再需要国家这种特殊的镇压力量了。国家真正作为整个社会的代表所采取的第一个行动，即以社会的名义占有生产资料，同时也是它作为国家所采取的最后一个独立行动。那时，国家政权对社会关系的干预将先后在各个领域中成为多余的事情而自行停止下来。那时，对人的统治将由对物的管理和对生产过程的领导所代替。

三、国家的职能

作为统治阶级利益的代表，国家是通过执行其职能来维护统治阶级利益

---

① 马克思恩格斯全集[M]. 第19卷. 北京：人民出版社，1963：240.
② 马克思恩格斯全集[M]. 第3卷. 北京：人民出版社，1960：70.
③ 马克思恩格斯全集[M]. 第19卷. 北京：人民出版社，1963：241.

的。梳理出马克思恩格斯分散在各著作、手稿中的论述,国家的职能包括:

保障国家安全的职能:"国家作为第一个支配人的意识形态力量出现在我们面前。社会创立一个机关来保护自己的共同利益,免遭内部和外部的侵犯,这种机关就是国家政权。"①

维护社会秩序的职能:国家是表示:这个社会陷入了不可解决的自我矛盾,分裂为不可调和的对立面而又无力摆脱这些对立面。而为了使这些对立面,这些经济利益互相冲突的阶级,不至在无谓的斗争中把自己和社会消灭,就需要有一种表面上驾于社会之上的力量,这种力量应当缓和冲突,把冲突保持在"秩序"的范围以内;这种从社会中产生但又居于社会之上并且日益同社会脱离的力量,就是国家。②

制定法律的职能:"在社会发展某个很早的阶段,产生了这样的一种需要:把每天重复着的生产、分配和交换产品的行为用一个共同规则概括起来,设法使个人服从生产和交换的一般条件。这个规则首先表现为习惯,后来便成了法律。随着法律的产生,就必然产生出以维护法律为职责的机关——公共权力,即国家。"③

支持和保护农业生产的职能:由于农业生产的弱质性、农业在社会生产体系中的基础地位,决定了国家需要对农业实施干预,进行保护和支持。对此,马克思和恩格斯尤其在分析东方农业生产问题时特别强调。例如,"在这里,问题在于确定这样的事实:政治统治到处都是以执行某种社会职能为基础,而且政治统治只有在它执行了它的这种社会职能时才能持续下去。不管在波斯和印度兴起或衰退的专制政府有多少,它们中间每一个都十分清楚地知道自己首先是河谷灌溉的总的经营者,在那里,如果没有灌溉,农业是不可能进行的。只有文明的英国人才在印度忽视了这一点;他们听任灌溉渠道和水闸毁坏,现在,由于经常发生饥荒,他们最后才发现,他们忽视了唯一能使他们在印度的统治至少同他们前人的统治具有同等法律效力的那种行动。"④

① 马克思恩格斯全集[M].第21卷.北京:人民出版社,1965:347.
② 马克思恩格斯全集[M].第21卷.北京:人民出版社,1965:194.
③ 马克思恩格斯全集[M].第18卷.北京:人民出版社,1964:309.
④ 马克思恩格斯全集[M].第20卷.北京:人民出版社,1971:195.

提供公共产品的职能：虽然没有对公共物品展开深入分析，没有区分纯公共物品和准公共物品，也没有像后来的经济学家那样指出公共物品有何特性而导致其公共性，但马克思已经意识到，有些物品和服务的生产，是需要政府来提供的："无论信用无限膨胀的工业高涨时期，还是由大资本主义企业的破产造成的崩溃本身，都把大量生产资料推向如我们在各种股份公司中所遇见的那种社会化形式。某些生产资料和交通手段，例如铁路，一开始规模就很大，它们排斥任何其他的资本主义经营形式。在一定的发展阶段上，这种形式也嫌不够了：资本主义社会的正式代表——国家不得不承担起对生产的领导。这种转化为国家财产的必然性首先表现在大规模的交通机构，即邮政、电报和铁路方面。"①

　　未来社会国家职能可能出现的新变化：①一切社会公职，甚至原应属于中央政府的为数不多的几项职能，都要由公社的官吏执行，从而也就处在公社的监督之下。②社会运动将做出决定：土地只能是国家的财产。把土地交给联合起来的农业劳动者，就等于使社会仅仅听从一个生产者阶级的支配。土地国有化将使劳动和资本之间的关系彻底改变，归根到底将完全消灭工业和农业中的资本主义生产方式。那时，阶级差别和特权将与它们赖以存在的经济基础一同消失。靠他人的劳动而生活将成为往事。同社会相对立的政府或国家将不复存在！农业、矿业、工业，总而言之，一切生产部门都将逐渐地用最合理的方式组织起来。生产资料的全国性的集中将成为自由平等的生产者的联合体所构成的社会的全国性基础，这些生产者将按照共同的合理的计划自觉地从事社会劳动。

四、国家权利对经济发展的反作用

　　"国家权力对经济发展的反作用"是恩格斯 1890 年给施密特的一封信中的表达。恩格斯在这里没有具体分析国家权力的具体内涵，他指出，"国家权力对于经济发展的反作用可能有三种：它可以沿着同一方向起作用，在这种情况下就会发展得比较快；它可以沿着相反方向起作用，在这种情况下它现在在每

---

① 马克思恩格斯全集[M]. 第 20 卷. 北京：人民出版社，1971：302.

个大民族中经过一定的时期就都要遭到崩溃；或者它可以阻碍经济发展沿着某些方向走，而推动它沿着另一种方向走，这第三种情况归根到底还是归结为前两种情况中的一种。但是很明显，在第二和第三种情况下，政治权力能给经济发展造成巨大的损害，并能引起大量的人力和物力的浪费"①。

综上所述，尽管没有专门的著作研究国家，但梳理文本的结果发现，马克思恩格斯对国家的起源、国家的本质、国家的职能以及国家产生、发展和消失的历史过程，已经形成了一个系统的分析，这与马克思最初把"国家"列为写作计划中的一部分有关。因此，马克思恩格斯事实上对经济生活中的国家干预有系统的认识。

国家是统治阶级利益的代表。因此，只要资本主义制度没有改变，国家干预经济的目的就只能是实现资本家利益的增大，从而在一定时期国家干预经济虽然暂时缓解了矛盾，但其最终的结果还是资本在资本家一方的积累，贫困在无产阶级一方的积累。资本主义基本矛盾没有消除，生产无限扩大的趋势和劳动者有支付能力的需求缩小的趋势并存，激化到一定程度，最终仍然会以危机的方式爆发出来。

因此，无论是经济自由主义还是国家干预主义，就当代资本主义经济的发展而言，都不是彻底解决问题的办法。当代资本主义发展的新现象、新问题特别是这次金融危机而暴露的问题，需要我们对资本主义制度及市场经济的运行有更深刻的理解、认识。西方主流经济学在解释资本主义市场经济运行矛盾上有很大的局限性，不论是信奉经济自由主义还是强调政府干预，他们的理论都不能回答资本主义自由市场制度中的财产权分配和由此而来的社会公平问题。

第五节　经济体制改革的核心问题：处理好政府和市场的关系

经济自由主义和国家干预主义之争，归根结底是如何处理好政府和市场

---

① 马克思恩格斯全集[M].第37卷.北京：人民出版社，1971：487.

的关系问题。这一问题西方发达资本主义国家在资本主义市场经济发展过程中要面对,这一问题我国在社会主义市场经济发展过程中也要面对。任何一种重大的社会改革,都是在理论与实践相互促进的基础上不断深入发展的,我国的社会主义市场经济体制改革也是如此。

一、我国社会主义市场经济体制建立和完善的历程

从最初忌谈市场到如今"市场在资源配置中发挥决定性作用",我国社会主义市场经济体制的建立和完善经历了将近40年时间。

在认清我国国情和我国生产力发展的现状基础上,我国开始探索以市场为手段发展生产力的办法。1979年,邓小平在同《大不列颠百科全书》副总编等人的谈话中指出:"说市场经济只限于资本主义社会,这肯定是不正确的。社会主义也可以搞市场经济。社会主义的市场经济方法上基本和资本主义社会相似,但也有所不同。"1982年9月,党的十二大提出"计划经济为主,市场调节为辅",指出,"我国在公有制基础上实行计划经济。有计划的生产和流通,是我国国民经济的主体。同时,允许对于部分产品的生产和流通不作计划,由市场来调节,也就是说,根据不同时期的具体情况,由国家统一计划划出一定的范围,由价值规律自发地起调节作用。"1984年党的十二届三中全会提出,商品经济是社会经济发展不可逾越的阶段,我国社会主义经济是公有制基础上的有计划的商品经济。

1985年,邓小平在回答美国企业家代表时说:"应该把计划经济和市场经济结合起来,这样就能进一步解放生产力,加速生产力的发展"。1987年党的十三大报告中提出,社会主义有计划商品经济的体制,应该是计划与市场内在统一的体制。1992年初邓小平南方谈话指出:"计划多一点还是市场多一点,不是社会主义与资本主义的本质区别。计划经济不等于社会主义,资本主义也有计划;市场经济不等于资本主义,社会主义也有市场。计划和市场都是经济手段。"至此,社会主义与市场经济融合的方向已完全确定下来。

1992年10月,十四大报告中明确提出:我国经济体制改革的目标是建立社会主义市场经济体制,以利于进一步解放和发展生产力。我们要建立的社会主义市场经济体制,就是要使市场在社会主义国家宏观调控下对资源配置起

基础性作用,使经济活动遵循价值规律的要求,适应供求关系的变化;通过价格杠杆和竞争机制的功能,把资源配置到效益较好的环节中去,并给企业以压力和动力,实现优胜劣汰;运用市场对各种经济信号反应比较灵敏的优点,促进生产和需求的及时协调。同时也要看到市场有其自身的弱点和消极方面,必须加强和改善国家对经济的宏观调控。我们要大力发展全国统一市场,进一步扩大市场的作用,并依据客观规律的要求,运用好经济政策、经济法规、计划指导和必要的行政管理,引导市场健康发展。

1993 年 10 月党的十四届三中全会通过的《中共中央关于建立社会主义市场经济体制若干问题的决定》,把十四大确定的建立社会主义市场经济体制的目标和基本原则系统化、具体化,进一步勾画了社会主义市场经济体制基本框架,指明了实现这一目标的途径,并指出了在 20 世纪末初步建立社会主义市场经济体制的任务。这就是:建立社会主义市场经济体制,就是要使市场在国家宏观调控下对资源配置起基础性作用。为实现这个目标,必须坚持以公有制为主体、多种经济成份共同发展的方针,进一步转换国有企业经营机制,建立适应市场经济要求,产权清晰、权责明确、政企分开、管理科学的现代企业制度;建立全国统一开放的市场体系,实现城乡市场紧密结合,国内市场与国际市场相互衔接,促进资源的优化配置;转变政府管理经济的职能,建立以间接手段为主的完善的宏观调控体系,保证国民经济的健康运行;建立以按劳分配为主体,效率优先、兼顾公平的收入分配制度,鼓励一部分地区一部分人先富起来,走共同富裕的道路;建立多层次的社会保障制度,为城乡居民提供同我国国情相适应的社会保障,促进经济发展和社会稳定。这些主要环节是相互联系和相互制约的有机整体,构成社会主义市场经济体制的基本框架。必须围绕这些主要环节,建立相应的法律体系,采取切实措施,积极而有步骤地全面推进改革,促进社会生产力的发展。

社会主义市场经济体制的目标及框架确定下来后,我国在多领域进行了大刀阔斧的改革。从我国经济实力的增强、人民生活的改善、综合国力的提高等方面,我们都可以自豪地说我们的经济体制改革取得了巨大成就。但是同时,我国经济体制改革也进入了攻坚区和深水区,触及更多深层次的矛盾。

2012 年 11 月党的十八大报告中,关于全面深化经济体制改革问题明确指出,深化改革是加快转变经济发展方式的关键。经济体制改革的核心问题是处理好政府和市场的关系,必须更加尊重市场规律,更好地发挥政府作用。2013 年 11 月党的十八届三中全会决定中,进一步明确指出,经济体制改革是全面深化改革的重点,核心问题是处理好政府和市场的关系,使市场在资源配置中起决定性作用和更好地发挥政府作用。市场决定资源配置是市场经济的一般规律,健全社会主义市场经济体制必须遵循这条规律,着力解决市场体系不完善、政府干预过多和监管不到位问题。

至此,我们看到,我国社会主义市场经济体制改革的历史,也是一部如何处理好政府与市场之间关系的历史。

二、正确处理政府与市场的关系必须立足于我国实际

政府和市场的关系,是人类社会任何国家发展现代市场经济都绕不开的根本性问题,也是各国长期以来都在致力有效破解的世界性难题。[①]西方国家几个世纪以来的国家干预主义与经济自由主义之争,就是政府主动管理多一些还是尽可能少一些的争论问题。我国进一步深化经济体制改革的核心问题是处理好市场和政府之间的关系问题,这必须立足于我国的实际。

正如我们从马克思恩格斯的论述中看到的,政府与市场之间的关系从来都是在某一种生产方式下的关系,不存在抽象的、一般的政府与市场的关系,不同的生产资料所有制关系决定二者在经济运行中作用的不同定位。[②]在讨论我国政府与市场的关系问题时,必须基于中国特色社会主义制度下政府与市场主体的特征,而不能把资本主义社会中的政府与市场的关系模式简单地套用到我国经济体制改革的过程中。

我国建立了中国特色社会主义市场经济制度,社会主义是建立在生产资料公有制基础上的,不管改革怎么进行,我国的生产资料公有制的主体地位不能改变,这是原则。生产资料公有制的主体地位就决定了我国政府在领导我国经济建设发展的过程中要发挥重大作用。正如习近平所说,"我国实行的是社

① 魏礼群. 正确认识与处理政府和市场关系[J]. 全球化,2014(4).
② 胡钧. 科学定位:处理好政府与市场的关系[J]. 经济纵横,2014(7).

会主义市场经济体制,我们仍要坚持发挥我国社会主义制度的优越性,发挥党和政府的积极作用。市场在资源配置中起决定作用,并不是起全部作用。"这说明,必须在坚持社会主义道路的前提下,探讨发挥市场经济一般规律的作用。这里突出的特点,就是在讨论市场在资源配置中的决定性作用时,必须同时强调更好地发挥政府的作用。这清楚地阐明了社会主义市场经济不同于资本主义市场经济的一个根本性特征。

市场在资源配置中起决定作用和更好地发挥政府作用,这就涉及一个重要问题,即合理界定政府和市场的边界。把能够由市场发挥调节作用的领域交给市场,政府发挥好监督管理作用;把必须由政府完成的职能交给政府,不能出现政府职能越位、政府职能缺位和政府职能错位,这仍然是一项大工程。

三、谨防处理好政府与市场之间关系过程中的误区

从我国经济体制改革的历程来看,社会主义市场经济体制的建立和完善过程,就是市场的作用发挥越来越充分、政府简政放权越来越多的过程。从"市场在资源配置过程中起基础作用"到"市场在资源配置过程中发挥决定性"作用,使一些人认为,处理好政府与市场的关系就是要求政府进一步简政放权,进一步扩大市场的作用范围。这是在认识政府与市场关系问题上的一个误区。

"小政府大市场"的改革理念,并不是无限地缩减政府职能的范围。在理论研究过程中,应该从学理上解读社会主义公有制与市场经济的调节,在社会主义市场经济体制改革过程中,必须构建马克思主义经济学话语逻辑体系,谨防经济自由主义的错误影响。

第六章　私有化还是国有化？

"私有化，换言之，国有企业向私有企业转制，自 20 世纪 70 年代中期以来一直是最激进、最有争议的经济政策之一。私有化浪潮是 20 世纪 80 年代由西方国家启动的，初衷是为了解决国有企业效率低下问题；其后，亚洲、拉丁美洲和非洲等发展中国家以及中欧、东欧等转轨国家也把它作为整改经济的灵丹妙药，卷入了这一浪潮中。私有化成功的案例不是没有，但更通常的情形是，绩效更差，令倡导者大跌眼镜，在有些地方还引发了巨大的社会动乱。"①

我们研究的"私有化"已经明确被界定为"国有资产向私有资产的转制"。在过去的这些年里，私有化以其"运作更有效率、腐败机会较少"的优势在许多国家被发扬光大，私有化成为"华盛顿共识"的重要组成部分，也是世界银行和国际货币基金组织接受各国申请受援时的一个前提条件。

亚洲、非洲、拉丁美洲的各个国家，在经历私有化浪潮的过程中，普遍出现了贫富分化加剧、政府失灵与市场失灵同时并存且失灵问题更为严重等影响。

新自由主义经济思想的私有化政策主张在我国市场经济发展的过程中是怎样产生作用的？新自由主义经济思想的私有化政策主张对我国的经济社会发展造成了怎样的影响？这是我们重点想阐述的问题。

---

① 约瑟夫·E. 斯蒂格利茨,热拉尔·罗兰主编. 私有化:成功与失败[M]. 北京:中国人民大学出版社,2011:1.

第一节　国有化与私有化的交替

一、第二次世界大战后的国有化浪潮

私有化是国有资产向私有资产的转制。因此，私有化其实涉及的就是国有企业与私有企业之间的关系，而国有企业与私有企业之间的关系，也正是伴随着市场自由主义与国家干预主义的发展而发展的。

亚当·斯密的"看不见的手"的理论表达了这样一种思想：一个由私人生产者组成的社会，在市场机制的引导下，可以实现个人利益最大化，并且在实现个人利益最大化的同时，可以促进整个社会的利益最大化。因此，在这种古典自由主义经济理论指导下，国有企业没有存在的必要。

1929~1933 年经济危机所引起的大萧条，使人们认识到"市场失灵"所带来的灾难性影响，凯恩斯主义应运而生，政府干预经济的理论盛行，也使组建国有企业成为国家干预经济的政策手段之一。国有企业的产生正是由于"市场失灵"的存在，即外部性、垄断、信息不对称等因素的存在而发展起来的。国有企业可以提供私人企业不能提供或不愿意提供的公共物品，国有企业可以作为政府执行财政政策的载体，在政府宏观调控过程中直接发挥作用。

第二次世界大战后，一些西方国家不同程度地推行国有化政策，将若干行业的私人企业改变为国有企业，形成了一股国有化浪潮。比如：第二次世界大战后的英国在 1945~1951 年期间掀起第一次国有化高潮，对英国大工业，包括钢铁、煤炭、铁路、航空、电信和英格兰银行等，实行国有化；1974~1976 年期间，英国又掀起了第二次国有化浪潮。两次国有化浪潮使国有工业在英国重要工业部门中的比重占据相当重要的地位。据英国《经济学家》1978 年 12 月 30 日一期的统计数字，国有经济在英国重要工业和交通部门中的比重分别是：石油 25%，汽车 50%，钢铁 75%，煤炭 100%，航空 75%，电力 100%，造船 100%，铁路 100%，邮政 100%，电信 100%。

国有化的浪潮在法国经济发展过程中也发挥了重要作用。2015 年 8 月 24

日《国际金融报》上一篇关于《法国二战后国有化浪潮解密》的文章中翔实地分析了法国在第二次世界大战以后的国有化运动，从中也可以了解二战后西方主要资本主义国家的国有化浪潮及其影响：[①]

法国的国有企业，最早可追溯到 17 世纪，国王路易十四为鼓励工商业发展，带头兴办了一批"皇家股份公司"。此后 200 多年里，政府推行过烟草专卖、邮政国营。第一次世界大战期间，国家控制了军火制造业、运输业、保险业和粮食贸易。

进入 20 世纪之后，法国曾发生过 3 次大规模的国有化浪潮。其中，第二次"国有化运动"发生在二战结束之后的戴高乐临时政府时期。为了恢复和重建被战争破坏的经济，政府颁布了一系列国有化法令，雷诺公司就是在这一时期被国有化的。

虽然当时法国政坛一直是风雨飘摇，但"国有化运动"却帮助法国经济从复兴走向了繁荣。1948 年，法国的经济即恢复到战前水平。1950~1959 年，法国工业产值平均每年递增 6.1%，国民生产总值年均增长 4.8%，成为带领欧洲增长的"火车头"。

(一)战后重建

作为第二次世界大战的主战场之一，战争结束后法国国土一片狼藉。法国的铁路、公路等基础设施大多毁于战火，毁坏的建筑物达到 200 万座，无家可归者有 600 万人。物资匮乏、资金不足，国民经济处于崩溃的边缘。与此同时，战后法国的社会秩序也很不稳定，各派政治力量之间的冲突和斗争十分激烈。

面对满目疮痍的法国经济和社会状况，戴高乐政府选择了一条与西德自由经济政策不同的道路。他试图通过国有化、结构改革以及经济计划，使国家有效地干预国民经济活动，恢复生产，稳定社会。

"国家的最高使命在昨天是作战，而今天是生产。今天和任何时候都一样，使国家强盛是政府的责任，而国家今天能否强盛则取决于经济。……这便是我的政府采取国有化、国家监督和现代化措施的主要动机。"戴高乐曾如此表示。

而 1946 年法国宪法更是宣布："所有一切已经具有和将要具有为全民服

---

① 法国二战后国有化浪潮解密[N].国际金融报，2015-08-24(22).

务或事实上具有和将要具有垄断性质的财富和企业必须全部成为全社会的财产。"

事实上在当时的欧洲，许多主要国家都发生了大规模的"国有化"浪潮。这种变化源于 20 世纪 30 年代的资本主义世界经济危机。大危机给资本主义国家经济造成了严重破坏，也导致欧洲资本主义国家经济学理论和国家政策取向发生重大变化。

第二次世界大战结束后，欧洲人不再相信美国式的资本主义能带来可靠的经济增长和体面的生活。经济学家对政府经济角色的认识发生了重大变化，认为政府不能仅仅充当私人经济的"守夜人"，而应当成为社会经济活动的直接参与者和调节者。

而当欧洲国家重建家园的时候，美国国会批准了为期 4 年、价值 133 亿美元的"马歇尔计划"，但要求以政府项目的形式签约和履行。这也在一定程度上加速了西方国家国有化进程。

1945 年，英国工党上台执政，开始实施其国有化竞选纲领。在此期间，工党政府陆续颁布了 8 个重要的国有化法令，包括将英格兰银行收归国有，并使之具有中央银行资格。经过这次国有化运动，国有企业基本上支配了英国基础结构部门。

而在意大利，政府建立了大量国家控股公司，参与经济建设。1978 年，意大利的国有企业在全国固定资产投资总额中占 47.1%，在国民生产总值中占 24.7%。

在法国，其国有化的程度比英国更是有过之而无不及。国家干预在法国有着悠久的历史传统，从路易十四的财政大臣柯尔培尔到反法西斯英雄戴高乐将军，重商主义和民族主义在法国政治经济社会中始终占有重要的地位。

而战后法国左翼政党的长期执政也是法国选择计划化和国有化发展道路的重要因素。1936 年，法国左翼政府——人民阵线政府曾对军工、铁路、海运行业的企业实行了国有化。由于法国人民阵线存在不到一年就迅速夭折，这次国有化运动也就中途而止。1945 年法国社会党和法国共产党一道参加了戴高乐政府，在这两个左翼政党的推动下，法国迅速掀起了第二次国有化高潮。

（二）紧急时期

战后法国国有化浪潮分为两个阶段。其中，第一阶段是 1944~1945 年的"紧急时期"，以接管纳粹企业为开端。

事实上，在第二次世界大战前夕，法国政府为了应对爆发战争的威胁所实行的国有化经济政策涉及铁路和军工厂等重要行业，而且这一时期的工商业贸易均与德国有密切的关系。战时戴高乐等人已经开始计划将以上工业国有化，并没收纳粹德国的垄断资本。而雷诺公司正是在这一时期被收归国有的。

雷诺公司创立于 1898 年，创始人为路易·雷诺。当时，年仅 21 岁的路易·雷诺在比扬古建立了一家生产车辆的工厂，称为雷诺工厂，不久后即改名为雷诺股份有限公司。

雷诺公司的第一次发展壮大是在第一次世界大战期间，它制造飞机、生产枪支弹药，还设计和制造了"雷诺型"轻型坦克，大发战争财。

1916 年，德国第五集团军的数十万大军向巴黎西南的凡尔登发动了进攻。为了在最短的时间将人员和武器运往前线，法军前线总指挥贝当将军几乎将巴黎的出租车、私家车和货车征调一空。

一周之内，戴着鸭舌帽的出租车司机和穿着长裙的淑女们驾驶着各式各样的雷诺汽车，将 19 万人的部队和 2.5 万吨的物资运到了凡尔登。这是人类战争史上首次大规模的汽车运输，而主角正是雷诺。

到第二次世界大战前夕的 1939 年，雷诺股份有限公司已发展成为法国当时最大的工业企业之一，公司营业额超过 20 亿法郎，年产各种车辆 6.5 万辆，雇佣职工 3.6 万人。

然而在第二次世界大战中，雷诺公司却扮演了不光彩的角色。在 1940 年至 1944 年德国占领法国期间，为了保住他倾注了毕生心血的汽车公司，路易·雷诺不得不替德国大量生产飞机、坦克和军车。这不仅招来了同胞们的憎恨，而且使雷诺工厂成了盟军的轰炸目标，有一半以上的厂房和设备因此化为灰烬。

法国解放以后，路易·雷诺在公众强烈的舆论压力之下不得不于 1944 年 9 月 23 日向法院自首。1945 年 10 月 24 日，路易·雷诺在狱中去世。7 天之后，戴高乐政府将雷诺汽车收归国有。

雷诺汽车公司的国有化彻底揭开了战后法国重工业企业国有化的序幕。

此后,法国政府将战争中与德国有密切关系的电影公司、法国报业公司和法国染料公司均收归国有。

此后,戴高乐政府下令对主要涉及占自然垄断地位,担负公益、公共、服务任务的企业,如国营铁路公司、法国电力公司、法国航空公司等实行统一管理。

1944 年 12 月 13 日,戴高乐政府发布命令,成立法国电力公司、法国天然气公司、原子能最高委员会等组织。1945 年 6 月 26 日,戴高乐发布关于航空运输国有化的命令,规定法国航空公司的股票所有权移交给国家。

(三)国家金融

而"国有化运动"的第二个阶段是 1945 年底至 1946 年。在这一时期,法国为了发展国家经济计划,对金融行业实施了国有化。

当时,法国政府振兴经济的一项重要措施是成立"现代化与装备计划"。这是一个以经济学家、"欧洲之父"让·莫奈为首的国家计划总署,开创了法国经济计划的新局面。

毫无疑问,这项计划的实质是政府集中大量的财力进行经济重建和发展,一般优先发展基础部门产业,即煤炭、运输、农具以及电力等事关人民生活的产业部门。

而发展这些部门需要大量的资金。戴高乐在谈到国有化时指出:"国家的活动有赖于煤炭、电力、煤气、石油,而且有一天要取决于原子核分裂,所以为了法国的经济达到发展所要求的水平,就必须最大规模地开发这些资源,这就需要只有国家才能胜任的巨额费用和巨大工程,以及实行国有化。……事实上,只要国家负起拨款投资的重担,它就必须直接掌握资金。准备通过法兰西银行和各大信贷机构的国有化来实现这一点。"

于是,为了更好地筹措资金,戴高乐政府决定将法国的金融行业收归国有。

在这个时期,包括法兰西银行和四大商业银行,即通用银行、里昂信贷银行、国民工商银行、巴黎国民贴现银行都实现了国有化。此外,还有 34 家保险公司也被划到法国政府的名下。

这样,在金融业中,国家控制了 60% 的银行业务和 40% 的保险业务。银行和保险公司在国有化后,保留其旧有名称,它们与顾客以及和国际上的交往,仍保持原来的传统方式。

法兰西银行的"国有化"在法国战后重建中扮演了非常重要的角色。第二次世界大战后，法国商业银行的存款因战争大幅下降，不得不向法兰西银行申请资助以维持营业。这一资助也使他们不得不接受中央银行的调控。同时，法兰西银行对企业的直接贴现减少，大型商业银行也被国有化，两者之间的敌对就自然消失了。

更重要的是，法兰西银行的领导者有效地利用了国家干预经济的潮流，他们表示，"有效的银行业国有化要求法兰西银行扩大其对商业银行的领导作用"。法兰西银行由此逐渐控制法国的信贷业。

法兰西银行的职能也随之扩大。它不再只是关注货币，还将注意力放在整个国家的宏观经济运行上。为了重建法国工业，法兰西银行开始对贷款提供3个月以上的中期贴现。这些贴现被称为"流动中期贷款"，它们本是企业用来购置工业设备的贷款，但被逐渐用于经济重建和成为对出口企业的一种资金支援。在战后初期，法兰西银行成为法国贷款发放的原动力，大力支持经济增长。

一切水到渠成之后，法国政府于1946年正式颁布"国有化"法令，国有化企业涉及煤炭、电力和运输等基础工业。当年年底，法国政府在企业的股权已经超过了一半，为了减少原资本家的损失和安抚资本家的心理，法国政府规定给予国有化企业原资本家补偿金，并将企业管理权交给资本家。

据统计，截至1946年12月，政府持股达到50%以上的公有企业从战前的11家增加到103家，1947年公有企业的职工人数增加到115万。1948年，法国政府又组建了公私合营的国家巴黎运输公司和法兰西航空公司。

（四）经济复苏

经过一系列的国有化改造之后，法国国有企业在经济中的分量大大增加，国家直接控股的集团企业数从过去的11家增加到103家，职工人数达到120万。

1946年底，法国国有企业在能源领域的比重高达90%，在金融领域的比重接近50%。政府对多数重要经济部门的控制明显加强，对整个经济的恢复和发展起到了相当重要的作用。

1946年以后，法国国有经济继续向其他行业和领域渗透，创建了大量国有独资公司、国家控股公司和公私合营企业,法国国有企业包括政府独资企业或政府参股30%以上的混合所有制公司。

有了雄厚的国有经济做支撑,法国开始实施"计划市场经济"。在西方国家中,法国的宏观调控范围更广,程度更深,指导更有力。从1947年到20世纪90年代中期,法国政府先后实施了11个经济发展计划。

法国国有企业自然当仁不让,做起了执行计划的"火车头"。在法国国企的带动下,20世纪50~70年代,法国经济增速一路领先,经济实力跃居世界第4位。1952~1972年,法国国家投资仅占总投资的30%,国民生产总值却增长了3倍。

"国有化"还形成了规模优势,推动了技术进步和产业结构升级。当时,法国重点发展的汽车、航空、通讯、原子能等产业,都是国有企业唱主角,它们的规模和实力,在国际上都居领先地位。

而在运营国有企业的几十年中,法国政府也不断改进经营方式,形成了独特的管理模式。法国的国有企业大多组建成集团,中央政府只管理总公司,分公司由各集团自行运营,以提高管理效率。

在加强国有企业监督方面,法国政府也煞费苦心。早在20世纪50年代初,法国政府就建立了稽查特派员制度。国有企业的稽查特派员,不仅有重大事项签字权、会计资料审查权,还可以董事身份参加董事会,对公司一些重大决定行使否决权。

而这些稽查特派员由法国经济财政部选派,他们多是资深官员,定期换岗,所以监督起来六亲不认,毫不手软。1976年以来,还实行了国家审计院事后监督制。对国有企业的财务状况,审计院每隔四五年审查一次,发现问题,通过年度报告向国会陈述。

在银行和保险业,也设立了监督委员会,负责对本行业进行监管。而议会两院各设6个专门委员会,一旦发现问题,便可随时成立调查组,对国有企业实施监控。

自20世纪60年代开始实行的"合同制",进一步规范了法国政府与企业的关系。法国政府和企业签订合同,明确双方责任,企业在保证实现合同目标的前提下,可以独立自主经营。

据统计，到 20 世纪 70 年代末，法国国营部门包括 150 多家国营企业，参与 1000 多家企业。地方机构组成了 800 多家混合经济公司、30~40 家运输专营公司以及近 1800 家水电煤气专营公司。国有企业占全国固定资产总值的 20%，占工业营业额的 22%。国家银行掌握了全国存款额的 59%。

二、20 世纪 80 年代后的私有化浪潮

在国家干预理论的影响下，在凯恩斯主义经济理论的指导下，西方各国以及众多的发展中国家相继经历了国有化浪潮，各国经济逐渐摆脱大萧条的影响。然而，20 世纪 80 年代之后，西方各发达资本主义国家普遍出现了经济发展停滞和通货膨胀并存的现象，许多发展中国家也普遍面临发展动力不足的问题。在这样的背景下，凯恩斯主义经济理论受到质疑，新自由主义经济思潮重新兴起，并成为西方经济学的主流。在新自由主义经济思想的影响下，西方国家相继出现了私有化浪潮。

（一）英国的私有化浪潮

英国的撒切尔政府可以说是 20 世纪 80 年代私有化浪潮的领头羊。1979 年 10 月，撒切尔政府出售了英国石油公司近 19% 的股份，这标志着英国私有化运动的开端。英国政府通过出售全部股份或部分产权转移的方式，把国有部门中一些次要赢利的公司出售。同时，政府对运输、电讯部门开始放松管制，后逐渐扩展到其他市场领域。一系列鼓励公有住房的私有化的措施出台。从 1984 年开始，英国的私有化进程取得了大发展。这一阶段是撒切尔夫人的第二任期，其"大众资本主义"的政治目标确立。在这一阶段，撒切尔夫人加快了私有化的步伐。英国的电讯公司、宇航公司、天然气公司以及航空公司被出售。1987 年英国的私有化进入更深入发展的阶段，"私有化无禁区"使得电力、供水等行业也开始了私有化运动。1989 年英国政府要求地方政府使用竞争投标的方式来改善公共服务质量，这意味着在公共服务领域和政府机构中也开始推行私有化。在社会服务领域，撒切尔政府也通过引入市场竞争机制推行其私有化政策。通过竞争性投标等方式，公共汽车运输、学校膳食、街道清扫等公共服务越来越像私人企业，公民逐渐转变为这些公共服务的付费消费者。

（二）法国的私有化浪潮

在发达的资本主义国家中，法国以其国有化企业在经济中的力量强大而著称。通过第二次世界大战以后的几次国有化浪潮，一定程度的"计划化"减缓了经济危机的程度，国有化政策对法国经济的发展起到一定的推动作用。但是，日益加重的财政负担、国有企业效益不高等问题也逐渐出现，国有企业日益成为政府的包袱。1984年起，法国的新社会党政府着手改变经济政策，首先放开了国有企业的经营自主权，国有企业管理"私有化"开始。1986年至1988年，法国的右翼政府展开了大规模的私有化运动，在14个月里把30家工业企业和金融业的企业集团都拍卖了出去。1988年，社会党政府再度执政。法国进入了既不私有化也不国有化的阶段。1993年右翼政府在选举中获胜，再度掀起私有化浪潮。但总的来说，法国的私有化浪潮中，国有企业虽然私有化但仍与政府保持紧密联系。比如雷诺公司。1993年7月，一则法国政府决定私有化雷诺公司的消息在民众中炸开了锅。按照计划，雷诺公司28%的股票向公众出售。短短一个月内，就有上百万的法国人争相申请购买原始股。雷诺公司股票上市后，资产增加了20亿法郎，1996年营业额达1800亿法郎，在世界工业集团排行榜上名列第二。当然，吸引投资者的并不仅仅是雷诺的名气。法国政府仍持股53%的允诺，才是这则雷诺公司新闻真正的卖点。此外，为了避免股票过于分散，法国政府联合几家大企业、大银行，组成"稳定股东集团"，它们持有雷诺公司绝大多数股份，股票两年内不得出让。因此，在法国，即使"私有化"搞了10多年，但在公众心目中，国有企业的地位仍然举足轻重。与私营企业相比，许多国有企业效益并不逊色，加上有政府做后台，国企股票受到投资者的青睐，也就在情理之中了。

第二节　私有化浪潮的新自由主义经济理论基础

私有化浪潮之所以兴起并且至今仍未消退，是有其理论上和实践上的深层次的原因的。20世纪70年代以后占据西方经济学主流地位的新自由主义经济思潮的核心观点之一就是私有化，在"经济人"假设前提下，对于为什么要进行私有化，其理论基础主要包括新制度经济学的产权理论和公共选择学派的公共选择理论。

一、新制度经济学的理论及其政策主张

新制度经济学是 20 世纪七八十年代在西方经济学界兴起的一个经济学流派。20 世纪 70 年代，"滞胀"现象使凯恩斯主义束手无策，人们开始质疑国家干预主义的有效性，众多反凯恩斯主义的学派共同构成了新自由主义经济学，其中，新制度经济学是比较有影响力的一个学派。

新制度经济学的理论产生应该追溯到美国经济学家科斯 1937 年发表的《厂商的性质》一文，但在当时，科斯的这一文章并未受到重视。1960 年，科斯又发表了另一篇文章《社会成本问题》，逐渐受到广泛的关注。科斯用交易费用解释企业与市场的关系，修改了新古典理论中的交易无成本的假设。

20 世纪 60 年代以前，学术界就已经开始讨论经济活动的外部性问题，并且把外部性问题看作是导致市场失灵、资源配置效率低下的一个重要原因。庇古认为，解决外部性的办法就是政府应征收"庇古税"，政府向私人成本低于社会成本的企业征税，使其私人成本与社会成本相等，这样使得私人利益与相应的社会成本和社会利益相一致，则资源配置可以达到帕累托最优状态。

而科斯在其文章《社会成本问题》中提出了一种解决外部性问题的新思路，这个新思路被后人总结为"科斯定理"。关于"科斯定理"，比较流行的说法是：只要财产权是明确的，并且交易成本为零或者很小，那么无论在开始的时候将财产权赋予谁，市场均衡的最终结果都是有效率的，都能实现资源配置的帕累托最优。

科斯定理究竟是什么，科斯本人对此并没有明确的描述，第一个使用"科斯定理"说法的是美国经济学家施蒂格勒。施蒂格勒说，"科斯定理这样断言，在完全竞争条件下，私人成本与社会成本相等"[1]。在施蒂格勒之后，其他西方经济学家对"科斯定理"进行了不同的表述。第一类用"自由交换"解释科斯定

---

① 乔治·丁·施蒂格勒（George JosephStigler）. 价格理论［M］. 北京：商务印书馆，1992：113.

理。经济学家认为,自由交换使资源得到最充分的利用,在这种情况下,资源配置被认为是帕累托有效的。按照这一观点的解释,只要产权可以通过市场进行自由交换,资源配置效率就不会受到影响。第二类用交易成本来解释科斯定理。经济学家们认为,除了自由交换之外,市场有效配置资源还必须具备一些其他条件,条件之一便是交易成本。按照这一观点,科斯定理被概括为:只要交换的交易成本为零,法定权利的最初分配从销量角度来看就是无关紧要的,资源配置就可以达到帕累托最优。第三类用"完全竞争"解释科斯定理。按照这一解释,科斯定理被概括为:只要能够在完全竞争市场进行交换,财产的法定权利的最初分配不影响经济效率。

科斯用一个例子来说明他的看法:火车烧柴和煤经常溅出火星,引燃农田里的农作物。农民一方和铁路部门一方中的每一方都可以采取防备措施以减少火灾造成的损失。农民可以停止在铁轨边种植和堆积农作物,而铁路部门可以装置防火星设施或减少火车出车次数。如果农民有权指挥铁路部门,直到不溅出火星才允许铁路通车,那么火星就不会引起什么火灾。反过来,如果铁路部门不受惩罚地营运,那么,就会造成大量的火灾损失。根据科斯定理,虽然法律规定了权利的最初分配,而市场却决定着最终分配。也就是说,如果农民有权禁止铁路部门运营,那么,他们就可以出售这一权利。具体说就是,铁路部门可以支付一笔钱给农民,以换取具有法律约束力的承诺,即不禁止铁路运营。反过来说,如果铁路部门有权不受惩罚地溅出火星,那么它就可以出售这一权利。具体地说就是,农民可以支付一笔钱给铁路部门,以换取具有法律约束力的承诺,即减少火星的溅出。总之,无论权利的初始分配如何,只要产权界定是清楚的,农民和铁路部门就可以通过权利的交换,使资源配置达到最优。

总之,无论从哪一个角度解释"科斯定理",我们都会发现"产权界定清晰"是资源达到最优配置的前提,这是科斯定理的核心内容。这也是包括诺斯、威廉姆森、德姆塞茨以及阿尔钦等在内的其他新制度经济学家的基本主张。不少西方经济学家指出,科斯的"产权清晰"就是私有产权!斯蒂格利茨也把新制度经济学的产权清晰论叫做"产权深化"。

新制度经济学的本质就是新自由主义。主要表现为:①新制度经济学研究的出发点就是为了维护完全竞争的资本主义的私人经济制度。②新制度经济学的基本政策主张崇尚市场的自发调节，反对国家对私人经济的全面干预。③新制度经济学认为，财产私有制是最具有效率的制度结构。在新制度经济学的这种"私有产权界定清晰"就能实现"资源配置最优化"的指导思想下，20世纪70年代面临滞胀、低效率的各西方国家纷纷把私有化作为解决国有企业效率低下的良方。

二、公共选择学派及其政策主张

在西方经济学理论中，公共选择学派的理论及其政策主张是私有化浪潮的又一理论基础。以其代表人物布坎南的理论为例。"经济人"假设依然是公共选择学派的主要理论基础。布坎南最重要的理论突破之一就是将传统上运用于市场行为分析的"经济人"假设拓展到政治决策领域，假设参加政治决策的选民和官僚都是最大利益的追求者，都是自私自利的人。基于"经济人"假设，构造和设计最大限度地限制某些人对另一些人的利益侵犯并保护每个社会成员的利益的规则和宪制，成为布坎南经济理论最核心的主题。根据其"经济人"假设，新自由主义认为既然人的本性是自私的，那么与人的本性相适应的只能是私有制，因而私有制是永恒的，是社会进步、经济发展所必不可少的。而公有制是同人的本性相矛盾的，因而公有制注定是没有效率的。结论自然就是，改革必须把公有财产量化到个人，实行私有化。

布坎南还提出政府失效理论。布坎南将经济不能持续稳定增长的原因归咎于凯恩斯主义经济学家忽略了经济政策赖以制定和实施的政治现实，即公共选择所起的作用。布坎南认为，经济学家通常并不是经济政策的制定者，他们仅仅提供理论分析和政策建议，这些分析和建议转化为政策的过程，在不同程度上受到公共选择复杂程度的制约。如果一种经济政策没有考虑到其实施的政治条件，则会导致经济理论上不可预计的后果。由此，布坎南进一步指出，市场失灵本身并不意味着国家干预就是必然和合理的。国家干预本身也会带来和市场失灵一样的不利后果，甚至超过后者。

作为新自由主义思想的重要分支，公共选择学派的市场化改革，是将经济市场的竞争机制引入政治市场来提高政治市场的效率，其政策主张主要包括三方面的内容：①明确界定公共物品的产权；②在公共部门内部和部门之间引入竞争机制,重构官员的激励机制,按照市场规则来组织公共物品的生产和供给；③重新设计公共物品的偏好显示机制，使投票人尽可能真实地显示其偏好。

公共选择学派的理论支持和政策主张，使私有化的触角更进一步伸向公共产品和公共服务领域。西方国家在本国范围内热衷于对国有资产进行私有化以提高经济效率,在世界范围内推广其私有化理念,正是在这样的新自由主义经济思想的指导下进行的。

第三节 中国的国有企业改革历程

1978 年党的十一届三中全会以后,中国经济体制在改革探索中逐步由计划经济向市场经济转轨,期间国有企业也开始了漫长的改革历程。根据对已有研究成果的梳理与总结①,我国国有企业改革的历程如下：

一、1978~1992 年:国有企业改革的初步探索阶段

十一届三中全会的会议公报中明确指出，我国的经济管理体制的一个严重缺陷就是权力过于集中,应该大胆下放,让地方和企业有更多的经营管理自主权。作为经济体制改革的核心环节，国有企业改革开始于对国有企业进行扩权让利的改革试点,主要集中于两个方面,一是以计划经济为主,同时充分重视市场调节的辅助作用,调整国家与企业的关系;二是扩大企业自主权,并且把企业经营好坏同职工的物质利益挂起钩来，着眼于调动企业和职工的积极性和主动性。通过扩大企业自主权的改革,企业有了一定的生产自主权,开始成为独立的利益主体,企业和职工的积极性都有所提高,并打开了传统计划经济体制的缺口。

1984 年 10 月召开的中共十二届三中全会提出要建立自觉运用价值规律

① 周天勇，夏徐迁. 我国国有企业改革与发展 30 年 [A]. 中国经济发展和体制改革报告:中国改革开放 30 年(1978-2008)》. 北京:社会科学文献出版社,2008.

的计划体制，发展社会主义商品经济。改革主要是为了实行政企分开，所有权与经营权相分离，明确国有企业改革的目标是要使企业真正成为相对独立的经济实体，成为自主经营、自负盈亏的社会主义商品生产者和经营者，具有自我改造和自我发展能力，成为具有一定权利和义务的法人，并在此基础上建立多种形式的经济责任制。

到 1987 年底，全国国有大中型企业普遍实行了承包制。同年，中共十三大报告肯定了股份制是企业财产的一种组织形式，试点可以继续实行。到 1988 年底，全国共有 3800 家股份制企业，其中 800 家由国有企业改制而来，其余 3000 家原来是集体企业。1988 年 2 月，国务院更加明确了企业承包制在国有企业改革中的地位。

承包制在发展过程中逐渐暴露了一定的问题。1991 年 9 月中央工作会议强调要转换企业经营机制。1992 年 7 月国务院公布了《全民所有制工业企业转换经营机制条例》，该条例根据两权分离的思路明确了企业经营权、企业自负盈亏责任、企业和政府的关系、企业和政府的法律责任等问题。

这一时期的国有企业改革是在不断探索中前进的，具有十分鲜明的试错特征。改革是在中央指导、理论研究和地方企业实践相结合的前提下，自下而上占主导。与国有企业改革密不可分的是非公有制经济的改革。地方的成功实践获得了中央的认可，进而推动了所有制结构的巨大变革，个体和私营经济成为所有制结构的一部分，外资经济在政策的鼓励下也获得了一定程度的发展。

这一阶段的国有企业改革没有明确的方向和路线指引，主要是通过不断的试探性改革措施，寻找改革的正确方向和路径，即在摸着石头过河的过程中不断调整改革的方向。

二、1993~2003 年：国有企业改革的制度创新、体制转轨阶段

1992 年邓小平南方谈话之后，计划与市场的关系明确化，使国有企业改革也从政策调整阶段进入了制度创新阶段。

1992 年 10 月，中共十四大明确指出，我国经济体制改革的目标是建立社会主义市场经济体制，并要求围绕社会主义市场经济体制的建立加快经济改革步伐。1993 年 11 月，中共十四届三中全会通过了《中共中央关于建立社会

主义市场经济体制若干问题的决定》，决定明确指出，我国国有企业的改革方向是建立"适应市场经济和社会化大生产要求的、产权清晰、权责明确、政企分开、管理科学"的现代企业制度，使企业成为自主经营、自负盈亏、自我发展、自我约束的法人实体和市场竞争主体。对国有资产实行国家统一所有、政府分级监管、企业自主经营的体制。按照政府的社会经济管理职能和国有资产所有者职能分开的原则，积极探索国有资产管理和经营的合理形式和途径。加强中央和省、自治区、直辖市两级政府专司国有资产管理的机构。当前国有资产管理不善和严重流失的情况，必须引起高度重视。有关部门对其分工监管的企业国有资产要负起监督职责，根据需要可派出监事会，对企业的国有资产保值增值实行监督。严禁将国有资产低价折股，低价出售，甚至无偿分给个人。要健全制度，从各方面堵塞漏洞，确保国有资产及其权益不受侵犯。坚持以公有制为主体、多种经济成分共同发展的方针。在积极促进国有经济和集体经济发展的同时，鼓励个体、私营、外资经济发展，并依法加强管理。随着产权的流动和重组，财产混合所有的经济单位越来越多，将会形成新的财产所有结构。就全国来说，公有制在国民经济中应占主体地位，有的地方、有的产业可以有所差别。公有制的主体地位主要体现在国家和集体所有的资产在社会总资产中占优势，国有经济控制国民经济命脉及其对经济发展的主导作用等方面。①

1995 年 9 月中共十四届五中全会明确指出：要着眼于搞好整个国有经济，通过存量资产的流动和重组，对国有企业实施战略性改组。这种改组要以市场和产业政策为导向，搞好大的，放活小的，把优化国有资产分布结构、企业结构同优化投资结构有机结合起来，择优扶强，优胜劣汰。以此为指导思想，国家对重点企业采取了分类指导的方案；对于小企业，采取改组、联合、兼并、股份合作、租赁、承包经营和出售等多种方式，把小企业直接推向市场，使一大批小企业的经营机制得到转换，企业效益得到提高。

1997 年 9 月中共十五大报告指出：建立现代企业制度是国有企业改革的方向。要按照"产权清晰、权责明确、政企分开、管理科学"的要求，对国有大中型企业实行规范的公司制改革，使企业成为适应市场的法人实体和竞争主体。

---

① 中共中央关于建立社会主义市场经济体制若干问题的决定.

进一步明确国家和企业的权利和责任。国家按投入企业的资本额享有所有者权益,对企业的债务承担有限责任;企业依法自主经营,自负盈亏。政府不能直接干预企业经营活动,企业也不能不受所有者约束,损害所有者权益。要采取多种方式,包括直接融资,充实企业资本金。培育和发展多元化投资主体,推动政企分开和企业转换经营机制。把国有企业改革同改组、改造、加强管理结合起来。要着眼于搞好整个国有经济,抓好大的,放活小的,对国有企业实施战略性改组。以资本为纽带,通过市场形成具有较强竞争力的跨地区、跨行业、跨所有制和跨国经营的大企业集团。采取改组、联合、兼并、租赁、承包经营和股份合作制、出售等形式,加快放开搞活国有小型企业的步伐。积极推进各项配套改革。建立有效的国有资产管理、监督和营运机制,保证国有资产的保值增值,防止国有资产流失。

这一时期,国有企业由于高负债率、冗员多、社会负担重、员工积极性不高等原因,发展陷入困境。据统计,国有企业亏损面超过40%,"下岗职工"开始出现。1998年开始,国有企业私有化浪潮出现。国有资本从164个竞争性行业中"坚决撤出",国有企业的改革表现出"国退民进"的特征。

1999年《中共中央关于国有企业改革和发展若干重大问题的决定》认为,国有企业是国民经济的支柱,必须大力促进国有企业的体制改革、机制转换、结构调整和技术进步。2000年,国有企业改革与脱困三年目标基本实现。2002年党的十六大召开,指出继续调整国有经济的布局和结构,改革国有资产管理体制。

三、2003年至今:国有企业改革向纵深推进阶段

2002年党的十六大召开,提出要完善社会主义市场经济体制。报告指出:要深化国有企业改革,进一步探索公有制特别是国有制的多种有效实现形式,大力推进企业的体制、技术和管理创新。除极少数必须由国家独资经营的企业外,积极推行股份制,发展混合所有制经济。实行投资主体多元化,重要的企业由国家控股。按照现代企业制度的要求,国有大中型企业继续实行规范的公司制改革,完善法人治理结构。推进垄断行业改革,积极引入竞争机制。通过市场和政策引导,发展具有国际竞争力的大公司大企业集团。进一步放开搞活国有

中小企业。深化集体企业改革,继续支持和帮助多种形式的集体经济的发展。

截至 2003 年底,全国 60%以上的国有大中型骨干企业通过多种形式改制为多元持股的公司制企业。在国有资产监督管理方面,国资委的职责、权利和义务明确化。2006 年 5 月,国资委开始加大中央企业兼并重组力度,重点是整体上市和重组。2007 年中共十七大报告指出:深化国有企业公司制股份制改革,健全现代企业制度,优化国有经济布局和结构,增强国有经济活力、控制力、影响力。深化垄断行业改革,引入竞争机制,加强政府监管和社会监督。加快建设国有资本经营预算制度。完善各类国有资产管理体制和制度。推进集体企业改革,发展多种形式的集体经济、合作经济。推进公平准入,改善融资条件,破除体制障碍,促进个体、私营经济和中小企业发展。以现代产权制度为基础,发展混合所有制经济。2012 年 11 月召开的党的十八大指出:深化改革是加快转变经济发展方式的关键。经济体制改革的核心问题是处理好政府和市场的关系,必须更加尊重市场规律,更好地发挥政府作用。要毫不动摇巩固和发展公有制经济,推行公有制多种实现形式,深化国有企业改革,完善各类国有资产管理体制,推动国有资本更多投向关系国家安全和国民经济命脉的重要行业和关键领域,不断增强国有经济活力、控制力、影响力。毫不动摇鼓励、支持、引导非公有制经济发展,保证各种所有制经济依法平等使用生产要素、公平参与市场竞争、同等受到法律保护。

国有企业改革步入深水区。2015 年 8 月 24 日,中共中央、国务院印发了《关于深化国有企业改革的指导意见》,从改革的总体要求到分类推进国有企业改革、完善现代企业制度和国有资产管理体制、发展混合所有制经济、强化监督防止国有资产流失、加强和改进党对国有企业的领导、为国有企业改革创造良好环境条件等方面,全面提出了新时期国有企业改革的目标任务和重大举措。《指导意见》要求,分类推进国有企业改革。划分国有企业不同类型,根据国有资本的战略定位和发展目标,结合不同国有企业在社会经济发展中的作用、现状和发展需要,将国有企业分为商业类和公益类。商业类国有企业按照市场化要求实行商业化运作,以增强国有经济活力、放大国有资本功能、实现国有资产保值增值为主要目标,依法独立自主开展生产经营活动,实现优胜劣汰、有序进退。公益类国有企业以保障民生、服务社会、提供公共产品和服务为主要目标,引入市场机制,提高公共服务效率和能力。这类企业可以采取国有独资形式,具备条件的也可以推行投资主体多元化,还可以通过购买服务、特许经营、委托代理等方式,鼓励非国有企业参与经营。根据不同企业的功能定位,逐步调整国有股权比例,形成股权结构多元、股东行为规范、内部约束有效、运行高效灵活的经营机制。《指导意见》还要求,推进国有企业混合所有制改革。以促进国有企业转换经营机制,放大国有资本功能,提高国有资本配置和运行效率,实现各种所有制资本取长补短、相互促进、共同发展为目标,稳妥推动国有企业发展混合所有制经济。对通过实行股份制、上市等途径已经实行混合所有制的国有企业,要着力在完善现代企业制度、提高资本运行效率上下功夫;对于适宜继续推进混合所有制改革的国有企业,要充分发挥市场机制作用,坚持因地施策、因业施策、因企施策,宜独则独、宜控则控、宜参则参,不搞拉郎配,不搞全覆盖,不设时间表,成熟一个推进一个。改革要依法依规、严格程序、公开公正,切实保护混合所有制企业各类出资人的产权权益,杜绝国有资产流失。

2017 年 2 月在北京召开的首届中国企业改革发展论坛上,国务院国资委主任肖亚庆作主题演讲,他表示,在经济发展的新常态下,2017 年国有企业改革发展已经进入爬坡过坎、滚石上山的关键阶段,要在重点领域和关键环节尽快取得新的进展和突破,深入推进公司制股份所有制改革,切实建立灵活高效的市场化经营机制,不断加大推进供给侧结构性改革力度,以管资本为主坚决转变国资监管职能,全面从严加强国有企业党的建设。

第四节 关于国有企业改革方面的声音

"如果政府有能力实施私有化,政府就有能力经营好国有企业;反之,如果政府没有能力经营好国有企业,政府也不会有能力实施一个好的私有化。"[①]张夏准认为, 其实大型国有企业面临的问题和私有企业面临的问题是非常类似

---

① 张夏准. 国有企业该被私有化吗[J]. 现代国企研究,2012(1).

的,它们都遭受了复杂的"委托代理问题"。

2004 年 9 月 16 日,包括程恩富、丁冰、左大培、王志伟、毛立言、吴栋、孟捷、顾钰民、周肇光、冯金华等在内的 10 位教授发表联合声明:产权改革风向不能错①,指出,把国有制和公有制贬为纯粹是可用可不用或根本无用的经济手段, 主张国有制不能与股份制相融合而必须放弃所有股份制企业的国家控股权等,都是不明世界经济发展趋势本质的悲观思维,不利于在推行股份制改革中发展和壮大公有制经济。中国要真正完善社会主义类型的市场经济体制,关键在于克服新自由主义理论的影响,力避私有化道路。

2004 年 10 月,周新城发表文章《不能让新自由主义误导国有企业改革》指出,在国有企业的改革中,一些经济学家根据新自由主义思想,反对公有制,鼓吹私有化。新自由主义经济学是把"人的本性是自私的"作为既定的、无需论证的前提,由此来解释一切经济现象,由此得出私有化的必要性的结论是站不住脚的。在对待国有企业改革的问题上,应该用马克思主义来理解中央的有关方针政策,不允许新自由主义者把这些方针政策朝私有化方向解释。②

2005 年 1 月,吴易风在其文章《不能让西方产权理论误导我国国有企业产权改革》中指出,我国国有企业产权改革的正确思路应该是:坚持公有制的主体地位和始终坚持走共同富裕的道路,消除西方产权理论的消极影响,以马克思主义产权理论为指导制订我国国有企业产权改革方案,保障国家所有权,落实企业经营权,毫不动摇地巩固和发展公有制经济。如果听任西方产权理论的误导,就不可能建成社会主义市场经济。

程恩富、方兴起 2012 年 6 月 10 日在《光明日报》发文指出:深化经济改革的首要任务绝不是国有企业私有化。文章指出,在平衡国企与民企、政府与市场的作用上, 我们必须基于数百年来市场经济的历史观和正反两方面的经验教训,保持清醒的头脑。正是由于我国实行以公有制为主体、多种所有制共同发展的社会主义初级阶段基本经济制度, 在维护和巩固国有经济的主导地位的同时发展民营企业,并采取某些合法的措施有效利用外国垄断资本,我国才

---

① 程恩富,丁冰,左大培等. 十教授联合声明:产权改革风向不能错[N]. 社会科学报,2004-09-10.

② 周新城. 不能让新自由主义误导国有企业改革[J]. 山西财经大学学报,2004(5).

能在改革开放时期总体上既坚持了经济上的独立自主，又有效地利用了资本主义制度所取得的一切肯定成果。目前，我国在轻工、化工、医药、机械、电子等21个国民经济最重要的行业中，跨国公司的子公司已占据国内1/3以上的市场份额，部分行业接近半壁江山，在产业中拥有绝对控制权。显而易见，无论是国企还是民企，它们所面对的最大既得利益者和最大垄断者是外资企业。新一轮改革的首要任务就是要改变这种局面，而绝不是国有企业的私有股份化。在已有的外企、国企和民企的格局下，许多"自然垄断"行业的进入性投资巨大，"国退"以后，能够真正大量进入和逐步起支配作用的往往是外国跨国公司，而难以进入的是民营企业。国企与民企之间确实存在某些竞争和利益问题，但如果把国企的做强视为阻碍民企的发展，甚至主张民企与外企联合起来共同进一步缩减和遏制国企的发展，主张"国退民进""国退洋进"等，那便是没有认清社会主义初级阶段基本经济制度的极端重要性。国企与民企应合作共进，夺回弱势产业阵地。①

2012年，陈亮在文章《国有企业私有化绝不是我国国企改革的出路》中指出，国有企业是中国经济发展的重要推动力量，也是实现共同富裕的重要载体，是国民经济发展的支柱而非障碍。以"障碍"为名，通过进一步降低国有企业在国民经济中的比重、瓜分国有资产，达到瓦解社会主义公有制主体地位的目的，这种言论是极其错误的。国有企业私有化绝不是我国国企改革的出路，必须要真正毫不动摇地巩固和发展公有制经济，这需要科学完整地认识国有企业的功能定位，正确地看待国有经济的比重与质的提高，做强做优做大国有企业，使其承担起更多的国家责任、社会责任，将国有企业的改革发展成果更好地惠及民生。②

2015年6月，《求是》杂志评论员发表文章《无论怎样改革，国有企业地位作用不可削弱》。文章指出，我国是社会主义国家，生产资料公有制是社会主义制度的经济基础，公有制为主体、多种所有制经济共同发展的基本经济制度是

---

①　程恩富，方兴起. 深化经济改革的首要任务绝不是国有企业私有化 [J]. 求是，2012 (13).

②　陈亮. 国有企业私有化绝不是我国国企改革的出路 [J]. 马克思主义研究，2012 (15).

中国特色社会主义制度的重要支柱,也是社会主义经济体制的根基。国有企业属于全民所有,是生产资料公有制的重要实现形式,是坚持社会主义基本经济制度的坚强基础,是国家引导、推动、调控经济和社会发展的基本力量,是实现广大人民群众根本利益和共同富裕的重要保证。通过深化改革来加强国有企业,不断发展壮大国有经济,确保国有经济控制国民经济命脉,对于建立社会主义市场经济体制,发挥社会主义制度的优越性,提高人民生活水平,增强我国的经济实力、国防实力和民族凝聚力,具有关键作用。因此,深化国有企业改革必须明确目的和方向,这就是要形成更加完善的体制机制,充分体现国有企业根本属性和内在要求,使其更好地为全体人民谋利益、增福祉,绝不能走"私有化"的道路。

2015年,朱安东发表文章指出,国有企业改革一定要防止私有化倾向。[1] "不难想象,如果再进行大规模的私有化,如某些国际组织建言的那样,将我国国有企业在工业总产值中的比重降到10%以下,那么,中国的基本经济制度必将被改变,经济基础决定上层建筑,随之而来的必然是中国政治制度的改变,中国共产党将丧失其执政的经济基础,中国极有可能重蹈苏东国家的覆辙。而这恐怕是国内外某些势力所乐见的,但对中国人民则意味着巨大的灾难。"

2015年8月于晓华、魏昊在文章中指出,垄断性国有企业不需要也不能实行私有化。[2]中国部分国有企业经营效率低下,不是"国有"本身造成的,而是激励机制和经营机制出了问题。大型国有企业是中国政权、社会和经济稳定的基础。如果这些国有企业被私有化,按照苏联私有化的教训,中国经济必然会被少数经济寡头控制,人民利益受损,国家安全受到威胁,社会经济稳定必然受到严重挑战。

何干强指出,在中国深化经济改革的进程中,确实存在着维护社会主义经济基础、坚持社会主义经济方向与推行私有化、主张走资本主义市场经济邪路这两种改革观的对立;前者在改革中自觉坚持公有制为主体、多种所有制经济共同发展的社会主义基本经济制度,后者则以改革为幌子,妄图使中国国民经

---

① 朱安东. 国有企业改革一定要防止私有化倾向[J]. 宏观经济研究,2015(3).
② 于晓华,魏昊. 垄断性国有企业不需要也不能实行私有化[J]. 红旗文稿,2015(8).

济整个转向资本主义经济的轨道。①

第五节　"重新建立个人所有制"的争论

各国纷纷卷入私有化浪潮以后，批判私有化的声音也此起彼伏。批评者认为，公有制及其载体国有企业是再分配的一种工具，私有化浪潮在很多国家产生了倒退性的再分配效应。在批评私有化浪潮的同时，从理论上搭建本国产权改革的理论体系基础也是批评者和经济学家的重要任务。所有制是一切经济学研究都无法绕开的问题，无论是西方经济学还是马克思主义经济学，都把所有制问题作为研究的一个重要内容。改革开放以来，我国的所有制结构发生了深刻的变化。面对新自由主义经济思想的私有化观点，从理论上讲清楚中国为什么不能搞私有化以及中国的所有制改革应该如何进行就非常重要。在对一系列问题进行讨论的过程中，关于马克思的"重新建立个人所有制"的争论至今没有定论。

马克思在《资本论》第一卷第七篇《资本的积累过程》中第二十四章《所谓原始积累》中最后一小节《资本主义积累的历史趋势》有这样的论述："从资本主义生产方式产生的资本主义占有方式，从而资本主义私有制，是对个人的、以自己劳动为基础的私有制的第一个否定。但资本主义生产由于自然过程的必然性，造成了对自身的否定。这是否定的否定。这种否定不是重新建立私有制，而是在资本主义时代的成就的基础上，也就是说，在协作和对土地及靠劳动本身生产的生产资料的共同占有的基础上，重新建立个人所有制。"②

这一论述被视为马克思对未来社会所有制问题的见解。多年来学术界对这一命题的解读存在分歧并且争论不休，研究者对于马克思"重新建立个人所有制"中的"个人所有制"所指向内容的理解不同，从而产生了对所有制问题上

---

① 何干强.揭开把改革引向私有化的棉纱——评《重启改革议程》的理论逻辑[J].管理学刊,2015(4).

② 马克思.资本论[M].第一卷.北京:人民出版社,2004:874.

的不同认识,大致包括以下三类:

(一)马克思"重新建立个人所有制"的思想指的是生活资料(消费资料)的个人所有制

"重新建立"的"个人所有制"是消费资料的个人所有制,这是学者中占主流的对"重新建立个人所有制"的理解。①苏炳衡认为"个人所有制"是以生产资料公有制为基础或者说在生产资料公有制前提下的"消费资料个人所有制"。②王成稼认为,马克思提出的"个人所有制",是靠剥夺剥夺者,在生产资料公有制的基础上来重新建立。因此,它既不是生产资料私有制,也不是它的基础生产资料公有制,而是指生活资料个人所有制。③更具体地说,"重新建立个人所有制"是指社会主义(或共产主义)劳动者在共同占有生产资料的基础上,以实现人的解放、自由和全面发展为目的,通过联合或协作劳动,采取劳动者与生产资料直接结合的方式,建立并实现生产资料、劳动力及消费资料的个人所有制(裴晓军,2007)。

赵学清认为,所有制是包括生产资料和生活资料的所有制,而不仅仅是指生产资料。个人的以自己劳动为基础的私有制、资本主义的私有制和社会主义所有制都是既包括生产资料又包括生活资料的所有制。《资本论》中所讲的"否定的否定"是这三种所有制的先后否定。"联合起来的个人""联合起来的社会的个人"不再是个人,而是联合体或社会。联合起来的、社会的个人的所有制就是社会所有制。马克思明确指出,未来社会的经济制度是生产资料的社会所有制和生活资料的个人所有制,并详细说明了重建生活资料个人所有制的手段和过程。恩格斯对马克思重新建立个人所有制的思想做出了准确的解读,马克思"重新建立个人所有制"的本意指的是重新建立生活资料的个人所有制。④

---

① 王志东. 马克思理想:"重新建立"的个人所有制[J]. 湖南行政学院学报,2015(3).

② 苏炳衡. 经济学的"哥德巴赫猜想"——试析"重新建立个人所有制"的确切含义[J]. 理论月刊,2002(2).

③ 王成稼. 对"重新建立个人所有制"的辨析[J]. 当代经济研究,2004(10).

④ 赵学清. 也谈"重新建立个人所有制的本意——兼与卫兴华老师商榷"[J]. 江苏行政学院学报,2013(5).

(二)马克思"重新建立个人所有制"的思想指的是生产资料的私有制

另一种观点是从劳动者和劳动的客观条件即生产资料的结合或分离的关系方面来理解马克思"重新建立个人所有制"这个论断。赵家祥认为,马克思关于重新建立个人所有制的论断,无非是说,资本主义私有制消灭了劳动者与劳动的客观条件即生产资料相结合的、以自己劳动为基础的私有制,即个体劳动和个体手工业这种个人所有制。资本主义私有制的消灭,在生产资料的共同占有的基础上建立的社会所有制,不是重新建立私有制,而是在资本主义时代的成就的基础上重新建立劳动者与劳动的客观条件即生产资料相结合的所有制。因为"社会所有制"就是劳动的客观条件即生产资料归全体社会成员共同占有的所有制,而每一个社会成员个人都是劳动的客观条件即生产资料的所有者,每个个人都在社会发展的更高阶段上重新实现了与劳动的客观条件即生产资料的结合,所以马克思说建立"社会所有制"就是"重新建立个人所有制"。①

朱仁泽认为,伴随着改革开放的不断深入,学者们对于消灭私有制又发展私有制这一现象提供理论上的解释,从而认为马克思所说的"重新建立个人所有制"指的是"生产资料私有制"。林慧勇(1989)认为,社会生产资料归每个成员的私有制即"个人所有制",并从这个意义上理解马克思反对的是"部分人的私有制",但马克思并不反对"人人皆有的私有制"即"个人所有制",从而认为马克思所说的"重新建立个人所有制"就是重新建立"生产资料的人人皆有的私有制"。

(三)马克思"重新建立个人所有制"的思想指的是生产资料的公有制

与其他学者从"消费资料个人所有(私有)"和"生产资料个人所有(私有)"的角度不同,卫兴华(2008)认为,"重新建立个人所有制"指的是"生产资料的公有制",是联合起来的个人所有制。②朱舜认为,重新建立的"个人所有制"是生产资料的个人所有制,不存在一部分社会成员拥有生产资料,另一部分社会

---

① 赵家祥.按照资本的逻辑和历史理解"重新建立个人所有制"的含义[J].理论视野,2013(1).

② 卫兴华.再析马克思"重建个人所有制"的含义——兼评王成稼研究院的有关诠释与观点[J].当代经济研究,2008(9).

成员没有生产资料的现象。马克思所说的"个人所有制"不是个人消费品的私有制，而是一种新型的生产资料所有制形式，是每个人都有份的社会主义公有制形式。①

另外，还有从更广泛意义上综合理解马克思的"重新建立个人所有制"的观点。

许崇正指出，马克思提出的"重新建立个人所有制"概念实际上"指的是原始所有制下的个人所有制"，不过"这种重新建立的个人所有制，除保留有原始自然经济状态下的个人所有制、人始终是生产的目的、人的发展呈现着圆满境界等特点外，还克服了原始自然经济形态下的个人所有制的不足"，即，"内容上更加丰富，内涵更加深刻。它包括五个方面：一是生产资料自由人联合体所有；二是劳动力自由个人所有；三是产品自由人联合体所有；四是劳动自由个人所有；五是人的自由全面充分的发展。"②即"所谓'重新建立个人所有制'，即是重建一个生产资料和产品由自由人联合体所有基础上的，劳动者的劳动力和劳动都归自由人个人所有，从而每个人都能得到自由而全面发展的所有制。"

在以上关于如何理解马克思的"重新建立个人所有制"的不同观点中，"消费资料个人所有制"和"生产资料个人所有制"两种观点之间的争论最为激烈。显然，主张消费资料个人所有制的人是在生产资料社会公有制的前提下来研究个人所有制的，但也有专家指出，对于消费品归谁所有的问题，根本不是所有制的问题，因而也就不存在"重建"与否的问题（赵家祥，2013）。而主张"生产资料个人所有制"的观点显然容易与新自由主义经济思想的私有化主张产生同样的后果，即社会生产资料的私有化趋势。

至此，研究者对马克思的"重新建立个人所有制"究竟指代的确切含义是什么这一问题仍然是各持己见。

---

① 朱舜.重新建立个人所有制"理解偏差及本质理解[J].马克思主义研究,2015(12).
② 许崇正.马克思"重新建立个人所有制"的本质特征[J].经济学家,2009(9).

第六节　混合所有制改革及其争议

一、混合所有制的提出历程

在新中国经济发展史上，混合所有制是伴随着新中国一起成长起来的一种经济形态，只是在不同的历史时期，其占国民经济的比例、重要性、扮演的角色不同而已。

十四大报告中：社会主义市场经济体制是同社会主义基本制度结合在一起的。在所有制结构上，以公有制包括全民所有制和集体所有制经济为主体，个体经济、私营经济、外资经济为补充，多种经济成分长期共同发展，不同经济成分还可以自愿实行多种形式的联合经营。

十五大报告中从国有产权改革、国有布局的角度，第一次明确提出了"混合所有制经济"的概念。十五大报告中指出：要全面认识公有制经济的含义。公有制经济不仅包括国有经济和集体经济，还包括混合所有制经济中的国有成分和集体成分。

十六大报告提出"发展混合所有制经济"，报告指出：国有企业是我国国民经济的支柱。要深化国有企业改革，进一步探索公有制特别是国有制的多种有效实现形式，大力推进企业的体制、技术和管理创新。除极少数必须由国家独资经营的企业外，积极推行股份制，发展混合所有制经济。

十七大报告中继续指出：坚持和完善公有制为主体、多种所有制经济共同发展的基本经济制度。深化国有企业公司制股份制改革，健全现代企业制度，优化国有经济布局和结构。以现代产权制度为基础，发展混合所有制经济。

十八届三中全会决定中则旗帜鲜明地提出要"积极发展混合所有制经济"，指出：国有资本、集体资本、非公有资本等交叉持股、相互融合的混合所有制经济，是基本经济制度的重要实现形式，有利于国有资本放大功能、保值增值、提高竞争力，有利于各种所有制资本取长补短、相互促进、共同发展。允许更多国有经济和其他所有制经济发展成为混合所有制经济。国有资本投资项目允许非国有资本参股。允许混合所有制经济实行企业员工持股,形成资本所有者和劳动者利益共同体。

二、混合所有制改革的争议

发展混合所有制经济作为全面深化改革的一个重点,引发了广泛关注,也产生了各种不同的看法。争议主要在于"如何发展混合所有制经济"方面。

习近平总书记明确指出,"国有企业是中国特色社会主义的重要支柱,是我们党执政的重要基础"。在经济新常态下,更加需要"发挥国有经济的主导作用,不断增强国有经济活力、控制力、影响力和抗风险能力"。在混合所有制改革中,决不能搞国有经济大规模撤退,不能把国有经济混合得弱了或者混合得小了甚至是混合得没有了。

(一)"国退民进"与"国进民退"之争

伴随着国有经济调整和混合所有制改革的深入,国有企业改革的争论一直存在。应该不应该大幅度削减公有经济的比重? 国有经济的效率是高还是低? 外资和私人资本应该不应该继续加大进入国有经济的比例? 等等。这些问题的讨论便形成了"国进民退"还是"国退民进"的争论。

主张"国进民退"观点的学者认为,国有经济,即社会主义全民所有制经济,是我国国民经济的主导力量,国家保障国有经济的巩固和发展,这是我国宪法明确规定的。作为生产资料公有制的一种重要形式,国有经济在整个社会中所占的比重不能继续大幅缩减。卫兴华认为,实行混合所有制改革,不是新一轮的国退民进,削减国有企业。[①]

主张"国退民进"观点的学者,则认为国有企业竞争力不强、效率低下问题的存在是国有企业布局需要继续做出大的调整的主要原因。有研究者认为,国有企业改革的过程基本就是一个"国退民进"的过程。从经济总量、企业数量、工业产值、企业利润和就业等方面来看,国有经济战略调整是一个"国退民进"的过程。

---

① 卫兴华. 论资本主义和社会主义的混合所有制[J]. 马克思主义研究,2015(1).

(二)如何发展混合所有制经济

发展混合所有制经济可以从产权开放和产业开放两个方面着手。从产权开放的角度看，发展混合所有制经济可以采取以下几种方式：立足于国有企业，吸引民营资本、外资与国有资本融合；立足于民营企业，让国有资本、外资与民营资本融合；立足于外资企业，让国有资本、民营资本与外资融合；立足于企业员工，实行员工持股。从产业开放的角度看，发展混合所有制经济的重点是推进垄断行业改革。[①]

有专家指出，积极发展混合所有制经济，核心在于：第一，国有企业要分类改革，进退有度。涉及国家安全的特殊行业要国有独资；供水、供暖、供电、供气、基础网络等政府需要承担责任的公共服务行业可以由国有控股企业来运行，而一般竞争性行业原则上国有企业应该退出来。第二，国有企业退出要该退必退、退要退足、退要规范。国有资本要坚决地从竞争行业退出，给非公资本让出空间。第三，国有企业还要该进则进、打消顾虑、积极有为。国有资本要积极进入战略性新兴产业。第四，要承认企业家价值，推动管理层和骨干员工持股。第五，坚持资本所有权到位，实现股权平等、依法协商。

总的来看，如何发展混合所有制经济的问题仍然是"国退民进"与"国进民退"的问题。因此，必须把握混合所有制经济改革的正确走向。产权制度改革是我国经济体制改革的重要任务。我们既要高度警惕西方产权理论对我国产权制度改革的私有化误导，又要批判地汲取西方经济学中的合理成分为我所用。只有用经过充分发展和完善的马克思产权理论作为我国产权制度改革的指导思想，才能确保社会主义市场经济体制改革的顺利进行。[②]私人所有制在方法论上最大的问题在于新自由主义经济学家采用演绎法推导出一个先验的、孤立的、静止的私人所有制，否认产权概念是社会发展的结果。只从效率的角度来看待产权，产权的让渡和交易与社会环境无关，否定习俗、传统、共有的社会价值观对财产权利配置的影响和作用。[③]

---

① 常修泽.发展混合所有制经济的路径[N].光明日报,2014-04-30.

② 李炳炎.新制度经济学的本质及其对中国经济改革的影响评析[J].马克思主义研究,2010(11).

③ 张胜荣.新自由主义经济学的破绽和危害[J].贵州大学学报(社会科学版),2006(3).

第七章　经济增长为什么是不可持续的?

2016 年 IMF 发布的《世界经济展望》指出:对比 1998~2007 年间的平均增长率,现今的长期潜在增长率在世界各国都相对较低,而大部分国家当前的增长率也仍然较低,特别是新兴和发展中经济体。不可否认,一些长期增长率的下降反映出人口结构的变化,同时也反映出早期不可持续的发展:生产力最初因信息和通讯技术的革新而爆发,中国的增长迅猛,世界金融循环最终在严重的全球危机中显露出来。然而,负产出缺口依然普遍存在,危机遗留效应造成高债务负担、银行的不良贷款、通缩压力、低投资以及损坏的人力资本。这些都继续压低潜在产出水平。因为投资者和消费者担心收入增长可能会被延迟更久而变得更加谨慎。那么,为什么会出现全球性的经济增长放缓? 经济增长为什么是不可持续的? 这些问题的解释恐怕需要深入到现象背后去分析。

第一节　新自由主义泛滥的后果之一:
经济增长减缓甚至陷入衰退

"在新自由主义泛滥时期,几乎所有的西方市场经济模式国家都出现了经济金融化的现象。比如, 美国金融业在国内总利润当中所分割的比重越来越大,从 20 世纪 80 年代初的不足 20%上升到 30%左右,并在本世纪初一度达到 45%,而同期制造业利润的比重则大幅下降。"[1]

新自由主义经济政策推行之初,西方一些发达国家从"滞胀"困境中走出

---

① 李文.新自由主义的经济"成绩单"[J]. 求是,2014(16).

来,一些拉丁美洲国家也在短时期内实现了经济增长。然而,在短暂的经济增长背后隐藏着更多的问题和矛盾,随着这些问题和矛盾的爆发,新自由主义经济政策对于各国经济增长的"贡献"越来越令人怀疑,推行新自由主义经济政策的国家普遍出现经济增长速度减缓,甚至经济陷入衰退之中。

一、新自由主义经济思想对发达国家经济增长的影响

以美国为例。作为发达国家新自由主义经济政策实践的始作俑者,美国的经济在世纪之交走向衰退。尤其是 2008 年金融危机的爆发,使美国新自由主义经济模式受到致命性打击。

数据显示,20 世纪 70 年代末,美国深陷"滞胀"之中。危机期间,美国的物价普遍大幅上升,1980 年美国的通货膨胀率高达 13.4%, 对外贸易严重逆差。直到 1981 年里根成为美国总统后,运用了减税、缩减开支和节制通货流通量等"里根经济学",才使得美国经济逐渐走出"滞胀",经济出现较大幅度的回升。

从某种程度上说,"里根经济学"曾创造了"新自由主义经济奇迹"。里根执政初期,美国的国内生产总值和人均国内生产总值均出现较大幅度增长,通货膨胀率开始下降,就业人口持续增加。

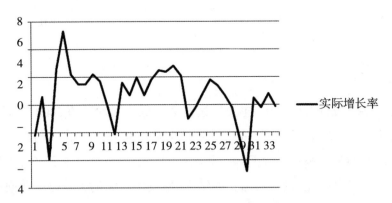

图 7-1　1980 年至 2013 年美国实际增长率(以 2009 年价格为基期)

数据来源:世界银行。

然而,美国经济发展的数据显示(图 7-1),这种较大幅度的增长并没有维持多久,美国的经济陷入震荡下跌的过程中。在新自由主义经济思想及其政策

主张的指导下,美国在 2007 年开始出现房地产泡沫的破灭,银行陷入严重的危机,这种影响在 2008 年蔓延至整个美国的金融部门,进而蔓延到美国的实体经济部门和世界其他地区,美国的经济出现了大衰退。

不仅美国经济陷入衰退,这种衰退在几乎所有的发达国家中都出现了。从主要发达国家的实际国内生产总值的增长率数据可以看出新自由主义经济思想影响下的发达国家经济增长变动状况(表 7-1):

表 7-1　主要发达国家 2009~2015 年的实际 GDP 年均增长率

单位:%

国家 / 地区	2009 年	2010 年	2011 年	2012 年	2013 年	2014 年	2015 年
美国	−2.8	2.5	1.6	2.2	1.5	2.4	2.4
欧元区	−4.5	2.1	1.6	−0.9	−0.3	0.9	1.6
德国	−5.6	3.9	3.7	0.6	0.4	1.6	1.5
法国	−2.9	2.0	2.1	0.2	0.7	0.2	1.1
意大利	−5.5	1.7	0.6	−2.8	−1.7	−0.3	0.8
西班牙	−3.6	0.0	−1.0	−2.6	−1.7	1.4	3.2
英国	−4.2	1.5	2.0	1.2	2.2	2.9	2.2
日本	−5.5	4.7	−0.5	1.7	1.4	0.0	0.5
加拿大	−2.9	3.1	3.1	1.7	2.2	2.5	1.2

资料来源:国际货币基金组织。

由表 7-1 数据可以看出,主要发达国家在危机爆发后的 2009 年无一例外全部处于经济负增长状态,随后几年经济持续低迷,增长乏力。与经济增长低迷同时出现的是一系列社会问题,而这些问题也与新自由主义经济思想脱不了干系。贸易自由化、投资自由化的结果,使发达国家的大量制造业岗位流向低工资的发展中国家,劳动者收入的减少,使经济增长的不平等性增强。如保罗·克鲁格曼所说:"在很大程度上,高层收入的飙升是通过压榨下层人士而达到的:通过削减工资、削减福利、瓦解工会,将国家资源不断上升的份额挪用于金融运作中。"贫富分化的加剧,反过来对主要发达国家的经济复苏又产生了阻碍性影响。

二、新自由主义经济思想对发展中国家经济增长的影响

新自由主义经济思想在印度尼西亚、泰国等亚洲国家的推行，同样给这些国家带来了经济增长的重创。1991 年，这些亚洲国家开始接受新自由主义思想，并且在经济发展和政策制定过程中贯彻了金融自由化、贸易自由化和投资自由化的主张，新自由主义改革开始推行。1997 年东南亚金融危机时，印尼的经济负增长达到 12.8%。泰国、韩国、菲律宾等国家也在东南亚金融危机中蒙受重大损失，有些国家的经济甚至倒退了十多年。

以印度尼西亚为例。印尼是东盟最大的经济体，20 世纪 70 年代后，金融自由化、贸易自由化、投资自由化以及由此带来的经济结构的调整，使印尼的经济开始提速增长，1996 年的 GDP 年均增长达到 6%，跻身于中等收入国家。但好景不长，正如新自由主义经济思想在发达国家产生的影响一样，印度尼西亚于 1997 年亚洲金融危机中遭受重创，经济严重衰退。1999 年印尼的经济开始缓慢复苏，GDP 年均增长 3%~4%。2000 年后，经济增长率的变化趋势呈震荡下行状态（图 7-2）。

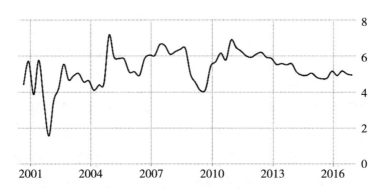

图 7-2　印度尼西亚 2001 至 2016 年国内生产总值增长率变化

资料来源：http://zh.tradingeconomics.com/indonesia/gdp-growth-annual.

三、新自由主义经济思想对苏东地区经济增长的影响

新自由主义经济思想对苏东地区经济发展的影响非常大。到 2003 年，在

26个原苏东地区国家中,只有7个国家的GDP超过了1990年的水平。

以俄罗斯为例。1989年,俄罗斯的国内生产总值是中国的两倍多,10年后的1999年其GDP仅为中国的1/3。在新自由主义指导下的俄罗斯私有化运动中,对确保国家安全具有极其重要意义的电力工业、天然气工业以及电信行业等自然垄断的行业,外国资本也在迅速增加。"外国资本按照自己的短期利益来处理俄罗斯企业。"在钢铁冶炼、汽车工业、造纸和电信等部门,外国资本的存在是十分强大的。通过私有化,外国投资者控制了若干在俄罗斯经济中具有重要战略意义的部门。"向外国投资者出售国有资产,造成了本国国有资本的巨大流失。"①从俄罗斯经济增长率的变化,可以看到新自由主义经济思想的作用(图7-3)。

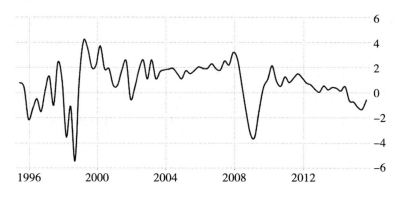

图7-3　俄罗斯1996年至2012年国内生产总值增长率变化

数据来源:http://zh.tradingeconomics.com/russia/gdp-growth.

从1996年到2012年俄罗斯国内生产总值增长率的变化状况可以看出,俄罗斯的经济在新自由主义经济思想的影响下受到重创。俄罗斯的工业到2010年的时候都还没有恢复到1990年的水平。俄罗斯的轻工业也基本被摧毁,统计数据显示,从1990年到2008年俄罗斯的人口减少了580万。

四、新自由主义经济思想对拉丁美洲国家经济增长的影响

拉丁美洲自由主义改革的目标本来是恢复经济增长,但是最后的结果却

---

① 吴易风. 新自由主义给俄罗斯经济带来的第三个大灾难[J]. 领导参考,2005(8).

令人失望。20 世纪 90 年代后,拉丁美洲经济增长呈现明显的衰退趋势,经济增长率不高,接连发生经济危机或者出现金融动荡。

以阿根廷为例。由于推行新自由主义改革,曾经经济发展水平接近于发达国家的阿根廷,陷入了经济崩溃和社会动乱的深渊。20 世纪 80 年代,阿根廷开始新自由主义经济改革,推行了国有企业私有化、贸易自由化、投资自由化和金融自由化。"对于阿根廷而言,20 世纪 80 年代是'失去的 10 年'。在此期间,债务危机、恶性通货膨胀、高失业率、银行倒闭和金融系统的混乱,使阿根廷经济雪上加霜。"[1]

新自由主义改革在阿根廷推行的最初几年, 由于吸引了大量国外资本流入阿根廷,使经济发展的宏观环境暂时得以改善,阿根廷在 1991 年到 1998 年期间保持了相对较稳定的经济增长,年均增长率达到 5.89%。发展到 20 世纪 90 年代后期,新自由主义经济思想指导下经济发展的弊端逐渐暴露出来,1998 年第四季度,受沉重的债务负担和日益恶化的外部经济环境的影响,阿根廷开始陷入经济衰退(图 7-4)。

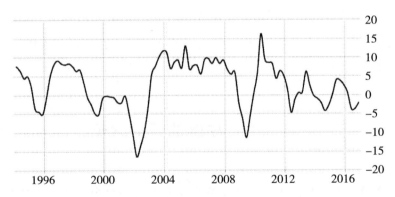

图 7-4　阿根廷 1990 年至 2016 年经济增长率变化

资料来源:http://zh.tradingeconomics.com/argentina/gdp-growth-annual.

总的来看,新自由主义经济思想所到之处,都对当地的经济增长起到了暂时的刺激作用,但私有化、自由化的固有弊端在短暂的经济增长之后不可避免地都爆发出来,并且给经济带来的创伤远远超过了对经济的推动作用。

---

[1] 余振,吴莹.阿根廷新自由主义改革失败的启示[J].拉丁美洲研究,2003(5).

从全球范围看，新自由主义经济思想也加剧了经济增长的不平衡。首先，发达资本主义国家与广大发展中国家之间的经济增长出现严重的不均衡，发达国家的经济增长率高于发展中国家。发达资本主义国家与发展中国家之间的经济和金融环境的稳定性存在差异。20世纪90年代以来，发展中国家发生了多起重大的经济或金融危机。其次，在发达资本主义国家集团内部和发展中国家集团内部，经济增长也出现不均衡。再次，发展中国家之间的增长态势也呈现不均衡的趋势，各国内部居民收入分配不平等程度进一步拉大。

20世纪90年代后经济增长的不均衡表明，这种经济增长首先是发达资本主义国家集团的增长，尤其是美国经济的增长。其次，这种经济增长是资本家阶级的利益的扩张：资本家通过新自由主义确立了其相对于工人阶级的力量优势，通过降低工人相对甚至是绝对的收入水平来提高自己的收益。再次，这种经济增长更大程度上是金融资本的增长：金融资本通过迫使政府放松对银行和金融系统的管制，获得了相对于产业资本等更大的权利，它通过金融市场成功地获得了经济的控制权，并占有了资本家阶级从工人阶级力量消退中获得的利益。因此，这是一种建立在普遍的不发展基础上的经济幻象，这使得这种经济增长本身不是缓和、而是激化了资本主义内生的诸多矛盾，而这决定了新自由主义的资本主义经济增长必然是不可持续的。

第二节　中国的经济增长

1978年以后，中国进入了以改革开放为动力的有中国特色社会主义经济建设时期。近40年的发展中，中国经济增长从数量上创造了一个又一个不断改写新纪录的奇迹，但从经济增长的质量上看，持续出现"宏观好，微观不好"的局面。近年来供给侧结构性失衡问题越来越成为中国经济持续增长的困扰。分析现象背后的深层原因，进行合理调整，才能推动中国经济增长，实现宏观微观两好的局面。

一、中国历年经济增长描述

首先让我们通过历年的国内生产总值以及国内生产总值增长率来直观地了解一下中国的经济增长（表7-2）：

表 7-2　中国历年国内生产总值（GDP）与增长率（1980~2017）　　单位：亿元人民币

	1980年	1981年	1982年	1983年	1984年	1985年	1986年	1987年	1988年	1989年	1990年	1991年	1992年
GDP	4545.62	4891.56	5323.35	5962.65	7208.05	9016.04	10275.18	12058.62	15042.82	16992.32	18667.82	21781.5	26923.48
增长率	7.8	5.2	9.1	10.9	15.2	13.5	8.8	11.6	11.3	4.1	3.84	9.18	14.24

	1993年	1994年	1995年	1996年	1997年	1998年	1999年	2000年	2001年	2002年	2003年	2004年	2005年
GDP	35333.92	48197.86	60793.73	71176.59	78973.03	84402.28	89677.05	99214.55	109655.17	120332.69	135822.76	159878.34	184937.37
增长率	13.96	13.08	10.92	10.01	9.3	7.83	7.62	8.43	8.3	9.08	10.03	10.09	11.31

	2006年	2007年	2008年	2009年	2010年	2011年	2012年	2013年	2014年	2015年	2016年	2017年
GDP	216314.43	265810.31	314045.43	340902.81	401512.8	473104.05	519470.1	568845	636463	676708	744127	827122
增长率	12.68	14.16	9.63	9.21	10.45	9.3	7.65	7.67	7.4	6.9	6.7	6.9

数据已经告诉我们，即使在近年来的全球金融危机中，中国的经济增长也表现出引人注目的强劲势头。尽管如此，国外的中国经济研究专家尼古拉斯·拉迪还是指出，2000年以来，"中国经济出现了各种令人苦恼的不平衡问题，如果中国想要继续保持与近年来持平的经济增长速度，就必须建立根本性的新增长模式。"[①]这里所说的不平衡问题包括：个人消费占国内生产总值的比重非常低，而投资比重过高；制造业规模太大，服务业规模太小；官方持有前所未有的巨额外汇储备，等等。

显然，中国经济增长的动力是什么或者说中国经济增长的奇迹主要靠什么因素，对于这个问题，研究者有不同的看法。投资、消费、净出口，作为中国经

---

① 〔美〕尼古拉斯·拉迪（Nicholas R. Lardy）.中国经济增长靠什么[M].北京：中信出版社，2012：序言.

济增长的"三驾马车",尼古拉斯·拉迪认为其中投资在经济保持增长中发挥了主要作用,而消费所发挥的作用不足,拉动经济增长的"三驾马车"出现了"比例失衡"。但也有研究者认为,这种对于投资、消费和净出口的"比例失衡"不应该遭到诟病,[1]认为中国的经济增长并非是出口导向型的,中国的消费也不像人们所说的那样疲软,投资拉动了中国的经济增长,但并不必然意味着投资过度。孰是孰非? 需要对中国经济增长的驱动因素做客观认识。

二、中国经济增长的"三驾马车"

（一）投资[2]

首先,让我们以最直观的方式来了解自 1996 年至 2015 年中国固定资产投资总额的状况(图 7-5,图 7-6)。

由图 7-5、7-6 可以直观地看出,1996 年至 2015 年,中国固定资产投资总额呈直线上升趋势;固定资产投资增长率 1999 年最低,为 5%,此后逐年上升,到 2009 年达到最高,增长率为 30.1%,2009 年至 2015 年固定资产投资增长率逐年下降。这一固定资产投资增长率的变化轨迹与我国经济增长波动的变化轨迹一定程度上契合。

（二）消费

"在中国,大多数人希望未来中国经济能拥有基于国内消费和多样化的内部需求的新的增长模式,而不是现在基于出口和投资的超高速增长模式。"[3]中国经济增长的消费动力不足, 这是人们对中国经济增长的三驾马车的普遍看法。

市场经济体制改革的过程中,中国的消费状况究竟如何? 我们首先通过统计数据了解到,1996 年至 2015 年间,中国消费品零售总额呈逐年增长,并且如图 7-7:

---

① 郭庆旺,赵志耘.中国经济增长"三驾马车"失衡悖论[J].财经问题研究,2014(9).

② 以下数据来源于 1996 年到 2015 年每一年的国民经济和社会发展统计公报。(中华人民共和国国家统计局网站:全国年度统计公报).

③ 张军.被误读的中国经济——像中国那样增长[M].北京:东方出版社,2013:4.

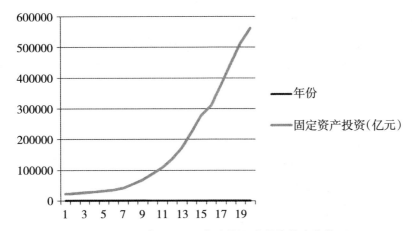

图 7-5　1996 年至 2015 年中国固定投资值变化状况

数据来源:根据中国人民共和国统计局全国年度统计公报中的数据整理而来。

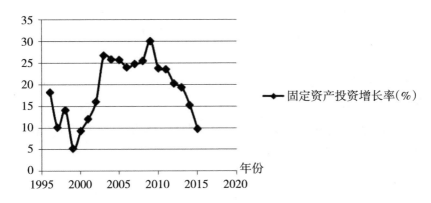

图 7-6　1996 年至 2015 年中国固定资产投资增长率(%)

数据来源:根据中国人民共和国统计局全国年度统计公报中的数据整理而来。

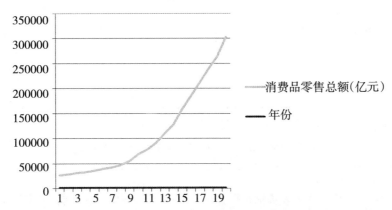

图 7-7　1996 年至 2015 年中国消费品零售增长总额(亿元)

资料来源:根据中国人民共和国统计局全国年度统计公报中的数据整理而来。

　　从消费品零售总额的增长率来看,1996 年到 1999 年间呈下降,1999 年到 2001 年间有短暂回升,2001 年到 2003 年下降,从 2003 年到 2008 年间出现较高增长,2008 年后受全球金融危机的影响呈逐年下降趋势。如图 7-8:

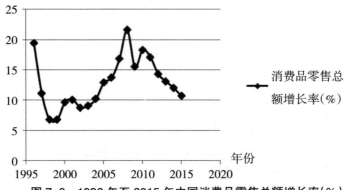

图 7-8　1996 年至 2015 年中国消费品零售总额增长率(%)
资料来源:根据中国人民共和国统计局全国年度统计公报中的数据整理而来。

(三)净出口

　　"拉动一国经济增长的三驾马车消费、投资和净出口中,消费和投资对一国经济的拉动作用是不容置疑的, 然而净出口对一国经济的拉动作用却实在令人疑惑。"[①]但是,更多的研究者认为中国当前的经济增长主要是靠投资推动和净出口拉动的。

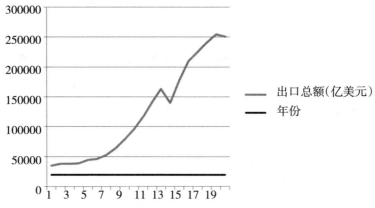

图 7-9　1996 年至 2015 年中国出口总额(亿美元)
数据来源:根据中国人民共和国统计局全国年度统计公报中的数据整理而来。

---

　　① 曾汉生. 论净出口对经济增长的影响——以中美贸易顺差为例[J]. 湖南人文科技学院学报,2010(5).

从 1996 年到 2015 年的数据来看，中国的出口总额、进口总额、净出口总额变动状况如图 7-9 到 7-11：

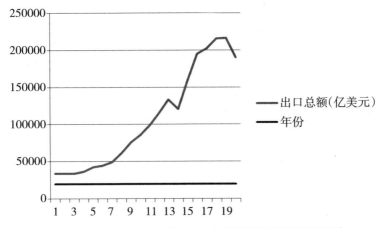

图 7-10　1996 年至 2015 年中国进口总额（亿美元）

数据来源：根据中国人民共和国统计局全国年度统计公报中的数据整理而来。

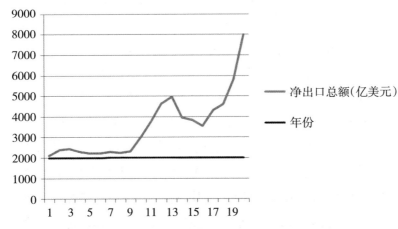

图 7-11　1996 年至 2015 年中国净出口变化（亿美元）

数据来源：根据中国人民共和国统计局全国年度统计公报中的数据整理而来。

从进出口绝对数值来看，1996 年以来我国的进口和出口变化态势基本相同，呈持续上升的趋势，2014 年和 2015 年，进口和出口都有所下降，但进口下降较之于出口更为明显。从净出口来看，近年来，净出口总额持续增加。

以上分析可以看出，在投资、消费、净出口中，相比较而言，投资与净出口在推动经济增长方面发挥的作用相对较大，尤其是在经济下行趋势中，政府往往往会首先选择以投资扩张来作为保持经济增长的动力。

三、中国经济增长中的政府作用

"今天,中国经济需要面对新的成本条件,向新的增长阶段转型,政府需要致力于克服经济动态调整中的阻力,推进持续的经济改革进程。政府在这一点上做得好坏直接决定未来增长模式的转换能否平稳。"①对于中国经济发展过程中政府所发挥的重要作用,人们是有共同认识的。然而,政府作用的结果与未来经济发展状况如何有直接的关系。就我国目前而言,仍需要进一步完善政府职能的作用方式和作用范围,以推进供给侧结构性改革。

四、中国经济面临的供给侧结构性失衡

西方宏观经济理论认为,当投资增加时,国民收入会成倍地增加。马克思通过固定资本的大规模更新解释经济周期性波动的原因,也说明了投资对经济增长的重要影响。因此,在各国的经济实践中,每当经济下行经济增长缓慢时,投资作为刺激经济增长的有效手段都会被采用。

2008年全球金融危机爆发后,发达国家为了应对危机,一方面采取金融救助,另一方面实施宽松的货币政策来刺激经济。在这种国际大环境下,为了减轻全球经济下行对我国经济的不利影响,我国逆向而动采取了加杠杆操作,在信贷扩张和投资驱动过程中,政府扮演了关键的角色。国务院多次召开常务会议,确定了进一步扩大内需、促进经济增长的措施,其中包括:加快建设保障性安居工程;加快农村基础设施建设;加快铁路、公路和机场等重大基础设施建设;加快医疗卫生、文化教育事业发展;加快生态环境建设;加快自主创新和结构调整;加快灾后重建工作;鼓励企业技术改造;加大金融对经济增长的支持力度。在此基础上,我国政府出台了配套4万亿元的巨额投资计划,包括中央政府新增投资和地方政府及民间投资配套。为使这些投入能对投资需求形成拉动作用,国务院最终选择了前后向关联度较高、能对各部门再生产产生较大的波及效果的行业作为计划振兴产业, 十大产业振兴政策的出台使钢铁、石

---

① 张军. 被误读的中国经济——像中国那样增长[M]. 北京:东方出版社,2013:10.

化、造船、有色金属、汽车、装备制造等十大产业投资环境发生了巨大的变化，出现了新一轮投资热潮。十大产业振兴政策出台后大约一年的时间，包括钢铁、水泥、煤化工、电解铝等在内的一系列主要行业都出现了严重的产能过剩。

在消费、投资和净出口这"三驾马车"中，加强投资对于经济总量增长的推动效果更显著。在全球经济下滑的国际经济环境中，大量的基础设施建设和基础性产业投资，对我国国民经济平稳持续发展和社会的和谐稳定发挥了重要作用。但需要注意的是，投资对国民收入具有乘数作用。由于政府投资计划选择支持的产业大多是对我国国民经济发展具有重大影响的主导产业，但从生产效率来看，其中已经有一定数量的企业存在开工不足效率低下的问题。虽然产业振兴计划提出要通过企业兼并重组等淘汰落后产能，但借政府投资计划而出现的投资潮不但掩盖了部分产业的过剩产能，而且使产能进一步扩张。受国际环境外需持续萎缩的影响，产能过剩及其负面影响表现得愈来愈突出。

通过对我国 2008 年以来推出的各项经济刺激计划特别是各项政府投资计划的结果进行分析可以发现，采用增加投资的办法刺激经济，在短期内使增长率有所回升，但从长期来看，其负面效果越来越大。除了部分行业严重产能过剩外，投资高速增长也使资源的消耗在这一时期大量增加，生态环境更加恶化。在政府投资计划中配套的地方政府投资和民间投资是通过不断加杠杆来实现的，杠杆率的持续提高使经济发生系统性风险的可能性大大增加。产能过剩、杠杆过高、库存过多等问题的积累，多与这一时期靠投资拉动经济增长的政策有关。

但必须明确的是，供给侧结构性失衡及其各种问题的出现与我国特定时期的投资政策有关，但投资本身并不是供给侧结构性失衡的根本原因。2008年后推出的经济刺激计划与产业振兴政策及其具体实施细则，除了选定一些具体产业进行扶持外，甚至对于各个产业发展中的具体事项都通过细则进行了有倾向的安排，这表明这一时期我国政府投资促进经济增长的特征，即以政府选择替代市场机制。

倘若政府在掌握完全的市场信息的情况下进行产业政策的选择，那也未尝不可。但问题在于，政府与企业之间存在严重的信息不对称，基于全国宏观经济情况所制定的产业政策在各地方政府执行的过程中会产生放大效应，从而使被支持的产业易于陷入产能过剩的泥潭。当某些行业已经出现产能过剩时，政策性去产能的办法是首先淘汰该行业中规模小的企业，出于政绩的考虑，或者为了维护社会稳定，保证就业，地方政府往往会选择持续不断地补贴、支持这类企业，结果自然是一些本该退出和淘汰的落后产能不但没有及时退出，反而还借机得到发展，低端供给和无效供给充斥市场。

因此，供给侧结构性改革并不是要放弃投资拉动经济的作用，而是要通过改革形成有效投资，使得投资所带来的产出能满足社会的实际需要，而不是形成存货和积压。

五、新自由主义经济学对中国面临的供给侧结构性失衡问题提出的政策主张

西方宏观经济理论用边际消费倾向概念反映了消费者的实际消费需求，并在此基础上说明当边际消费倾向发生变化时，宏观经济总量将会发生怎样的变化。西方宏观经济理论的扩张性的财政政策和扩张性的货币政策，其目的就在于刺激总需求，其中消费需求的扩张是推动经济增长的最直接的因素。马克思在对经济危机的有关分析中强调了生产无限扩大和有支付能力的需求之间的矛盾，同样反映了有效消费需求对社会再生产的重要影响。

"重投资、轻消费、依赖出口"曾经是对我国改革开放后经济增长动力的描述。2008年后，为了抵御国际经济环境对我国经济发展的不利影响，积极的财政政策和适度宽松的货币政策开始着眼于扩大内需，采取了许多强调需求管理的消费刺激政策，消费开始被视为我国经济新常态下促进经济增长的重要动力之一。提升城乡居民消费能力、优化消费环境、改善城乡居民消费预期，就成为我国促进消费增长的突破口。为此，一方面从提高收入水平入手，所采取的措施包括提高农产品价格以增加农民收入、扩大就业、提高低收入者的收入水平；另一方面在社会保障方面采取了一系列新举措，通过推广医保、社保覆盖范围，减少居民消费的后顾之忧来刺激当期消费；在流通领域也采取了一系列降低流通成本的刺激政策，以鼓励流通，刺激消费。从财政政策来看，减税、补贴等一系列刺激消费的政策也是围绕着如何促进消费来布局的。2008年以来的一系列刺激消费的政策，在应对我国经济发展过程中出现的短期下滑以及稳定经济增长方面都发挥了重要的作用。

但这一系列刺激消费的政策其调控目标都是侧重于宏观经济总量的调控,政策效果上也是注重于短期中经济总量的增长。消费理论的核心问题是消费结构问题,消费结构的改善能直接影响产业结构的优化升级,进而影响经济增长。①刺激消费的政策,无论是减税还是补贴,都直接体现为人们的可支配收入提高。当可支配收入提高时,人们的消费结构往往会随之发生变化,消费需求的层次会随着收入水平的提高而提高,消费结构会向较高层次变化。据统计,2003年到2013年间,我国城镇居民在衣着、家庭设备及用品、交通通信和其他商品服务方面的消费比重不断上升,尤其是交通通信类,其消费占比的升幅达37.12%;食品、居住、医疗保健和文教娱乐服务的消费占比出现一定程度的下降,其中医疗保健消费占比的降幅最大,为15.13%。②统计显示,我国的恩格尔系数从2008年的37.1%下降到2013年的31.2%,尽管在2010年有反复,曾达到39.8%,但恩格尔系数整体呈现出不断下降的趋势,这种在全球经济下滑过程中出现的居民生活水平提高的趋势,正是我国刺激消费政策的作用表现。

《2016年消费市场发展报告》称,我国居民消费正在更讲究品质、更注重品牌、更追求品位、更展现品格,消费者对商品的需求已经从满足生存需要上升到了提升生活品质的层面。然而,经济刺激计划所带来的投资增长与消费刺激政策所带来的消费提升出现了结构性失衡,已经影响到了我国经济增长的协调性和经济可持续发展的能力。结合我国当前的消费结构特点与产业结构特点,可以发现,我国当前出现的消费不足仅仅是一种表面现象,问题的实质在于被扩张性政策激发出来的消费需求与我国现有的产品供给结构不相适应,产品供给侧存在过多的低端供给无法满足消费者的品质性消费,导致一部分消费力流向国外市场。

由此可见,消费结构与供给结构的现状,决定了我国当前依靠刺激消费来拉动经济增长的政策效果不能够全部发挥出来。因此,供给侧结构性改革必须结合需求端的特点。找到能够激发人们消费欲望的新的消费亮点,以及出台政

① 陈建宝,李坤明.收入分配、人口结构与消费结构:理论与实证研究[J].上海经济研究,2013(4).

② 王雪琪.我国居民消费结构变动影响因素及趋势研究[J].统计研究,2016(2).

策培养大规模的消费亮点,同时注重供给侧产业结构、产品结构的调整,减少低端产品,提高产品品质,注重新的消费模式、消费环境的供给。只有把供给侧结构性改革与消费需求的动态变化结合起来,才能真正激发"消费拉动"对整体经济的推动作用。

六、出口拉动经济增长导致外向型供给体系

一国的对外贸易政策,既是该国进行宏观调控的重要手段,也对该国产业结构的调整发挥着重要的作用。总的来说,改革开放以来,我国一直实行的都是政府干预下的对外贸易政策。在不同历史时期,根据当时经济发展中存在的主要问题以及经济发展的总量目标,我国的对外贸易政策会做相应的调整。纵观改革开放以来我国的对外贸易政策,其"出口导向型"特征方面基本具有稳定性,长期的、基本稳定的对外贸易政策引导下,我国的产业结构一定程度上具有"外向型供给体系"特征,而这种外向型供给体系在全球金融危机爆发以后,使我国经济的持续稳定增长受到了较大的限制。

出口导向型外贸战略的政策措施包括征收进口关税、给予出口补贴、实行进出口配额、自愿出口限制以及进口许可证等,通过一系列政策措施的交叉联合发挥作用,出口量大幅增加,在过去很长一段时间内,出口持续地发挥着拉动经济增长的作用,这也使我国经济增长在一定程度上出现"出口依赖型"特征。2008年金融危机爆发,世界市场对我国出口产品的需求急剧萎缩,这首先使我国涉外产业部门生产的产品出现了总量过剩。

从本质上讲,中国对外贸易的出口导向型战略是一种利用廉价劳动力优势的战略,这从我国长期以来以"加工贸易"为主导的贸易方式可以看出。加工贸易为主导的贸易方式利用人口红利优势,降低产品成本,促进产品出口,同时解决了我国宏观经济发展过程中的就业目标。但是实践中加工贸易方式与产业结构升级方面却没有表现出正相关。由于外商控制加工贸易产品的出口市场,外资企业在加工贸易中一般都占据着主导地位,加之劳动密集型产业的特征,使得贸易总量的增加并没有带来国内产业结构的升级。受全球金融危机影响而出现外需不足的情况下,中国出口为导向的产业受到了严重的打击。

2008年开始,为了应对全球金融危机的冲击,中国政府出台了一系列稳定

外贸增长的政策措施,但受国际经济环境的影响,政策效果并不明显。我国在进出口关税以及支持对外贸易发展的财政金融政策等方面所采取的一系列政策措施,都在极力地通过对外贸易政策的转变引导我国产业结构的调整,以改变"出口依赖型"供给体系。

七、体制性矛盾导致供给成本居高不下

2015 年 12 月的中央经济工作会议中, 提出供给侧结构性改革的五大任务,"降成本"是其中之一。在实际经营过程中企业的成本高、效率低问题由来已久。我国社会主义市场经济体制的建立和完善过程就是一个使企业越来越有经营自主权的过程,降低成本应该是企业经营者的自发行为,但由于我国经济发展的特殊历史原因,体制性矛盾导致的"制度性交易成本高(包括融资成本、税费成本等)""行政成本高"等问题长期存在,使得我国供给侧结构性改革面临的"降成本"任务非常艰巨。而这些导致企业经营成本高、效率低的体制性矛盾,多与我国传统政府职能相关。因此,由传统政府职能出发,寻找体制性矛盾的根源,有利于企业降低成本、增加效益,有利于挖掘我国经济持续发展新的发展动力。

制度性交易成本是指由于体制机制问题给企业带来的经济成本、时间成本、机会成本等各种成本,包括企业在经营过程中的各种税费成本、融资成本以及其他与政府行为有关而必须由企业承担的成本。据测算,中国企业的综合税费负担平均约 40%,[1]远高于发达国家的税费负担水平,高税费使中国企业的盈利能力削弱,一定程度上削弱了企业的自创新能力,这是供给侧结构性改革的硬伤之一。除了直接的经济成本外,企业创办前首先要面临各种审批需要交易成本,企业经营过程中规模变化、业务范围变化等需要进入各种审批环节产生的交易成本, 政府部分委托中介机构办理各种业务带给企业的交易成本等,都是导致企业成本高、转型难的重要原因。

融资难、融资成本高是企业普遍面临的难题,这一方面与我国直接融资市场不发达有关,另一方面也与我国政府与金融机构之间的特殊关系有关。我国

---

① 吕红星. 降低企业成本要解决好两个问题[N]. 中国经济时报,2016-08-25.

资本市场不发达,大部分的融资活动是通过银行等中介机构来进行的,而我国的银行部门受历史原因影响, 很大程度上还是作为执行经济政策的中介机构之一。银行等金融机构按照中央政府及地方政府的产业政策进行倾向性的融资活动,进一步扩大了供给侧结构性失衡问题。同时,银行等金融机构在为企业提供服务时,由于存在信息不对称,为规避风险,金融机构更倾向于为政策支持的行业提供融资服务,这使一些新兴产业部门融资更加困难,融资成本更高。

八、中国经济面临的供给侧结构性失衡

在全球经济普遍下滑的背景下,中国的经济依然保持适当的增长率,这是值得我们骄傲的事情,也是令世界对我们更加刮目相看的事情。然而,对于我国经济增长的质量问题,我们必须加以重视,即我国目前正面临着严重的供给侧结构性失衡问题,供给侧结构性失衡问题不解决,我国未来的经济就不能继续保持持续、稳定的增长。

供给侧,这其实不是一个新名词。供给和需求的关系其实是生产和消费的关系。马克思早就明确指出,生产决定消费,消费对生产有重要的反作用。因此,供给和需求的关系对于社会再生产而言是非常重要的一对关系。

当前,中国的供给和需求关系正在经历着严重的结构性失衡。一方面,供给侧产能严重过剩已经成为制约中国经济转型的一大包袱;另一方面,中国的供给体系,还表现出中低端产品过剩、高端产品供给不足的特征。因此,强调供给侧结构性改革,就是要从生产、供给端入手,调整供给结构,为真正启动内需,打造经济发展新动力寻求路径。

九、西方供给学派的主要观点

西方供给学派强调经济的供给方面,认为供给会自动创造需求,应该从供给着手推动经济发展;增加生产和供给首先要减税,以提高人们储蓄、投资的能力和积极性。其主要观点包括:

第一,经济增长的唯一源泉在"供给侧"。供给学派认为增加政府支出会抑制储蓄和投资,从而不会增加就业和产量。不仅如此,扩大财政赤字支出还会导致货币供给量过多,物价持续上升,最后酿成恶性通货膨胀。

第二,增加供给的途径是经济刺激和投资。供给学派认为,增加生产和供给必须通过增加投资和劳动来实现,特别是投资的增加。

第三,减税是供给学派经济政策的主要手段。供给学派认为税收是影响劳动力供给、储蓄和经济增长的关键因素。减税,尤其是为富人减税会使经济产出大幅度增加,而且不会引发财政赤字问题。

第四,供给学派认为应该尽量减少政府对经济的干预。供给学派特别强调市场机制的作用,反对政府过多干预经济活动。他们反对政府过多的社会福利支出,反对国家控制货币发行量。

十、对新自由主义关于中国供给侧结构性改革认识的批判

我国的供给侧结构性改革是从提高供给质量出发,用改革的办法推进结构调整,矫正要素配置扭曲,扩大有效供给,提高供给结构对需求变化的适应性和灵活性,提高全要素生产率,更好地满足广大人民群众的需要,促进经济社会持续健康发展。

虽然都是从供给侧入手进行改革,但我国供给侧结构性改革完全不同于西方供给学派的思想及政策主张。对于那些认为供给侧结构性失衡的主要原因在于政府干预经济过多,从而把供给侧结构性改革曲解为就是要减少政府作用,就是要走自由化、市场化和私有化道路的新自由主义主张,我们应该辨别清楚,防止新自由主义思想对供给侧结构性改革的误读。

首先,针对产能过剩问题,去产能,加快淘汰"僵尸企业"是主要途径之一。由于僵尸企业主要集中在国有企业所占比重比较大的行业,如煤炭、钢铁、水泥、有色金属、玻璃、石油、石化、铁矿石等行业,因此,有人对去产能问题的研究指向国有企业,认为正是因为国有企业效率低下、创新动力不足,所以才造成产能过剩、低端供给和无效供给过多等问题,并在此基础上再次提出"国退民进",进一步私有化国有企业的主张。

需要指出的是,不仅国有企业存在产能过剩和僵尸企业,私营企业也存在产能过剩和僵尸企业,"国退民进"并不是去产能的最佳途径。另外,国有企业是我国社会主义经济制度的基础,国有经济的主体地位不可动摇。国有企业的改革,只有通过创新发展一批、重组整合一批、清理退出一批,减少僵尸企业;

只有通过创新，提升国有企业的技术创新改造能力，提高国有资本的运行效率，才能真正实现资源的优化配置。

其次，供给侧结构性改革的核心是处理好政府与市场的关系。对此，有人认为供给侧结构性失衡的原因主要在政府干预，供给侧结构性改革的阻力也主要在政府，从而提出供给侧结构性改革即在经济活动的所有领域都应该让政府退出，资源配置由市场说了算，甚至提出市场化就是自由化。这无疑就是新自由主义的"市场原教旨主义"的主张。

供给侧结构性改革必须处理好政府与市场的关系，让市场在资源配置过程中起决定性作用，但同时要更好地发挥政府作用。但这并不意味着政府要全部退出，也不意味着市场要完全自由化。供给侧结构性改革要更好地发挥政府作用，即发挥政府的宏观调控和政策导向作用，政府作用必须集中于为市场运行提供良好的制度保证和稳定的宏观经济环境，必须通过政府的积极作用来加强提供公共产品和公共服务的能力，补齐经济发展过程中的包括生态环境在内的各种短板。

第三节　马克思社会总资本再生产理论
解读供给侧结构性失衡

当前我国经济进入新常态，一系列结构性问题日益凸显，我国提出供给侧结构性改革，正是立足于我国现实问题做出的正确选择。对于"供给侧结构性改革"这一概念的解读，"必须坚持以马克思主义政治经济学为指导"。[1]研究者从马克思主义政治经济学的各个理论中探究我国供给侧结构性改革的理论基础及指导，包括生产过程四环节之间的关系[2]、生产关系与生产力的对立统一[3]、

---

[1] 邱海平. 供给侧结构性改革必须坚持以马克思主义政治经济学为指导 [J]. 政治经济学评论,2016(2).

[2] 谢地,郁秋艳. 用马克思主义政治经济学指导供给侧结构性改革[J]. 马克思主义与现实,2016(1).

[3] 丁为民. 供给侧结构性改革的实质、路径与实现条件[J]. 政治经济学评论,2016(2).

社会总资本再生产理论[①]等。其中,马克思的社会总资本再生产理论对社会生产进行了宏观总量分析,要求总量间保持平衡关系以及社会生产的结构和比例要协调,这与我国当前的供给侧结构性改革面临的经济问题契合度较高,因而更加引起了研究者的关注。

但传统研究对马克思社会总资本再生产理论的内容理解,侧重于其体系框架,认为马克思的社会总资本再生产理论包括:①社会总资本再生产理论的核心问题是社会总产品的实现问题。②社会总资本再生产理论的两大理论前提:社会总产品从价值形态上分为 C、V、M 三个组成部分;社会总产品从实物形态上按照其最终用途划分为生产资料和消费资料,从而将社会生产部门划分为生产生产资料的第 I 部类和生产消费资料的第 II 部类。③社会总资本的简单再生产及其实现条件。④社会总资本的扩大再生产及其实现条件。以马克思社会总资本再生产理论的体系框架为基础,研究者认识到社会生产的两大部类各种生产之间的比例关系是否合理对于再生产过程的顺利进行非常重要。但需要指出的是,马克思的社会再生产理论所涵盖的内容比我们当前的认识要更加丰富、更加深刻。本书对《资本论》第二卷第三篇进行深入的文本研读,在前人研究马克思社会总资本再生产理论体系框架的基础上,述评马克思社会总资本再生产理论中尚未得到应有重视的部分,以更加丰富的马克思社会总资本再生产理论所阐释的一般理论,解读并指导我国当前的供给侧结构性改革问题。

一、基于社会再生产中的货币资本作用解读供给侧结构性改革中的"去杠杆"任务

从《资本论》第二卷第三篇的导言、简单再生产、积累和扩大再生产理论所涵盖的内容看,马克思在分析社会总资本再生产理论时自始至终都特别强调"货币资本的作用",因此,我们对马克思社会总资本再生产理论的分析以及运用该理论解读当前的供给侧结构性改革也由此问题开始。

[①] 许梦博,李世斌. 基于马克思社会再生产理论的供给侧结构性改革分析[J]. 当代经济研究,2016(4).

"资本主义的商品生产——无论是社会地考察还是个别地考察——要求货币形式的资本即货币资本作为每一个新开办的企业的第一推动力和持续的动力。"①马克思认为货币资本是社会总资本的一个组成部分,在社会再生产过程中,货币资本发挥着重要的作用,其数量及其分布在一定程度上推动或限制社会再生产的顺利进行。在分析两个部类之间的交换时,马克思指出,"这种交换是通过货币流通来完成的。货币流通成为交换的中介,同时也使这种交换难于理解,然而它却具有决定性的重要意义"②。为了完成两个部类的各单个资本家之间的无数个别的买和卖,"在任何情况下,资本家手中除生产资本外,必须要有一定的货币储备——或者作为资本预付,或者作为收入花掉"③。

在分析固定资本的实物补偿时,马克思指出,由于固定资本在其寿命终结前不需要用实物来补偿,因此,"它的价值的一部分——等于固定资本中有待补偿的损耗或价值损失——必须首先以货币形式沉淀下来,而在我们仅仅考察的当年再生产期间,不再作为流通手段执行职能"④。因此,社会总资本简单再生产得以顺利进行的实现条件是 I(V+M)=IIC,由于固定资本更新的特点导致货币流通的变化,使"公式的全部基础,即以不同生产体系之间保持完全的比例性为前提的规模不变的再生产,也就遭到彻底破坏"⑤。可见,尽管我们明确了社会生产的两大部类之间要保持一定的比例关系,而且社会生产的两大部类也按照恰当的比例关系进行生产,但"这种流动可能或多或少发生停滞,所以资本家方面必须有新的货币准备"⑥。

正是因为货币作为商品世界中的"物的神经","远在商品流通建立在资本主义商品生产的基础上以前,在简单的商品流通中已经产生了货币贮藏;社会现有的货币量,总是大于它处于实际流通中的部分,虽然这一部分会由于情况的变化而增加或减少。"⑦在资本主义商品经济条件下,货币贮藏已经是资本主

---

① 马克思. 资本论[M]. 第 2 卷. 北京:人民出版社,2004:393.
② 马克思. 资本论[M]. 第 2 卷. 北京:人民出版社,2004:442.
③ 马克思. 资本论[M]. 第 2 卷. 北京:人民出版社,2004:444.
④ 马克思. 资本论[M]. 第 2 卷. 北京:人民出版社,2004:507.
⑤ 马克思. 资本论[M]. 第 2 卷. 北京:人民出版社,2004:508.
⑥ 马克思. 资本论[M]. 第 2 卷. 北京:人民出版社,2004:512.
⑦ 马克思. 资本论[M]. 第 2 卷. 北京:人民出版社,2004:554.

义生产过程的一个内在因素了。扩大再生产是在积累的基础上进行的,积累,首先是货币积累。在货币积累与商品实现之间,信用以及在信用制度基础上出现的银行资本发挥了重要的桥梁作用,"在信用制度下, 所有这些可能的资本,由于它们积聚在银行等等的手中,而成为可供支配的资本、可贷资本、货币资本,而且不再是被动的东西,不再是未来的音乐,而是能动的、生利的东西,这样我们就可以理解,为什么人们对此感到心满意足。"①马克思还进一步说明了,在不同的生产部门,由于周转时间的长短不同和周转期劳动期间和流通期间的比例不同,"历时较长范围较广的事业,要求为较长的时间预付较大量的货币资本。所以,这一类领域里的生产取决于单个资本家拥有的货币资本的界限"②。货币资本充裕,就能推动企业的发展;货币资本短缺,就会限制企业的发展。但是,"这个限制被信用制度和与此相联系的联合经营(例如股份公司)打破了"③。

马克思强调货币资本在资本主义生产过程、流通过程中的重要作用。从单个资本运动来看,为了避免货币资本短缺对资本顺利循环的限制,企业必须有一定的货币储备;从社会总资本的运动来看,各个部门的资本家手中的一定量的货币储备也是社会总资本再生产顺利进行的条件。银行事业的发展、股份公司的出现,使分散于社会生产各部门的闲散资本聚集起来,也使缺乏货币资本的企业可以通过借贷资本不受自身资本短缺的限制继续存在甚至扩大规模发展。在马克思写作《资本论》的年代,信用制度、银行、股份公司在经济生活中发挥作用的结果, 使许多靠单个资本通过积累无法创办的事业在短时间内创办和发展起来,这是有目共睹的历史事实;信用制度、银行、股份公司以及虚拟资本对经济发展的扩张作用以及随之出现的危机可能性也越来越明显。但在马克思生活的年代,信用的发展、银行及其金融工具的衍生远不及现在的发展程度。马克思所描述的"整个信用机制不断地通过各种操作、方法和技术设施,把现实的金属流通限制在一个相对地日益缩小的最小限度,这样,整个机制的人为性质以及扰乱正常的进程的机会也会相应地增加"④,这种情况在现代经济

---

① 马克思. 资本论[M]. 第 2 卷. 北京:人民出版社,2004:554-555.

②③ 马克思. 资本论[M]. 第 2 卷. 北京:人民出版社,2004:396.

④ 马克思. 资本论[M]. 第 2 卷. 北京:人民出版社,2004:562.

生活中是以放大若干倍的效果表现出来的。

　　在《资本论》第一卷第三版出版时，马克思在分析货币支付手段职能的部分特别加了一个注，区分了"任何普遍的生产危机和商业危机的一个特殊阶段"的货币危机与"称为货币危机的特种危机"，指出"后一种货币危机可以单独产生，只是对工业和商业发生反作用。这种危机的运动中心是货币资本，因此它的直接范围是银行、交易所和金融"①。在《资本论》第一卷出版后的一百多年里，资本主义经济的发展正如马克思所言，随着信用制度和金融衍生工具的发展，在经济扩张时期，信用杠杆进一步推动经济扩张带来更高的收益；在经济收缩时期，信用杠杆的紧缩作用直接影响银行、交易所和金融，继而使工业和商业蒙受更大的损失。

　　因此，社会总资本再生产的顺利实现，无论是简单再生产还是扩大再生产，一方面得益于信用机制为企业获取货币资本带来的便利，另一方面也必然带来与信用制度相伴随出现的危机可能性。尤其在现代经济生活中，金融市场的发展及其各种金融衍生工具的作用，货币资本的杠杆效应使经济发展面临着更多更复杂的问题。从西方发达国家近年来的经济发展来看，金融在经济发展中所扮演的助推器和杠杆的作用，进一步大大推动了全球经济和金融的发展；然而，经济危机，直接以金融危机为表现方式的经济危机，也正是过度使用高杠杆的结果。危机爆发后，西方国家开始了去杠杆化的进程。

　　2015年底的中央经济工作会议上，我国政府将"去杠杆"作为供给侧结构性改革的五大任务之一。推动我国"去杠杆"进程，首先必须明确我国杠杆化过程与欧美国家有不同的特点。在2008~2009年全球金融危机期间，为刺激经济发展，我国逆向而动采取了加杠杆操作，在信贷扩张和投资驱动过程中，政府扮演着关键的角色。由于中央政府、地方政府和银行之间千丝万缕的特殊联系，我国的债务杠杆具有三个明显特点：总体杠杆率不高，但是企业杠杆率高企；中央政府杠杆率保持偏低，但地方政府杠杆率上升较快，存在较大风险；高杠杆行业主要集中在中上游行业，部分行业产能过剩却仍处于被动加杠杆过程中。

---

① 马克思. 资本论[M]. 第1卷. 北京：人民出版社，2004：162.

"去杠杆"并不是否定货币资本及信用和金融工具在经济发展中的作用，马克思在一百多年以前就明确了信用杠杆的双刃剑作用，也就是说，应该在可控范围内充分发挥信用杠杆对经济的推动作用。当前我国供给侧结构性改革中"去杠杆"任务紧迫，必须根据我国杠杆化的特点，寻找"去杠杆"的有效途径。

二、基于"社会总产品的实现问题"解读供给侧结构性改革中的"扩大有效供给"

在分析单个资本的产品价值时，马克思曾假定单个资本家通过出售他的商品产品，先把他的资本的组成部分转化为货币，然后，通过在商品市场上再购买各种生产要素，把它们再转化为生产资本。在分析社会总资本再生产问题时，为了说明社会总资本再生产过程是如何进行的，这个假定已经满足不了分析的需要了。因此，"为了我们当前的目的，再生产过程必须从 W' 的各个组成部分的价值补偿和物质补偿的观点来加以考察"①。马克思在这里所说的价值补偿和物质补偿，就是指的社会在一定时期生产出来的总产品如何实现的问题。

市场经济条件下，社会在一定时期所生产出来的总产品，是要通过市场交换来完成其运动过程的。市场交换，一方面是生产出来的产品卖出去即实现价值补偿的过程，另一方面同时也是进行再生产所需要的生产资料和消费资料的购买即实现物质补偿的过程。因此，马克思所分析的价值补偿和物质补偿的实现问题，作为社会总资本再生产的核心问题，并不是资本主义特有的现象，作为再生产理论的重要内容，其所揭示的一般规律对社会主义市场经济有重要的意义。

价值补偿反映的是生产出来的产品等待卖出去的过程，是社会总供给；实物补偿反映的是生产者和消费者用货币购买商品的过程，是社会总需求。马克思虽然没有直接使用"总供给"和"总需求"的概念，但他的社会总资本再生产理论实际是从总供给和总需求的角度进行的宏观分析。社会总产品是通过市

---

① 马克思. 资本论[M]. 第 2 卷. 北京：人民出版社，2004：436.

场来实现其价值补偿和物质补偿的。在市场经济条件下,产品要能卖得出去实现其价值补偿,一方面要求产品具有满足社会需求的社会使用价值,另一方面要求产品是在社会总需求量范围内。因此,马克思指出"产品价值的一部分再转化为资本,另一部分进入资本家阶级和工人阶级的个人消费,这在表现为总资本的结果的产品价值本身内形成一个运动。这个运动不仅是价值补偿,而且是物质补偿,因而既要受社会产品的价值组成部分相互之间的比例的制约,又要受它们的使用价值,它们的物质形态的制约"①。"价值组成部分相互之间的比例的制约"即强调了不同部门所生产的社会总产品数量比例关系;"物质形态的制约"即强调了不同部门所生产的社会总产品结构比例关系。

价值补偿出现困难的原因有两种:一种是由于经济周期性波动过程中社会总产品的数量过多,而有支付能力的购买需求不足,导致社会总产品的价值补偿难以实现,从而社会再生产的顺利进行遭到破坏;另一种是某些社会产品生产过剩,价值补偿不能顺利实现,但同时存在有支付能力的需求得不到满足,生产过程和消费过程所需要的实物补偿不能顺利实现,从而导致社会再生产不能顺利进行。马克思对社会总产品实现问题的分析,不仅仅是总供给和总需求的数量比例关系的分析,还包括总供给和总需求的结构比例关系的分析。当由于市场失灵出现社会总资本再生产不能顺利进行时,往往是由于比较复杂地交织在一起的数量比例关系和结构比例关系失衡所导致的,政府这只"有形之手"在进行调节时,就必须在对经济现状宏观把握的前提下,选择合理的改革切入点。

当前,我国经济发展正面临着产能过剩与产品短缺并存的现状,无论是生产资料市场还是消费资料市场,这种过剩与短缺并存都是由于供给结构不能满足变化了的需求结构而导致的,即低端供给、无效供给过多,有效供给不足。从生产资料供给结构看,钢铁、煤炭、平板玻璃、水泥、电解铝等初级产品普遍存在产能过剩,精深加工后的高端产品,一部分仍需要靠进口才能满足市场需求;我国的制造业自主创新能力弱,关键核心技术与高端装备对外依存度高。从消费资料供给结构看,随着我国中等收入人口的增多,消费者的消费结构有

---

① 马克思. 资本论[M]. 第 2 卷. 北京:人民出版社,2004:438.

所变化,消费者对产品和服务有了多样化的需求,但传统产业的发展并没有及时适应市场的这种变化,这导致我国刺激内需的政策所调动起来的消费潜力很大一部分并未释放在国内,精致化、品牌化的产品消费力外流严重。

有效供给就是与消费需求相适应的供给,即能够实现价值补偿的产品供给。"扩大有效供给"是我国供给侧结构性改革的一项重要任务,这项任务的完成与"去产能、去库存、去杠杆"密切相关,因为"去产能、去库存、去杠杆"并不是单纯地减少产量,而是要去掉低端产能、无效产能,通过结构调整和产业优化升级,增加高端供给、有效供给。这样,社会总产品的价值补偿和物质补偿就都能实现,供给结构与供给数量适应消费需求,社会再生产才能顺利进行。

三、基于部类划分理论解读供给侧结构性失衡

"社会总产品,从而社会的总生产,分成两大部类:I.生产资料:具有必须进入或至少能够进入生产消费的形式的商品。II.消费资料:具有进入资本家阶级和工人阶级的个人消费的形式的商品。"①把社会总产品从而社会的总生产分成两大部类,这是马克思研究社会总资本再生产的两大理论前提之一。但是,只是从两大部类的划分及其比例关系来理解马克思的社会总资本再生产理论并且将其运用于分析社会生产过程中出现的结构比例协调问题,那显然是不够的。在两大部类划分的基础上,马克思对社会生产各部门的结构和比例做了进一步深入研究。

第一部类的社会总产品价值中,IC 是生产资料的生产资料形式;第二部类的社会总产品价值中,IIC 是消费资料的生产资料形式。这就是说,马克思进一步把生产生产资料的第一部类划分为"生产资料的生产资料"和"消费资料的生产资料"两个分部类;在此基础上,马克思又将"消费资料的生产资料"进一步划分为"必要消费资料的生产资料"和"奢侈消费资料的生产资料"。"年商品生产的第 II 部类是由种类繁多的产业部门构成的,但是,按它们的产品来说,可分成两大分部类:(a)消费资料。(b)奢侈消费资料。"②也就是说,马克思把第

---

① 马克思. 资本论[M]. 第 2 卷. 北京:人民出版社,2004:438-439.
② 马克思. 资本论[M]. 第 2 卷. 北京:人民出版社,2004:448.

二部类的社会生产部门按照所生产产品的不同划分为两大分部类："必要消费资料"生产部门和"奢侈消费资料"生产部门。在简单再生产的前提下,马克思分析的结论包括:

(1)两大部类之间的关系:I(V+M)=IIC。年劳动以生产资料的实物形式创造的新价值产品, 等于年劳动的另一部分生产的产品价值所包含的以消费资料形式再生产的不变资本价值 C。其扩展公式 I（C+V+M)=IC+IIC 与 II(C+V+M)=I(V+M)+II(V+M)清晰地表明了两大部类之间的比例关系,即社会生产中第一部类所生产的生产资料正好满足全社会再生产对生产资料的需求; 社会生产中第二部类所生产的消费资料正好满足全社会再生产对消费资料的需求。扩展公式的左边代表总供给,右边代表总需求,马克思的社会总资本简单再生产的实现条件明确表示当社会总供给与社会总需求相等时,再生产能够顺利实现。因此,社会主义市场经济条件下,宏观经济的发展在充分发挥市场对资源配置的决定性作用的同时,还要关注社会总产品的数量比例关系。

(2)两大部类之间关系的进一步分析:以消费资料形式存在、要和 I(V+M)交换的 IIC,其中一部分是用来交换必要生活资料的生产资料,另一部分是用来交换奢侈生活资料的生产资料。如果两大部类的平衡关系式 I(V+M)=IIC 使研究者们注意到了马克思强调的社会再生产过程中的数量比例协调关系的话,这进一步的分析则向我们强调了社会再生产的结构比例协调的重要性,不仅强调了全社会的生产资料总供给在数量上要相当于全社会对生产资料的总需求, 而且强调了社会总产品的供给结构要适应再生产过程中对社会总产品的需求结构,生产资料的生产资料、消费资料的生产资料(必要消费资料的生产资料、奢侈消费资料的生产资料)等各类产品的生产数量和结构如果能适应市场对它们的需求,社会产品在市场上能够顺利销售出去,实现价值补偿,不会出现产能过剩;如果供给结构不能适应需求结构,一方面某些行业会出现严重的产能过剩,另一方面也会制约其他行业的再生产。我国当前出现的供给侧结构性失衡、消费品市场产品低端化及有效供给不足等问题的解决, 从长远看,应该通过第一部类的产业结构优化升级,减少无效产能;通过创新技术,提升第一部类自身以及第二部类产品的全球竞争力,扩大有效供给。

　　（3）第二部类内部的关系：这里研究的是以消费资料形式存在、在第二部类内部进行价值补偿和实物补偿的 II(V+M)。马克思按照消费资料的实物形式对第二部类生产进行了划分，IIa 是生产必要消费资料的分部类，IIb 是生产奢侈消费资料的分部类。研究结果表明，IIa 的资本家对奢侈消费资料的需求与 IIb 的工人和资本家对必要消费资料的需求之和相等。对第二部类内部交换关系的分析，同样向我们强调了社会再生产过程中的结构比例协调的重要性。正如马克思所言，"既然全年总产品实际进入以流通为中介的年再生产过程，所以这些比例关系在全年总产品的每一次分配中，都具有质的决定意义。"①不同时代人们对必要消费资料和奢侈消费资料的界定会发生变化，一些奢侈消费资料会随着生产的发展变为必要消费资料，同时一些必要消费资料也会随着时间的发展而被消费者淘汰。我国经济经历了持续的高速增长，已经步入中等收入国家行列，相应的消费结构也发生了变化。但从我国消费资料的供给结构来看，并没有及时得到调整，导致国内初级产品、低端产品过剩，甚至劣质产品充斥市场，一部分消费需求需要通过国外市场来满足，这在全球经济不景气、外需不足的背景下，内需也乏力，不利于我国经济向好发展。基于马克思的部类划分理论，唯有从供给侧入手，优化我国消费资料产业结构，提升产品的品质，才能满足新常态下国内的市场需求，在此基础上，配套的需求管理政策也才能行之有效。

　　（4）第一部类内部的关系：这里研究的是以生产资料形式存在、在第一部类内部进行价值补偿和实物补偿的 IC，这一部分是马克思所说的"生产资料的生产资料"。"第 I 部类的不变资本，由大量的不同的资本群构成。它们被分别投入不同的生产资料生产部门。……每个这种资本群或每个这种社会的群资本，又由数量或多或少的独立执行职能的单个资本构成。"②这些"生产资料的生产资料"或者进入把它当作产品生产出来的特殊生产部门，或者进入第 I 部类的另一个群。"第 I 部类的每个资本家按照他作为这 4000 不变资本的共有者所占的比例，从这个商品总量中取出他所需要的相应的生产资料。"显然，我

①　马克思. 资本论[M]. 第 2 卷. 北京：人民出版社，2004：454.
②　马克思. 资本论[M]. 第 2 卷. 北京：人民出版社，2004：472.

们再次看到马克思在分析社会总产品及其实现问题时非常重视供给结构的问题，马克思本人也指出，这里的分析所得出的结论具有普遍性："如果生产是社会的，而不是资本主义的，那么很明显，为了进行再生产，第 I 部类的这些产品同样会不断地再作为生产资料在这个部类的各个生产部门之间进行分配，一部分直接留在这些产品的生产部门，另一部分则转入其他生产场所，因此，在这个部类的不同生产场所之间发生一种不断往返的运动。"[1]

总之，马克思对社会总产品及其实现问题的分析，是在对社会总产品总供给和总需求的数量比例和结构比例综合分析的基础上得出的结论，马克思的分析也绝不仅仅止于两大部类之间的比例关系，而是深入分析了两大部类之间、第一部类内部、第二部类内部等各种复杂的数量比例和结构比例关系，形成了系统而全面的社会总资本再生产理论体系。

当前我国经济发展出现了供给侧结构性失衡问题，研究者纷纷求助于马克思主义经典理论，其中认为"马克思主义经济学的社会再生产理论中关于两大部类平衡关系的相关理论能够解释我国经济运行中存在的供给侧结构问题"[2]的学者不在少数，但笔者认为，仅仅运用马克思关于两大部类之间的关系分析社会总资本的简单再生产和扩大再生产的理论，得出"两大部类比例平衡关系在现实中表现为结构性问题"，然后在此基础上分析我国经济生活中造成生产资料不足的原因和消费资料生产不足的根源，这显然是不全面的。运用马克思的社会总资本再生产理论分析当前我国的供给侧结构性改革，首先需要正确理解马克思的社会总资本再生产理论，在正确理解的基础上，才能运用马克思的社会总资本再生产理论分析当前的供给侧结构性改革，并基于马克思主义理论的指导来推进供给侧结构性改革。

四、基于社会总资本再生产理论中的"危机分析"解读供给侧结构性失衡

马克思对经济危机的分析散见于《资本论》的三卷中。研究者对马克思关

---

[1] 马克思. 资本论[M]. 第 2 卷. 北京：人民出版社，2004：473.
[2] 许梦博，李世斌. 基于马克思社会再生产理论的供给侧结构性改革分析[J]. 当代经济研究，2016(4).

于货币流通手段职能、货币支付手段职能、信用制度的发展、资本积累的一般规律、商业资本的作用、固定资本的大规模更新等理论分析中所包含的经济危机理论认识比较明确，而对马克思的社会总资本再生产理论中所阐述的经济危机理论尚未给予足够的重视。马克思通过对社会生产进行部类划分，说明了社会总资本再生产顺利实现的条件，"从一个特定的视角证明了资本主义再生产危机的必然性"①，这对于分析我国当前经济发展中存在的供给侧结构性问题有重要启示。

马克思的社会总资本再生产理论建立在社会生产的部类划分理论前提基础上，通过两大部类的划分以及两大部类中的分部类的划分，使马克思在社会总资本再生产理论中对经济危机的研究超越了总供给和总需求之间关系的分析，从供给结构和需求结构上进一步揭示了资本主义经济失常的原因、资本主义条件下爆发危机的必然性以及危机对社会经济产生的影响，对于解决危机的办法，也有独到的看法。

在分析第一部类和第二部类的交换关系时，马克思指出，由于固定资本的磨损部分不需要马上更新，从而会出现货币积累的情况，所以导致两大部类之间的交换即使是在简单再生产的条件下，仍然可能出现社会总产品的实现困难问题。由此，马克思得出结论："尽管是规模不变的再生产，但危机——生产危机——还是会发生。"②

在这里，马克思把危机的表现形式分为两种，一种是再生产不足，另一种是生产过剩。对生产不足和生产过剩这两种危机形式产生的原因，马克思也从社会再生产的角度给予了分析。关于再生产不足，马克思的研究结论表明：由于固定资本的磨损和更新，社会再生产过程中需要再生产的流动资本的量必须和需要再生产的固定资本的量保持一定的恰当的比例关系，因为，如果"在一个场合，需要再生产的流动组成部分的量保持不变，而需要再生产的固定组成部分的量就会增加；因此，第一部类的生产总额必须增加，不然，即使把货币关系撇开不说，也会出现再生产不足的现象"③。当出现这种再生产不足时，马

————————
① 张衔.马克思的社会资本再生产模型：一个技术性补充[J].当代经济研究,2015(8).
②③ 马克思.资本论[M].第2卷.北京：人民出版社,2004:524.

克思认为,可以通过提高劳动生产率、增加劳动量或增加劳动强度来提供更多的产品,以弥补社会生产不足。但同时马克思指出,当再生产不足时,必然会出现生产要素从第一部类的某个生产部门转移到另一个生产部门,而每一次的这样的移动,都会引起暂时的紊乱。

另一种是生产过剩的情况。马克思的分析表明,如果由于固定资本的磨损和更新,当第二部类需要在实物形式上再生产的固定资本比例减少,而由第一部类所生产的第二部类消费的流动资本比例不变时,这就意味着要么第一部类的生产需要缩减,要么就会出现生产过剩。这种"产能过剩"显然是由生产资料生产部门的供给侧结构出现比例失调造成的。当出现这种生产过剩时,马克思指出,"第一部类必须压缩自己的生产,这对该部类的工人和资本家来说,意味着危机"①。

基于社会总资本再生产理论分析经济危机问题时,马克思注意到了对外贸易在流通领域发挥的作用。马克思认为,无论是再生产不足还是生产过剩,对外贸易都能起到补救作用。当再生产不足时,对外贸易可以通过向国外市场购买,使第一部类保留货币形式的商品转化为消费资料;当出现生产过剩时,对外贸易可以利用国际市场,把过剩的商品销售掉。但是,"对外贸易既然不是单纯补偿各种要素,它就只会把矛盾推入更广的范围,为这些矛盾开辟更广阔的活动场所"②。显然,当出现供给侧结构性失衡导致危机时,期望通过对外贸易的发展即刺激外需的措施,并不能达到政策目的。

不解决经济发展本身存在的结构比例失调问题,依靠对外贸易只能在短期内缓和再生产不足或生产过剩的情况,不能真正解决经济危机。那么,刺激消费需求的政策措施对于这种结构性失衡带来的危机作用效果又怎样呢?在分析第二部类的交换即消费资料产品的实现问题时,马克思指出,"每一次危机都会暂时减少奢侈品的消费"③。由于奢侈消费资料的消费减少,导致一部分生产奢侈品的工人被解雇,从而必要消费资料的出售也会受到影响。而在繁荣时期,"不仅必要生活资料的消费增加了;工人阶级(他们的全部后备军现在都

---

① ② 马克思. 资本论[M]. 第 2 卷. 北京:人民出版社,2004:525.

③ 马克思. 资本论[M]. 第 2 卷. 北京:人民出版社,2004:456.

积极参加进来)也暂时参加了他们通常买不起的各种奢侈品的消费"①。对于提高工人的工资就能消除支付能力不足的危机这种说法,马克思指出,"危机每次都恰好有这样一个时期做准备,在这个时期,工资会普遍提高,工人阶级实际上也会从供消费用的那部分年产品中得到较大的一份。……因此,看起来,资本主义生产包含着各种和善意或恶意无关的条件,这些条件只不过让工人阶级暂时享受一下相对的繁荣,而这种繁荣往往只是危机风暴的预兆。"②

　　显然,马克思对"收入—消费—危机"之间关系的分析,在肯定收入与消费之间数量正相关的前提下,还强调了由于收入提高引起的消费结构的变化,指出企图通过增加收入来解决生产过剩的危机并不能收到预期的效果,往往只是在短期内缓解了危机。社会产品的实现遇到困难,有时候是因为消费者没有支付能力,有时候则会出现消费者有支付能力但是消费者不愿意购买这些待实现的商品,这时候经济发展遇到的问题就是供给结构与需求结构出现偏差,这种现象无论是在生产消费还是在生活消费中都存在。对于这种因供给侧结构性问题而导致的社会产品实现难与部分消费得不到满足共存的经济现象,就只能从供给侧入手进行改革,才能使问题得以解决。

①② 马克思. 资本论[M]. 第 2 卷. 北京:人民出版社,2004:456.

第八章　我们生存的地球遭遇了什么？

　　人类赖以生存的地球遭遇了什么？令人触目惊心的生态环境问题已经成为当前任何一个国家任何一个人都无法躲避的问题。"地球环境问题还在加剧。以追求利润最大化为目的的企业，它们想尽量不负担保护环境所需的成本。"①

　　从深层次看，新自由主义经济学是造成环境危机的核心意识形态，在这种价值观和意识形态的引领下，必然产生个人主义基础上的利益最大化与生态道德缺失之间的矛盾。

第一节　工业化过程中的生态演变

　　人类社会经历了农业文明社会、工业文明社会，进入正在致力建设的生态文明。

　　农业文明时代，人类对生态环境的破坏是缓慢的、局部的，是在自然生态系统保持自我恢复能力的范围内开发和利用自然的。

　　到了工业文明时期，生产力的提高、机器设备的改良，使人类具有了对自然生态系统无限开发的能力。人类面临世界性生态环境问题的时代开始了。

---

　　①〔日〕中谷岩.资本主义为什么会自我崩溃：新自由主义者的忏悔[M].北京：社会科学文献出版社，2010.

一、气候变化

《联合国气候变化框架公约》中将因人类活动而改变大气组成的"气候变化"与归因于自然原因的"气候变率"区分开来。并且指出，气候变化是指气候平均状态统计学意义上的巨大改变或者持续较长一段时间的气候变动。气候变化主要表现为三方面：全球气候变暖、酸雨、臭氧层破坏。

气候变化既有自然因素作用的结果，也有人为因素作用的结果。工业化发展过程中的人类活动，尤其是工业革命以来发达国家工业化过程中的经济活动，是气候变化加剧的主要原因。大量使用化石燃料和过度砍伐森林、土地利用变化等人类活动所排放的温室气体导致大气温室气体浓度大幅增加，温室效应增强，从而引起全球气候变暖。过去一百多年间，人类已知依赖石油煤炭等化石燃料来提供生产生活所需的能源，燃烧这些化石能源排放的二氧化碳等温室气体是使得温室效应增强、进而引发全球气候变化的主要原因。

气候变化导致灾害性气候事件频发，冰川和积雪融化加速，水资源分布失衡，生物多样性受到威胁。气候变化对农业、水资源、自然生态系统和海岸带等方面产生重大影响，可能导致农业生产不稳定性加剧。

政府间气候变化专门委员会第五次评估报告指出，全球几乎所有地区都经历了升温过程，1880~2012 年全球表面平均温升达到 0.85℃，最近的 3 个 10 年比 1850 年以来其他任何 10 年都更温暖。极端气候事件频发等给人类生存和发展带来严峻挑战，降雨量不可预测性地增加威胁到粮食生产，日益上升的海平面污染了沿海淡水储备并增加了洪水泛滥的风险。

二、环境污染

环境污染，即自然的或人为的破坏，向生态环境中添加某种物质而超过生态系统的自净能力而产生危害的行为。由于人为因素使环境的构成或状态发生变化，环境素质下降，从而扰乱和破坏了生态系统和人类的正常生产和生活条件的现象。环境污染主要包括：工厂排出的废烟、废气、废水、废渣和产生的噪音；人们生活中产生的废烟、废气、废水、噪音、生活垃圾；交通工具产生的废气和噪音；农业生产中大量使用化肥、杀虫剂、除草剂等化学物质造成的农业面源污染等。

从水资源方面看,工业化的发展,使数量有限的淡水资源正越来越多地受到污染。数据显示,全球每年有大约 4200 多亿立方米污水排入江河湖海,污染 5.5 万亿立方米淡水,这相当于全球径流总量的 14% 以上。全球性缺水现象仍不容忽视,2013 年 3 月联合国常务副秘书长表示,尽管全世界无法获得安全饮用水的人口已经下降,但仍然还有 25 亿人缺乏基本卫生设施。被污染的水体中,包含有 2000 多种成分复杂的污染物,都是工业化发展的结果。

从 20 世纪初的"伦敦雾"开始,大气污染已经引起全球广泛关注。然而,随着工业化的发展,大气污染的趋势并未得到明显改观。大气污染有其天然源,但工业化过程中,大气污染的主要原因是人类生产生活产生的一些物质排向大气中,其含量达到了有害的程度以至于破坏生态系统和人类正常生存和发展的条件。近年来,愈益严重的雾霾天气,已经对人体健康造成了极大的危害。

工业的发展以及农业生产方式的工业化,造成严重的土壤污染,耕地土壤环境质量令人担忧,工矿业废弃地土壤环境问题严重。土壤污染是在经济社会发展过程中长期累积形成的。工业发展过程中的污水通过地表径流进入土壤,造成土壤重金属含量超标,甚至导致土壤无法用于种植;农业生产过程中农药、化肥的过量使用,使大量的残留农药和化肥留在土壤中,导致土壤板结硬化。

三、生态系统破坏

在自然界的一定空间中,各种生物与其生存的环境构成一个统一的整体,在这个整体中,生物与环境之间相互影响、相互制约,并在一定时期内处于相对稳定的动态平衡的状态。人类是存在于自然生态系统中的生物种群之一,是自然界多种生物中的一分子。

人类的生存和发展不仅要从自然界获取必要的物质资料,人类的生产和生活所必然进行的新陈代谢还会产生排泄物,向自然界进行排放。自然生态系统是人类经济系统代谢物的排放场所。美国的布朗曾经说过:"环境并非像许多企业策划家所认为的那样,是经济的一个部分,相反,经济是环境的一个部分。"①

随着工业化的发展，人类从自然界获取物质产品的能力愈益强大，伴随生产消费和生活消费而产生的废弃物数量愈益增加，人类活动对自然生态系统的干扰已经破坏了自然生态系统的动态平衡。就农业生产的发展来说，尚不存在摆脱自然自行发展的可能性，农业生产对自然的依赖一方面表现为农业生产依赖自然界生态系统的阳光、空气、水等物质，农业生产对自然的依赖性还表现在农业生产过程中产生的废弃物必须以自然生态系统为排放场所，农业生产过程中产生的秸秆等需要在自然界中再转化为腐殖质归还给土壤。但工业文明时期，化学化农业生产方式成为农业生产的主导方式，不能被农作物吸收的化学物质会随着土壤、水进入自然循环系统中。工业生产同样以自然生态系统作为最终的排放场所。工业生产过程中会伴随着产生废水、废气、废渣。工业废水中含有随水流失的工业生产用料、中间产物、副产品等，会随着水流进入自然界的水循环系统。工业生产产生的气体中含有的粉尘、烟尘甚至重金属，会随着气体排放进自然界的大气循环系统。工业生产会产生固体废弃物，在还没有为这些固体废弃物找到循环利用的途径之前，自然界就成为它们的归宿。

不仅农业生产、工业生产活动会向自然界排放，人类的消费活动也是一个从自然界获取和向自然界排泄的双向流动过程。作为生物体，人必须从自然环境中摄取营养物质转变为自身物质，同时将自身原有组成转变为废物排到环境中，在这一过程中使自身不断得到更新。随着人类消费范围和品种的不断增加，除了人自身新陈代谢的排泄物之外，自然界需要接受越来越多的由于人类消费活动所产生的消费废弃物，包括餐厨垃圾、商品包装、建筑垃圾等在内的各种固体废弃物最终也都需要自然生态系统对其进行消化吸收，自然生态系统已经被破坏得触目惊心。

① 莱斯特·R. 布朗（Lester R. Brown）. B 模式——拯救地球，延续文明[M]. 北京：东方出版社，2003：序言.

第二节　生态正义与自由主义之间的矛盾

正义,作为一种主观的价值判断,是指具有公正性、合理性的观点、行为、活动、思想和制度等。正义与非正义是一个古老的话题,因为关于人类经济社会行为的价值判断问题始终伴随着人类文明的发展;正义与非正义又是一个新的话题,因为在人类社会发展的每一个历史时期,关于人类经济社会行为的价值判断总是被赋予时代的新意。

一、与生态正义讨论相关的概念

随着生态问题逐渐成为一个世界性、现实性的话题,关于人类经济活动的生态正义价值判断越来越引起人们的深思。与之相关,对经济正义、环境正义、生态正义的讨论广泛开展起来。

(一)经济正义

所谓经济正义,简单地说,就是对经济领域中人类的行为、思想及制度等是否公正、合理的价值判断。经济正义是对人类经济活动的正义与否的哲学追问和价值评判,并因此要求人类经济行为的自觉。它是对人类经济行为和经济活动以及与之相关的经济制度所进行的正义与否的价值判断,是对经济生活世界的正义追问,它是社会正义的重要内容和主要形式。经济正义作为对经济生活世界的哲学反思和意义追问,更多地反映了人类对现有经济领域中人类行为的批判范畴,它表达了人类对当下经济生活世界的忧虑和不满,从而要求超越现实经济状况的价值主张和要求。

在人类社会发展的漫长历史中,最初人类所从事的生产活动、交换活动仅仅是为了满足个人自身生存的需要。但是商品经济的发展,尤其是高度发达的市场经济中,无论是生产行为还是交换行为,都出现了“异化”,现代经济根本上改变了人及其与经济的关系,经济活动“满足人类生存和发展的需要”这一动机已经被谋取利益的自私欲望所代替,经济已不再服务于人类社会,而仅仅是为了资本的增殖。进入资本主义社会,生产者的行为方式代表着资本的目的和动机。资本的无节制扩展逻辑和当代科技的工具理性二者彼此勾结在一起，在推动经济快速增长的同时，也动摇了人类生存和生产持续发展的根基。生产愈是发展，生产行为、交换行为、分配行为、消费行为的"异化"现象就愈是严重。这一切，都与现代的经济方式、当代人的经济价值观出现问题有关。因此，反思当代经济的价值取向和我们今天的道德观无疑具有深刻而迫切的重要性，这就需要对现代经济发展正义与否做出符合人类持续发展需要的价值判断。

经济正义是正义的价值理念在经济世界中的关照，并通过现实的富有正义价值理念的经济制度或体制来牵引和约束经济行为及经济活动，使之趋于人类自由的正义之善。它引导着经济活动中利益和意义、经济和道德、手段和目的的内在统一，以确保人之为人的存在之真理。

（二）环境正义

大规模的环境污染和生态破坏事件，使人民开始反思环境危机的根源，环境伦理在理论上也争执不下。很多人认为环境伦理更多的是以浪漫的方式来争论动物的权利，单纯地强调了保护生态环境，但是却忽视了人类社会的差别性影响。正因为如此，环境伦理学在实践中对很多现实问题表现得无能为力。

在环境伦理理论争论发展的同时，生态环境恶化的状况并没有得到有效遏制。在环境保护实践面临的现实问题中，特别是在国际环境问题中，以环境保护中权利和义务不对等引起的"环境不公"问题最引人注目。环境不公是指在利用生态环境谋求发展和承担环境问题的有害后果方面出现了不公正的结果。国际环境不公问题就突出表现为发达国家在历史上享受了利用生态环境发展经济的好处，而发展中国家过多地承担了全球性环境问题带来的有害后果。

环境伦理的理论争论和环境不公的现实问题，推动了环境正义运动的发展，环境正义运动日益成为世界范围内环境保护运动的一个亮点。作为针对一些国家在对待环境问题时所存在的不平等现象而提出来的环境正义理念，对传统的环境保护运动起到了补充作用。经过多年的努力，环境正义理论得到了国际社会的广泛认同和支持。

正义应该具有分配性和程序性两方面的内容，环境正义也是如此。因此，我们可以把环境正义界定为：在环境政策和规约的发展、制定和实施方面，对每个行为主体（国家、组织或个人）来说，都能得到平等的对待和富有意义的参与。由于全球化的环境问题越来越突出，经济发展和政治权力的差异所导致的发达国家与发展中国家在环境领域中的不公平现象也日益成为环境正义理论研究的重要内容。环境正义在强调人们应该消除对环境造成破坏的行为的同时，肯定保障所有人民的基本生存权及自决权也同样是环境保护的一个重要维度。它一方面关怀被人类破坏的自然环境，另一方面更强调强势族群和团体能够几乎毫无阻力地对弱势者进行迫害是造成自然环境破坏的主要原因。从广义上讲，环境正义首先是一项公民在环境领域里的基本权利，是公民的生存权、健康权、平等而不受歧视权、自决权、参与权等项基本权利在环境领域的具体体现。

（三）生态正义

当今环境问题不仅反映出人与自然关系的失调，而且越来越反映出人与人之间社会关系的失调，这已成为环境问题迅速扩散和日益加剧的重要原因。环境伦理的理论争论和环境正义的提出和理论发展，并没有真正阻止环境问题的进一步扩散和发展。仅仅在人类行为如何影响环境以及人类在利用环境方面的权益分配无法找到真正解决问题的途径。在此基础上，生态正义及生态正义观进入研究者的讨论视野中。

生态正义被定义为个人或社会组织的行为符合生态平衡原理，符合生物多样性原则，符合只有一个地球的全球共同利益，符合世界人民保护环境愿望的全球意识，尤其是符合为子孙后代保护环境的可持续发展观。

经济正义、环境正义、生态正义，这三个概念及对这三个概念的讨论是交叉在一起的。对经济正义与否的衡量，不能不考虑经济活动对生态环境的影响，对环境正义与否、生态正义与否的衡量，不能不考虑人类经济社会的发展。也正因为如此，在对何为生态正义的理解方面，出现了各种不同的看法。

二、对生态正义的理解

一种代表性观点认为，生态正义实质上是人对与自己的生存和发展密切相关的各种生命以及整个自然界所持的价值观念、价值规范、评价准则的反思和构想,其核心是人与自然的关系,所关注的核心问题是如何公平地在主体之间分配生态权益或分摊生态责任。因此,对生态正义可以从三个维度来理解:一是代内正义,指代内的所有人,不分民族、种族、国籍性别、职业、宗教信仰、教育程度、财产状况,都有平等地利用自然资源和享受良好的生活环境和生态环境的权利。二是代际正义,指人类作为物的一种,我们与同代的其他成员以及过去和将来的世代一道,共有地球自然、文化的环境。在任何时候,各世代既是地球恩惠的受益人,同时也是将来世代地球的管理人或受托人。三是自然正义,指人类作为自然界的一员,与其他物种之间在享有生态利益与承担生态责任方面的平衡问题,源于以下内容:一是人对自然的合理利用之底线是不破坏生态规律;二是人与其他物种共享资源;三是人与其他物种和谐共生的基础在于大自然无偿提供一些资源,人类应受自然正义之约束。①这种对生态正义的含义的理解就包含了既要从人与自然之间的关系来做出生态是否正义的评价,又要从人与人之间的关系做出人类经济行为是否具有生态正义的评价。

　　当前国内外学者对生态正义的界定大致可以概括为这样几种观点:第一,从人与非人存在物的关系出发,把生态正义界定为人对非人存在物的责任与义务。罗尔斯顿指出,人类由于掌握了技术文化而拥有巨大的破坏性力量,为了保护生态环境,人类应当遵循自然界的规律,尽可能地避免生态系统的毁坏或物种的灭绝。第二,从人与非人存在物的关系出发,认为生态正义是人与非人存在物的共生。卡普拉提出,生命存在物通过物质和信息的直接或间接交换而联系在一起,这就叫"共生"。第三,从人与生命存在物的关系出发,把生态正义理解为生命存在物之间关于生态资源的分配正义,巴克斯特认为,生态正义是人与生命存在物之间关于环境资源的分配正义。第四,从人与人的关系出发,把生态正义等同于环境正义,认为生态正义是人与人之间利益和负担的分配正义。第五,从人与人的关系出发,把生态正义界定为强势群体和弱势群体在生态权益方面的平等与公正。这五种观点就是或者从人与自然之间的关系出发把握生态正义或者从人与人之间的关系出发界定生态正义。

---

　　① 袁祖社,董辉."公共精神"的高阶形态:走向"大共同体时代"的生态正义信仰[J].山东社会科学,2013(7).

诚然,人与一切非人存在物存在共生关系,人也确实存在着对非人存在物的责任与义务,但是这并不能说明人与非人存在物之间存在正义关系;因为正义是一种实践关系,只存在于具有实践能力的行为主体之间。尽管一些非人生命存在物也可以像人一样利用自然界,但这并不能构成它们具有实践能力的根据。实践是行为主体有意识、有目的地进行改造和探索现实世界的一切社会性的客观物质活动。以劳动实践作为人与人、人与自然关系的媒介,所形成的生产性正义、分配正义、交换正义和消费正义统一而成的生态正义,符合马克思主义生态观的内容。

三、马克思主义生态正义观分析

马克思主义生态正义观的内容在马克思关于人与自然之间的物质变换关系理论中得到了充分展现。生态正义能否实现,关键看人类的生产过程、劳动过程能否实现人与自然之间正常的物质变化。然而,资本逻辑下的经济行为却常常导致人与自然之间的物质变换出现"代谢断层",出现不可弥补的裂缝。

(一)《资本论》中的物质变换思想

1.《资本论》中人与自然关系的论述

关于人与自然的关系,马克思首先认为,人是自然的产物。早在《1844年经济学哲学手稿》中,马克思就有这样的论述。他认为"现实的、有形体的、站在稳固的地球上呼吸着一切自然力的人……它所以能创造或设定对象,只是因为它本身是被对象所设定的,因为它本来就是自然界""人直接地是自然存在物。"因此,对经济的社会形态的发展应该理解为一种自然史的过程。

人类要生存,必须消费一定的物质资料。自然界和人的劳动一起构成财富的源泉。"没有自然界,没有感性的外部世界,工人就什么也不能创造。它是工人用来实现自己的劳动、在其中展开劳动活动、由其中生产出和借以生产出自己产品的材料。"在《1844年经济学哲学手稿》中马克思已经认识到自然界在物质资料生产中的重要作用,认为自然界一方面给劳动提供生活资料,即没有劳动加工的对象,劳动就不能存在;另一方面,自然界也在更狭隘的意义上提供生活资料,即维持工人本身的肉体生存的手段。在《资本论》中,从使用价值的生产上,马克思进一步指出自然界和人的劳动一起构成财富的源泉。他说,

"上衣、麻布等等使用价值，简言之，种种商品体，是自然物质和劳动这两种要素的结合。如果把上衣、麻布等等包含的各种不同的有用劳动的总和除外，总还剩有一种不借人力而天然存在的物质基质。……因此，劳动不是它所生产的使用价值即物质财富的唯一源泉。正像威廉·配第所说，劳动是财富之父，土地是财富之母"。

不仅人类的生存要依赖自然界能否为人类提供必要的物质基质，从而使人类劳动能够生产出满足其生存需要的物质资料，而且，人类的发展及生产的扩张一定程度上也与自然资源是否充裕密切相关。自然资源是人类生存和发展的物质前提。"撇开社会生产的形态的发展程度不说，劳动生产率是同自然条件相联系的。这些自然条件都可以归结为人本身的自然（如人种等等）和人周围的自然。……绝对必须满足的自然需要的数量越少，土壤自然肥力越大，气候越好，维持和再生产生产者所必要的劳动时间就越少。因而，生产者在为自己从事的劳动之外来为别人提供的剩余劳动就可以越多。"在对资本主义农业生产进行分析时，马克思又明确指出，自然条件的优劣，在农业生产中的作用尤其明显，农业劳动生产率是和自然条件联系在一起的，由于自然条件不同，同样的劳动在不同自然条件的土地上会表现为较多或较少的产品或使用价值。

人是从自然界产生的，人类的生存和发展都离不开自然界，人类通过劳动对自然界进行加工和改造，从自然界取得自己生存和发展所需要的物质资料。正是由于自然界对人类生存和发展所发挥的这种不可缺少的作用，近代以来，人们对人与自然界关系的认识出现了主客二分的倾向，认为人类是主体，自然界是人类加以改造的客体，人的劳动被看作是改造自然的活动，把自然纳入主体的活动目的之中。对此，有人把这种观点看作是马克思的观点，认为马克思也是"人类中心主义者"。实际上，对马克思的经典著作尤其是《资本论》进行分析，可以看出马克思对人与自然之间关系的认识中贯穿始终的有一个关键词语，即"物质变换"。理解"物质变换"思想是理解马克思的人与自然关系的关键。

李比希是19世纪德国著名的农业化学家。马克思在写作《资本论》的过程中，其物质变换及农业生态思想的形成深受李比希的影响。据不完全统计，在

《马克思恩格斯全集》中,赞扬、评论李比希的贡献,直接引用李比希的《化学在农业和生理学上的应用》中材料的有三十三处。马克思在《资本论》中高度评价李比希的贡献,他认为"李比希的不朽功绩之一,是从自然科学的观点出发阐明了现代农业的消极方面"。李比希指出,现代的农业(资本主义农业)是一种掠夺式的农业。在《化学在农业和生理学上的应用》中,李比希得出一个非常重要的结论,即"归还定律",他认为,"土地好比是一个机器,要经常将庄稼从土壤中拿走的东西归还给它,才能恢复它在生产中所消耗的'力量'"。土地上的产量的多少,主要取决于土壤的肥力,而为了维持土壤的肥力,就必须将取之于土壤的东西归还给土壤。李比希的这一"归还定律"对马克思分析农业生产中人与自然之间的物质变换产生了很大的影响。

2.《资本论》中的物质变换思想

Stoffweschel 的英文是 metabolism,在《资本论》中被翻译成"物质变换",马克思是在两层意思上来使用"物质变换"的,一是用以说明人与自然之间的物质变换,一是用以说明社会经济领域中人与人之间社会劳动的物质变换。(《评阿·瓦格纳的"政治经济学教科书"》中,马克思说:"在说明生产的'自然'过程时我也使用了这个名称,指人与自然之间的物质变换,……那里在分析 W-G-W(商品-货币-商品)时,第一次出现了物质变换,而以后形式变换的中断,也是作为物质变换的中断来说明")。在《资本论》中,当谈到商品流通时,马克思认为 W-W,是商品换商品,是社会劳动的物质变换。文中只要是指人与人之间关系时,马克思都用的是"社会劳动的物质变换",直接使用"物质变换"的地方,马克思都指的是人与自然之间的关系。本文要讨论的正是这一意义上的物质变换思想。

马克思在《资本论》中所说的人与自然之间的物质变换关系,即,人以衣食形式消费掉的土地的组成部分要再次回归土地,实现土地的持久肥力。物质变换思想是马克思《资本论》中生态思想的核心概念。

首先,马克思通过对劳动的一般性的分析,指出人与自然之间的物质变换对人类生存和发展的不可或缺性。马克思认为,人类要生存,就必须进行创造使用价值的劳动活动。劳动过程即人和自然之间的物质变换过程,这一物质变换过程是"不以人类生活的任何形式为转移的,倒不如说,它为人类生活的一切社会形式所共有"。这意味着，人类作为在自然界生存的生物体，必须凭借劳动直接或间接地从自然界中获取能满足自己需要的生产物，生产物被人类消耗后，其所产生的废弃物被人类排出，又回归到自然环境里。在这个过程中，人类一方面从自然界获取，另一方面要向自然界返还，通过获取和返还的活动，实现了人与自然之间的物质变换。只要人类社会存在，就会不断地进行人与自然之间的这种物质变换过程。

其次，马克思明确指出，劳动过程并不是单向的人对自然的控制过程，劳动过程"是人以自身的活动来中介、调整和控制人和自然之间的物质变换的过程"。早在《1844 年经济学哲学手稿》中，马克思就提出"人通过劳动使自然受自己支配"的思想。据此，有研究者认为马克思眼中人与自然之间的关系就是"人以自身的活动来调整和控制自然的过程"，这显然是忽略了"物质变换"这一核心概念，曲解了马克思的本意。因此，撇开人类社会发展的阶段性而从劳动过程的一般性来看，劳动过程"一边是人及其劳动，另一边是自然及其物质"。劳动过程所实现的就是人与自然之间的物质变换。当我们按照马克思的原意把劳动及劳动过程理解为"人与自然之间的物质变换过程"时，这就意味着劳动过程不仅包含人通过劳动改造自然，从自然界取得生存和发展所需要的物质的过程，而且包含自然通过人的生产和消费活动有所改变最终又影响人类生产活动的过程。人与自然之间的物质变换应该是一个人与自然之间双向交流的过程。

第三，马克思对人如何从自然界取得自己所需之物，进行了充分论述。在劳动过程中，人的活动借助劳动资料使劳动对象发生预定的变化。在分析一般劳动过程时，马克思认为劳动过程的简单要素包括有目的的活动或劳动本身、劳动对象和劳动资料。从劳动对象看，自然界为人类提供了"天然存在的劳动对象"，劳动过程中还有一些原料是"被以前的劳动可以说滤过的劳动对象"；从劳动资料来看，人类最初的生产活动所使用的劳动资料是直接从自然界中取得的，随着分工和社会的发展，随着一系列其他的劳动资料和劳动力的较高的发展，土地本身在农业上直接起劳动资料的作用。土地本身又是这类一般的劳动资料，因为它给劳动者提供立足之地，给他的劳动过程提供活动场所。由此可见，无论从土地本身，还是从劳动对象、劳动资料来看,都是人类从自然界直接或间接取得的,是人与自然之间物质变换过程的一部分。

第四,人类不仅从自然界中取得所需之物,也通过自己的活动对自然界进行返还,实现人与自然之间完整的物质变换过程。人类自身生理活动会产生排泄物,返还给自然;人类为维持生存而进行的农业生产,会产生农业生产废弃物,需要自然界对其吸收转化;人类在发展过程逐渐产生并壮大的工业生产,也会产生并且大量地产生工业废弃物,最终也需要自然界对其进行吸收和转化。由于追求剩余价值的内在动力,生产技术不断发展,资本主义生产经历了协作、工场手工业和机器大工业等发展阶段。在资本主义生产方式发展过程中,"资本主义生产使它汇集在各大中心的城市人口越来越占优势,这样一来,它一方面聚集着社会的历史动力,另一方面又破坏着人和土地之间的物质变换,也就是使人以衣食形式消费掉的土地的组成部分不能回归土地,从而破坏土地持久肥力的永恒的自然条件。这样,它同时就破坏城市工人的身体健康和农村工人的精神生活。但是资本主义生产通过破坏这种物质变换的纯粹自发形成的状况,同时强制地把这种物质变换作为调节社会生产的规律,并在一种同人的充分发展相适合的形式上系统地建立起来"。从这个论述可以看出,马克思已经非常清楚地意识到,资本主义生产的发展会破坏人和自然之间的物质变换,造成"代谢断层",即由于人口越来越集中于城市,那种人类生活所产生的消费排泄物不能及时而有序地再回归土地,而这种消费排泄物"对农业来说最为重要"。因此,在人从自然界取得物质资料和消费排泄物有效回归自然界之间出现了一个人类社会与自然之间的代谢断层。这种代谢断层的破坏性后果不仅表现在对城市环境的污染和对城市工人身体健康的破坏上,而且表现在对农村地力和农村劳动力的破坏上。从城市来看,大量的生产废弃物和消费排泄物无法回归自然而集中于城市,造成大量的城市工业及生活垃圾,就像马克思所描述的,"例如,在伦敦,450万人的粪便,就没有什么好的处理方法,只好花很多钱用来污染泰晤士河"。在现代农业中,马克思认为和在城市工业中一样,"资本主义农业的任何进步,都不仅是掠夺劳动者的技巧的进步,而且是掠夺土地的技巧的进步,在一定时期内提高土地肥力的任何进步,同时也是破坏土地肥力持久源泉的进步。"

由以上论述可以看出，马克思清楚地认识到，资本主义生产的发展会造成城市生产、生活与农村生产、生活的一定程度上的分离，资本主义无论工业生产还是农业生产，其对土地的掠夺性的利用，必然使人与自然之间的物质变换出现"无法弥补的裂缝"。并且，马克思认识到，这种对土地的榨取和滥用，根本原因在于资本主义对剩余价值的追求，资本主义生产的这种目的使资本家只关心资本能够带来的眼前的利益，而不会从世世代代共同的永久的财产的角度去考虑如何自觉地合理地利用土地，实现人与自然之间的正常的物质变换。

（二）《资本论》对解决"代谢断层"问题的分析

通过前面的论述可以看出，马克思认为，人通过自己的劳动从自然界取得满足自己需要的产品，进行消费，以维持自己的生存和发展。在生产和消费过程中，会产生生产排泄物和消费排泄物，如果生产排泄物和消费排泄物向自然回归并且以不超过自然的自调节能力的量的限制回归自然，则人与自然可以和谐共存，朝着良性循环的方向发展，从而不会出现所谓的"代谢断层"问题。"代谢断层"是指人与自然之间的物质变换受到阻碍。在《资本论》中，马克思不仅指出资本主义社会存在"代谢断层"，而且对如何解决人与自然之间物质变换的"代谢断层"问题进行了分析。

劳动过程是人以自己的劳动运用劳动资料作用于劳动对象取得物质资料的过程。虽然劳动过程最初是人认识自然、改造自然的过程，但人类的劳动过程并不是单纯的人与自然之间的关系，人类的劳动过程是在一定的生产关系中进行的，人与自然的关系必然会受到生产方式的制约和影响。因此，马克思结合资本主义生产方式对人与自然之间的物质变换"代谢断层"问题进行了分析，认为正是由于资本追求剩余价值的内在动力使资本主义工业生产和农业生产都处于一种非生态发展状态。

1. 城市和工业生产中的"代谢断层"分析

为了追求更多的剩余价值，资本家作为资本的人格化，不会考虑其生产对生态环境产生的影响，也不会考虑如何处理人与自然之间物质变换的"代谢断层"问题。资本主义城市和工业的发展导致的"代谢断层"有没有合理的解决办法呢？

马克思认为，一方面，在工业生产过程中会产生生产排泄物，即所谓的生产废料。这些生产废料如果不加处理,任由其排向自然界,必然会超出自然的自我调节能力,从而成为生态环境的沉重负担,破坏生态平衡。因此,马克思认为,生产废料可以再转化为同一个产业部门或另一个产业部门的新的生产要素,通过这个转化过程,这种生产排泄物就会再回到生产从而消费的循环中。

另一方面,在工业生产过程中,城市聚集的人口会产生大量的消费排泄物。这种消费排泄物"部分地指人的自然的新陈代谢所产生的排泄物,部分地指消费品消费以后留下来的东西"。同样,这些消费排泄物如果能有效地回到自然界与自然实现物质变换,将对农业的发展非常有利。但是,"在利用这种排泄物方面,资本主义经济浪费很大"。

随着资本主义生产方式的发展,原料的价格也日益昂贵,促使资本主义对生产排泄物和消费排泄物进行废物利用。马克思认为,生产排泄物和消费排泄物的再利用,是大规模社会劳动的结果。"由于大规模社会劳动所产生的废料数量很大,这些废料本身才重新成为贸易的对象,从而成为新的生产要素。这种废料,只有作为共同生产的废料,因而只有作为大规模生产的废料,才对生产过程有这样重要的意义,才仍然是交换价值的承担者。"并且,马克思认为资本主义机器的改良,使那些在原有形式上本来不能利用的物质,获得一种在新的生产中可以利用的形态,科学的进步,特别是化学的进步,也发现了那些废物的有用性质。

在这里,马克思实际已经提出了循环经济的思想,通过相关工业部门之间的相互联系形成一种人、自然和科学技术的大系统,使城市和工业所产生的生产排泄物和消费排泄物转化为可以再利用的资源,实现人和自然的正常的物质变换。

2. 农业生产中的"代谢断层"分析

资本主义经营方式在农村中的表现,导致人与自然的物质变换的"代谢断层",马克思通过地租理论,尤其是通过对土地等自然资源所有权的分析,找到了"代谢断层"问题的解决途径。实际上,在《资本论》中,马克思是以土地作为自然资源的代表,如,他明确指出,"关于农业所要说的,大体上也适用于采矿业"。由此开始了对包括土地在内的自然资源利用过程中出现的生态问题的分析。

　　马克思认为,农业中的不可持续发展和对土地的掠夺性利用,其主要原因在于土地所有权和土地使用权的分离。马克思认为,"土地所有权的前提是,一些人垄断一定量的土地,把它当作排斥其他一切人的、只服从自己私人意志的领域"。正是由于土地所有权的存在,导致租地农场主尽可能地不对土地进行长期的、用于改良土地的投资,因为当租约期满时,在土地上实行的各种改良,"就要作为实体的即土地的不可分离的偶性,变为土地所有者的财产"。为此,租地农场主为了避免自己的损失, 即在租约期内投入但不能保证回收的改良和支出,就不会为了土地的可持续发展而对土地进行改良,从而成为合理农业发展的一大障碍。

　　因为拥有对土地(自然资源)的所有权,使得拥有土地所有权的社会上的一部分人有权利向取得土地使用权的那一部分人要求一种贡赋,"作为后者在地球上居住的权利的代价, 因为土地所有权本来就包含土地所有者剥削地球的躯体、内脏、空气,从而剥削生命的维持和发展的权利"。由此可见,土地所有权的存在,必然在经济上得到实现,即由土地的使用者向所有者缴纳地租。土地的使用者为了缴纳地租以及为了让自己能够获利更多, 必然在有限的时间内无限地开发地力。可见土地所有权不仅关系到人与人之间就土地而形成的关系,而且成为人类剥削地球、过度开发地力的根本原因。因此,马克思认为,"在一定的发展阶段,甚至从资本主义生产方式的观点来看,土地所有权也是多余而且有害的"。

　　接着,马克思分析了土地所有权的两种形式:小土地所有制和大土地所有制。土地,本来应该是人类世世代代共同拥有的财产,是人类不应该拿来进行出卖的用以维持人类生存和生产的基础条件, 人类为了能够永久地生存于地球之上,应该对土地进行自觉的、合理的经营。但在土地所有权存在的条件下,土地所有者和土地使用者却是以对地力的榨取和滥用来实现利润最大化。马克思在《资本论》中把土地所有权分为小土地所有权和大土地所有权两种。在小土地所有权的场合,"人口的最大多数生活在农村,占统治地位的,不是社会劳动,而是孤立劳动;在这种情况下,财富和再生产的发展,无论是再生产的物质条件还是精神条件的发展,都是不可能的,因而也不可能具有合理耕作的条件"。因此,小土地所有制正是由于缺乏社会劳动生产力的手段和先进的科学技术,为了满足人类的生存和发展的需要,只能通过不断地开发地力来获取更多的产品,从而造成对土地的榨取和滥用。在大土地所有制的场合,为了尽快地增加租地农场主和土地所有者的财富,榨取和滥用地力的手段被发挥得淋漓尽致。如农药和化肥的使用。尽管在《资本论》中马克思没有从对环境影响的角度去分析农药和化肥给农业生产和环境及人类的生存安全造成的影响,但他已经认识到,"在农业中,为改良土壤而投下的物质,就有一部分作为产品的形成要素加入植物产品。另一方面,这些物质会在较长的时期如 4~5 年内发挥作用。这说明马克思已经认识到农药和化肥等对土地实行改良而进行的化学投资会在长期内发挥作用。但由于马克思当时重点是放在对资本主义生产关系的分析上,因而他从固定资本和流动资本的区别上分析了为改良土壤而投下的物质的这一特性。马克思对农药及化肥对土地产生的这种长期影响的认识在 20 世纪中期被美国的蕾切尔·卡逊的调查研究所证实。除此之外,马克思还认识到,"大土地所有制使农业人口减少到一个不断下降的最低限量,而同他们相对立,又造成一个不断增长的拥挤在大城市中的工业人口。由此产生了各种条件,这些条件在社会的以及由生活的自然规律所决定的物质变换的联系中造成一个无法弥补的裂缝,于是造成了地力的浪费,并且这种浪费通过商业而远及国外"。大土地所有制由于采用农业机器进行规模化生产,不仅有利于大面积作业,实现劳动生产率的极大提高,而且大量减少了对农业工人的需要量,这些被农业机器排挤出农业生产领域的劳动力,为了生存,大量涌向城市,形成聚集在城市中的工业人口,加剧了城市环境的压力,更减少了其消费排泄物回归自然的可能。由于人类消费排泄物不能回归土地,土壤的肥力补偿就需要大量使用化学肥料,这就造成了农业生产、工业生产与生态发展的恶性循环。

从以上可以看出,马克思把人与自然之间的物质变换出现的"代谢断层"的主要原因归结为土地所有权的存在,这种土地所有权的存在在资本主义以前的社会以小土地所有权为主,会由于社会劳动生产力的低水平而造成对地力的榨取和滥用;在资本主义社会,土地所有权则以大土地所有权为特征,以另一种更极端的方式对地力进行榨取和滥用。因此,"从一个较高级的经济的社会形态的角度来看,个别人对土地的私有权,和一个人对另一个人的私有权一样,是十分荒谬的。甚至整个社会,一个民族,以至一切同时存在的社会加在一起,都不是土地的所有者,他们只是土地的占有者,土地的受益者,并且他们应当作为好家长把经过改良的土地传给后代"。在这里,马克思已经提出了可持续发展的思想,明确指出,要实现农业的可持续发展,就需要消除土地所有权的存在,人类作为土地的占有者即土地的受益者,应该在生产过程中同时对土地进行改良,但这种改良不是为了在短期内获得收益最大而进行的改良,而是为了保持永久性的地力而进行的改良;这种改良所需要的化学及机械的运用,是在自然界的自我调节能力范围内的运用,而不是超出自然的自我调节能力对生态平衡造成破坏的运用;这种改良是能够使人与自然之间的物质变换和谐的改良,而不是使人与自然之间的物质变换出现"代谢断层"的改良。

从土地所有权的存在到土地所有权的消失,是一个历史发展的必然过程。在一切可能的生产方式中,人为了满足自己的需要,必须从自然界取得物质资料。在存在土地所有权的生产方式中,人与自然之间不能实现正常的物质变换。只有在消灭了土地所有权的生产方式中,"社会化的人,联合起来的生产者,将合理地调节他们和自然之间的物质变换,把它置于他们的共同控制之下,而不让它作为一种盲目的力量来统治自己;靠消耗最小的力量,在最无愧于和最适合于他们的人类本性的条件下来进行这种物质变换"。马克思虽然主张在一切可能的生产方式中,人为了维持和再生产自己的生命,都必须"与自然搏斗",但马克思并不主张那种为了获取眼前利益最大而过度榨取和滥用自然的行为,并不支持那种为了当代人的生活而破坏人与自然之间物质变换的生产和消费行为。马克思在肯定人对自然进行合理利用的同时,还要求合理地控制人的生产和消费行为,要以最小的消耗,在最无愧于和最适合于人类本性的条件下来进行人与自然之间的物质变换。而要实现这种人与自然之间的合理的物质变换,需要"联合起来的生产者"对人和自然之间的物质变换进行"共同控制",以消除那种个别生产者为了利润最大化而滥用自然的可能性。实现这一"共同控制"的途径就是实现共产主义。这正如马克思早在《1844年经济学哲学手稿》中所说的,"这种共产主义,作为完成了的自然主义,等于人道主义,而作为完成了的人道主义,等于自然主义,它是人和自然之间、人和人之间的矛盾的真正解决,是存在和本质、对象化和自我确证、自由和必然、个体和类之间的斗争的真正解决。它是历史之谜的解答,而且知道它就是这种解答。"

(三)人与自然之间正常的物质变换是实现生态正义的关键

通过以上对《资本论》中"物质变换"理论的分析和解读,我们看到,在《资本论》体系中,马克思对人与自然之间的"物质变换"关系应该是怎么样的、实际是怎么样的、如何实现等问题进行了系统的分析。马克思虽然没有专门关于生态文明的理论,但这些散见于各部分理论字里行间的"物质变换"思想,已经表明马克思在研究过程中始终非常关注生态问题,他的"物质变换"理论在气候变暖、环境恶化、人类面临共同的生态问题的今天更加具有现实意义。

首先,人与自然之间不是单向的征服与被征服的关系,而是一种双向的"物质变换"关系。在人类经过农业文明发展到现在的工业文明的历史过程中,人类为了自身的生存和发展,出现了过度开发和滥用自然资源的现象,对人类生存的环境造成了极大的破坏。与此相适应,对人与自然之间的关系,也出现了"人类中心主义"和"自然中心主义"等各种认识。"人类中心主义"以人的发展为中心,无视人类生产和消费对自然产生的影响;"自然中心主义"认识到人类生产和消费对自然造成的不良影响,但其极度悲观的理论主张人类退回到农业文明时期的生产和消费模式。这两类认识都有缺陷。马克思对生态问题的唯物主义分析不是简单地进行二元化分析,即,是"以人类为中心"还是"以自然为中心",相反,马克思的观点使我们意识到,我们关注的焦点应该放在人类与自然的相互作用上,即人类与自然之间实现物质变换的方式上。我们必须认识到自然世界的内在价值并努力保护它,同时我们也必须意识到,由于我们工作生活于自然之中,我们的行为必将改变自然。马克思关于人与自然的关系的认识主张"人类中心主义"和"自然中心主义"相结合,即人类的一切生产活动是要实现人的自由而全面的发展,但在此过程中,不能无视自然的权利,不能破坏人与自然之间正常的物质变换,不能为了人类对物质资料的追求而影响到自然界的正常循环。这就要求人类由工业文明向生态文明过渡,发展生态经济,以实现人与自然之间的正常的物质变换。

其次,在《资本论》中,马克思的物质变换思想充分说明,无论是在农业生产中还是在城市及工业生产中,代谢断层出现的原因在于资本主义的生产方式和消费方式,是由资本主义的利润原则产生的必然结果。"资本积累的逻辑,在人类社会与自然之间无情地制造了一个代谢断层，切断了人类与自然之间的物质变换过程，这种代谢断层要求自然界的生态承受能力提高。这种代谢断层的现象不仅和经济发展的水平有关，而且更重要的是和资本主义制度下人与自然之间物质变换的方式和强度有关。"因此，人类要消除生态危机，要在人类与自然之间建立正常的物质变换关系，实现人与自然的真正和谐，就必须改变资本主义的生产方式和消费方式。生产方式的改变不仅包括工业生产方式的改变，而且包括农业生产方式的改变。随着气候和环境问题的日益凸显，西方国家对其生产方式进行了反思，使其国内的气候和环境问题得到了一定的缓解。但由于其消费方式并没有改变，西方国家只是将其高排放、高污染及高耗能的生产尽可能地向第三世界国家转移，以此世界性的生产满足其高碳排放的消费。气候和环境问题不是一个企业也不是一个国家的问题，它是全球性的问题，因此，这种转移生产的方法并无助于解决出现的生态危机。人类应该把地球看作自己共同的家园，在全球范围内以协商的方式共同配置环境资源。"由于不平等的能源分配以及这些能源消费上的不平等会引起冲突，因此，能源制度很重要。"由于资本主义积累和对剩余价值的追求，那种希望各国主动节能减排保持生态可持续发展的理想是不太可能实现的。所以，各国政府要共同努力，在世界范围内建立一种能够保持生态可持续发展的能源制度，并以此来规范和约束各国的生产行为。

　　人与自然之间正常的物质变换的实现，除了改变人类的生产方式以外，还必须改变对生态造成破坏的消费方式。说到消费方式的改变，人们经常会说，生态的消费方式就是以步行代替开车，或者骑自行车、乘坐公交车等，诸如此类的消费方式的改变有利于碳排放的减少，有利于节约能源。但问题是消费方式的这种改变可行不可行？"实际上，对大多数人来说，这种消费方式的改变不太容易实行。因为我们的道路、我们的工作、我们的整个城市建设，都是我们的这种生态的生活方式所不能补偿的。公共交通不普及或者在某些地方根本不存在公共交通，在这种情况下，人与自然和谐共处的个人生活方式的选择显然是不可能的。"因此，消费方式向有利于生态维护的方向改变的实现，不能靠理想主义的呼吁，政府必须从公共利益出发，形成既不损害人们的现有消费利益，又能实现生态可持续发展的公共服务设施，使人们自愿选择有利于生态维护的消费方式。

四、自由主义与生态正义

历史唯物主义的理论立场、马克思主义的生态正义观认为生态正义是在明确人与自然之间需要有正常的物质变换关系的基础上，人类在处理好人与人之间关系的同时，不破坏自然生态系统应有的自我循环和自我修复的能力。由此可见，生态正义的基础应该是人类物质生产实践的正义性，生态正义的实现路径即在于人类生产过程、交换过程、分配过程、消费过程的生态化。自由主义以私有产权为主导，以利润最大化为目标，没有正确认识到在利用自然资源满足人类私利的过程中生态承载力的状况所发生的变化，甚至有人认为生态法规对自然资源所采取的保护措施违背了市场竞争的效率原则。

(一)自由主义缺乏生态正义观

自由主义缺乏生态观，这是自由主义思想固有的特点。在自由主义看来，人是作为社会和物质世界的主宰，自由主义的经济范式所建立的价值体系基础，本身就是强调短期的资本积累。作为"理性的经济人"，市场主体根据市场这只无形的手的指引决定生产什么、在多大规模上进行生产，生产要素的投入和商品的交易都按照市场法则来进行。这种市场统治一切的经济模式，使人们重视私人成本的核算而忽略社会成本的计量，忽略了经济发展对人的生命及对生态系统内其他生命内在价值的伦理考量。为了明确自己的生产经营活动是否达到了最大化目标，自由主义借鉴了物理学中的均衡分析方法，构建了自由主义经济学的资源配置框架，但在此框架内，自由主义经济学家对于自然生态系统的利用、自然生态系统的退化无意或有意地采取了完全无知的态度。

在私有化、财产权等自由主义观点主张下，经济主体有完全的权利在自由竞争中去自由追求他们的不同欲望，进行资本积累，不断扩大生产规模和实现财富的增长。至于为了满足这种欲望而进行自由竞争的过程以及这一过程最终对人类自身和对自然界造成怎样的影响，自由主义经济学并没有考虑。在自由主义者那里，经济的增长是没有边界的，市场可以充分调动一切生产要素的积极性，通过科技创新不断促进生产力的发展。为了推动生产的无限发展，诸多推动交换和消费增长的措施便成为拯救自由主义经济走出低谷的灵丹妙药。在生产、交换、分配、消费的各个环节上，自由主义都毫无例外地将经济行为的生态正义性排除在外。

（二）人的权利和生态权利中，自由主义选择了人的权利

人类社会发展的整个历程中，不同的生产力水平下，人类从自然界中占有物质产品的能力不同，从而人与自然之间的关系中所表现出来的人的权利与生态权利的比重也不同，自由主义在人的权利和生态权力中，选择了重视人的权利。

在传统农业文明时期，在较低的生产力水平基础上，人类从自然界获取物质产品和向自然界排放废弃物是在生态系统自我修复能力范围内进行的，但这一人与自然和谐共存的状态被工业文明的发展改变了。在人类生存的这一自然生态系统中，人的权利的主张和生态权力的主张之间的矛盾越来越明显。古典自由主义主导下的经济发展，选择更加注重人的权利，对生态权利的忽视越是随着人类能力的强大就越是使这个生态系统变得不稳定。

经济全球化的发展，也使人类行为的生态影响全球化了，全球变暖继而发生的全球性生态危机，在一定程度上就是全球市场这个导致人类社会、生态系统走向毁灭的"大机器"的产物。在全球市场中，生态资源被全球范围内的人类共同体肆无忌惮地瓜分着；全球范围内的生产要素和产品的流动，使得生产过程、交换过程、消费过程对生态系统的影响在全球范围内发生，远距离运输的巨大耗能加重了生态负担，污染向境外的输送一定程度上掩盖了本国生产和消费对生态的破坏。

自由主义经济学家主张的经济全球化与生态正义的矛盾主要表现为全球生态资源总量有限与生态资源分配不公之间的矛盾，表现为富国和穷国之间的"生态债务"，还表现为发达国家与发展中国家关于气候变化认识的分歧以及减少碳排放额度分配的分歧。近年来，国与国之间就此展开了旷日持久的气候谈判。问题在于，在不改变资本主义制度和资本主义生产方式的前提下，企图通过市场及全球碳排放交易来解决气候变化问题，而面对气候变化及温室效应这个最大的市场失灵问题，市场交易还有效吗？

第三节　新自由主义经济思想的生态缺失

新自由主义经济思想的核心是自由化、私有化、市场化，自由化、私有化和市场化及其利润最大化目标，必然意味着生态环境将成为其经济增长的牺牲品。在生态环境领域，新自由主义经济思想的最大问题在于没有把人类社会生产的生态成本列入其考量范围，无论是在讨论一国国内经济增长的问题上，还是在指导国与国之间贸易往来的过程中，都存在严重的生态缺失。

一、新自由主义私有化、市场化、自由化主张与人类生态安全之间的矛盾

"生态产品"或"生态系统服务"，从其产生过程和人类消耗它们的过程来看，有其自身的特征：首先，生态产品是生态系统的产物。自人类产生以来，人类就从自然生态系统源源不断地获取其生存所需的充足的阳光、清新的空气、清洁的水源等自然要素，可以说，人类在物质文明出现之前，就已经无时无刻不在消费生态产品，只不过在原始文明、农业文明时期，自然生态系统提供的生态产品足以满足人类的需求，人类在那时候根本无需考虑生态产品供给问题。其次，生态产品具有公共产品属性。满足人类基本生存所需的自然要素在消费过程中具有非竞争性，一些人对生态产品的使用不会排斥另一些人对它的使用，具有非排他性，即生态产品是典型的公共产品。作为全人类的公共产品，生态产品的供给状况和消耗状况不仅关系当代人利益，而且还关系到人类永续发展的需要。一国生态产品的供给状况和消耗状况不仅关系到本国人民的利益，也关系到其他国家人民的利益。

由于大规模地利用与改造生态系统，导致生态系统服务供给能力下降，人类的生态福祉不断降低。人类对生态产品的需求已经不是凭借自然生态系统的供给所能满足的了。因此，在加大对自然生态系统和环境的保护力度时，必须要"增强生态产品生产能力"。作为公共产品的生态产品，是人类生产生活的必需品，各级政府理应成为主要供给者。

随着工业化的发展，人类对自然生态系统的超负荷利用带来的生态恶化，

使国内外有关政府部门和研究者在生态产品的自然供给基础上，开始关注生态产品的社会供给问题。国外没有与"生态产品"直接对应的概念，与之相近的概念是"生态系统服务"。研究者认为生态系统服务包括如渔业生产、泛滥平原农业、理想的地貌、河流以及生物多样性。国内研究者较早基于"为人与自然和谐相处服务"来认识"生态产品"；2010 年发布的《全国主体功能区规划》从"清新空气、清洁水源、宜人气候等"来界定生态产品；随后出现的一系列研究成果便基于这一概念来研究生态产品问题。总的来看，生态产品主要是指一系列能够维系生态安全、能够保障生态调节功能以及能够为人类提供良好的人居环境的自然要素。

生态产品是由自然生态系统向人类提供的。在原始文明、农业文明时期，无需人类进行专门的生态产品生产，自然生态系统就能够满足人类对生态产品的需求。无需人类劳动介入其中的生态产品有哲学上的价值，但不具备经济学意义上的价值。随着工业文明的发展，人类过度开发自然生态系统的结果，使得自然生态系统靠自我修复已经不能提供足以满足人类需求的生态产品，而且一定程度上人类已经透支了后代人的生态资源，为了满足当代人和后代人基本生存对生态产品的需求，人类必须付出专门的劳动去生产生态产品。

以自由竞争推动生产效率的提高的同时，也带来了一系列破坏性问题，其中对生态系统的过度消耗，以及对环境破坏的后知后觉，是新自由主义经济思想在生态环境领域作用的直接后果。

二、经济增长理论的生态缺失[1]

无论把经济学定义为研究财富的学问，还是研究资源的配置，经济增长问题都构成了经济学研究的主题。[2]从古典经济增长理论到新古典经济增长理论再到新增长理论，从哈罗德—多马模型到索洛–斯旺模型再到内生经济增长模型，西方经济增长理论的发展在不断地为经济增长寻找新的动力和源泉，其目的在于不断地促进经济快速增长，每一种增长理论对于经济增长的途径的

---

[1] 韩克勇,李繁荣.经济增长理论的生态反思[J].云南财经大学学报,2014(3).
[2] 梁中堂,翟胜明.经济增长理论史研究[J].上.经济问题,2004(3).

研究各有侧重，但所有的增长理论对于人与自然之间关系的分析都存在生态缺失。

(一)基于生态角度的西方经济增长理论述评

在古典经济增长理论中，以土地为代表的自然资源要素作为生产的物质基础尚在古典经济学家的分析视野之中，古典经济学家看到土地的有限性，认识到随着生产的发展，土地利用从优到劣变化的必然性，也认识到土地报酬递减规律，他们急于寻找能够抵消土地报酬递减的方法。通过研究分工、资本积累等对经济增长的促进作用，古典经济学家逐渐地不把土地看作经济增长的一个限制因素了，而规模经济、管理、生产要素质量的提高、资本积累等越来越受到重视，增长模型也开始把劳动力和资本这两项作为主要变量，而把土地排除在外。在古典经济增长理论中，自然资源不是经济增长的决定因素，而是一种可以被替代的因素，对自然资源要素的关注日益减少甚至在有的古典经济学家的分析中不予考虑。

新古典经济增长理论抛弃了古典经济增长理论假设经济将处于稳定状态这一观点，他们在研究长期经济增长问题时，不再把人口、自然资源等因素看作是限制经济增长的条件，而是认为价格机制、技术进步等可以使经济处于增长状态。新古典经济增长理论更加侧重对短期经济增长的分析，在他们的分析框架和所建立的经济增长模型中，资本、技术、储蓄率、就业等是经济增长的主要变量，自然资源能够相互替代或被其他生产要素所替代，新古典经济学家认为经济增长正在大幅度地减少对自然资源的依赖，即使存在能源供给和吸收经济活动产生的垃圾和排泄物的某些瓶颈，这些都是可以克服的。自然资源作为生产要素，促进经济增长，经济活动过程中的资源问题就是生产成本问题，这里隐含了技术进步、制度安排、人力资本等要素对自然资源的一种渐进替代的思想。新古典主流经济学似乎对日益突出的经济增长资源约束问题视而不见，经济增长的理论把资源问题演绎成单纯的生产成本问题，这几乎是所有经济增长模型的前提。

新增长理论的分析框架中同样缺失了自然资源、生态环境与经济增长之间相互影响的关系，新增长理论更加强调知识外溢、人力资本投资、研究和开发、劳动分工和专业化、边干边学、开放经济和垄断化等新问题的研究，重新阐释了经济增长率和人均收入的广泛的跨国差异,为长期经济增长提供了新的图景。

西方经济思想中的经济增长理论发展历史是一个自然生态环境逐渐被淡化出研究视野的历史,也是一个自然生态环境逐渐被破坏的历史。由于把自然生态环境和自然资源看作经济社会发展的既定存在,经济增长理论模型分析的目的和结果都是如何通过各个变量的合理搭配实现经济的快速增长,无论是资本积累还是技术作为内生变量,最终的结果都是要使一定时期内获得的物质产品数量有明显增加。经济增长理论越发展,对生态环境要素的关注越少,尤其是现代主流经济学甚至舍掉生态要素分析。与现代经济增长一并而来的是人类赖以生存的自然资源的枯竭与生态环境的日益恶化。经济增长要求投入生产的资源数量增加,每个经济体都在加速从自然生态系统中开发、采掘自然资源;经济增长也意味着生产过程向自然的排放增加,每个经济体都在加速污染原本清洁的自然生态环境。西方经济增长理论指导下的经济增长实践正在使可利用的自然资源越来越少,随着数量的变化,自然资源在生态系统中的总体特性也会发生相应的变化,进而影响其所在的自然资源系统的结构和功能。由于相互牵制的关系,经济系统所处的自然环境系统发生变化,变得脆弱,进而使得整个经济增长、发展的基础发生动摇,所以,从资源本身出发,经济发展、增长是受到自然资源限制的。而这种限制也不可能由知识、技术等得以突破或对资源进行替代。

当然,经济学家的每一个研究结论,都与他们所处时代的社会背景和科学技术水平密切相关,也与当时所面临的最急需解决的社会经济问题有关。在人类社会生产规模不大,自然生态环境为人类所能提供的资源数量极大丰富的条件下,自然生态环境的变化相对于人类生产的发展还比较微小,没有引起经济增长理论研究者的重视。在资源不断被利用和数量日益减少时,人们已开始认识到资源将是经济增长、发展的限制因素,看到了增长和发展的极限,也引起了增长极限的理论争论。增长的极限论与无极限论的争论,实质上是根源于对工业化初期的经济增长模式,即高消耗、高污染、高速度模式的反思。

(二)西方经济增长理论生态困境的深层解析

经济学研究的出发点是人类物质资料的生产活动。在西方经济学家看来,物质资料的生产活动是一个从投入到产出的过程。为了实现全社会产出最大化,经济增长理论单纯以经济增量作为分析维度,把经济总量的增长仅仅看作是物质财富的线性增加过程,没有看到经济增长与生态环境、自然资源之间的内在联系。忽略了物质资料生产活动中人类与自然之间的物质变换关系,也就看不到人类生产活动对自然生态环境的影响,同时也缺乏自然生态环境对人类物质生产活动的影响的分析,因而其增长理论模型的线性分析是存在缺陷的。经济增长过程不仅仅是单纯的人类活动过程,还与自然系统存在着许多非线性的相互耦合关系,这些相互之间的耦合关系使得增长理论模型的计算结果与经济发展的现实之间存在差异,这也是理论越来越完美而经济增长越来越困难的主要原因所在。

从研究视野来看,西方经济增长理论将人类经济系统作为一个完全孤立的、封闭的系统来加以研究,没有看到经济系统是一个存在于自然生态系统之中的、与自然生态系统有机统一的子系统。其实,经济增长过程同时也是对自然资源开发利用、对生态环境耗费占用以及废弃物排放的综合过程。人类经济系统的发展从原材料的获取和废弃物的排放两方面对自然生态系统产生影响,自然生态系统也会由于这两方面的影响而发生改变,进而对人类经济系统的再生产产生影响。因此,对人类经济系统作脱离自然生态系统的封闭式的分析,这本身就是不科学的。

经济增长理论采用数量指标作为经济增长的衡量标准,从当前采用的这些数量指标本身来看,是存在生态维度缺失的。国内生产总值是指一国或一地区在一定时期内所生产的最终产品和劳务的市场价值之和,这一指标在衡量经济增长的成果时并不考虑该成果所付出的成本,即使个体经济主体在衡量成本和收益时,也会由于外部性的存在而忽略掉人类共有的自然生态环境成本;这一指标在衡量经济增长的成果时也未能反映出整个社会福利和损害之间的关系。同时,国内生产总值这一指标还严重扭曲了经济增长的真实尺度,许多对人类和自然生态环境造成损害的经济活动,只要进行市场交换,产生市场价值,就都被计入一国或一地区的国内生产总值,作为这一时期经济增长的成果。因此,经济增长的成果掩盖了人类物质财富增长与自然生态环境危机并存的实质,为了追求经济数量的增长,人们也不惜牺牲自然生态环境。

总之，西方主流经济学之所以不能很好地解释经济增长与生态危机并存这一矛盾现象，其理论根源在于它将经济系统与生态系统对立起来，甚至将前者置于后者之上。从理论根源上看，它片面地认为人类经济系统不仅是一个自足的、孤立的系统，而且对其他系统具有决定性的影响。把经济规律——市场规律推崇为决定生态规律的至上规律。

三、对外贸易理论指导下的生态缺失[①]

近年来，除了国际经济贸易所能够引起的经济利益变化外，人们越来越关注由国际贸易所带来的生态环境的变化。发达国家和发展中国家也就生态环境的变化对国际经济贸易及其规则持有不同的观点。明辨国际经济贸易对一国生态环境的利弊，首先要明确国际经济贸易从哪些方面对生态环境产生了影响。

（一）商品贸易的生态影响

商品贸易是指国与国之间以商品的进口和出口为载体发生的贸易往来。商品的进口和出口主要是间接地影响一国的某一产品的生产规模、一国的产业结构、一国的技术结构尤其是清洁技术的推广等来影响一国的生态环境。

1. 商品贸易的规模效应对一国生态环境产生的影响

对外贸易的发展，使一国的商品生产可以面临国内和国际两个市场，这促进了商品生产的增加。对外贸易的发展使一国能够扩大经济活动规模，实现外需拉动下的经济增长，这对于国家宏观经济的发展是有利的。但经济活动规模的扩大也会加重一国自然生态环境的负担。为满足国外需求而进行的生产一方面增加了本国资源性产品的消费，另一方面增加了生产性排放，加重了自然生态系统的负担。在外贸商品的价格没有体现生态环境成本价格的情况下，外贸商品的出口国为生产该商品而付出的巨大的生态环境成本就不能通过贸易活动得到补偿。因此，在存在市场失灵和政府失灵的情况下，会进一步加剧贸易负的规模效应，即贸易所引起的扩大规模的生态要素的输出，但这种存在于

---

① 李繁荣，韩克勇. 马克思国际贸易思想的生态蕴含及其现实意义[J]. 福建论坛，2014（12）.

商品贸易背后的本质现象却经常是人们所忽略的。

2. 商品贸易的结构效应对一国生态环境产生的影响

国际贸易导致分工在全球范围内进行，贸易所带来的经济利益驱使各国都倾向于生产和出口自己有比较优势的产品和劳务，从而引起一国产业结构受对外贸易商品流的影响而有所调整，由此可能带来或正或负的生态环境效益。如果扩大的出口部门的生产对生态环境的破坏较小，而同时期进口商品生产部门的实际生产对生态环境的破坏较大，则对外贸易的发展所导致的产业结构的变化对本国生态环境有正效应。相反，如果出口部门的生产本身需要较大的生态容量，占用较大的生态承载力，而同时期进口商品生产部门的实际生产对生态环境的破坏较小，则对外贸易的发展所导致的产业结构的变化对本国生态环境具有负效应。发展中国家出口的工业产品多为资源性产品或大量消耗资源的初级工业品。资源性产品的开采本身是对自然生态要素的直接获取，资源性产品的开采还会对周围的生态环境造成一定程度的破坏。与出口商品的构成相比，发展中国家从发达国家进口的商品多为附加值较高、生态破坏程度较小的产品。这就意味着发展中国家的对外贸易是一种以输出商品为媒介的生态要素输出过程，贸易量的增加在带来经济利益增加的同时，贸易发展引致的产业结构对本国生态环境的负效应较明显。

3. 商品贸易的技术效应对一国生态环境产生的影响

国际贸易是国家与国家之间技术转移和扩散的一条重要渠道。国与国之间的技术转移和扩散一方面是通过作用于贸易商品的生产来实现的，另一方面是通过技术服务的直接交换来实现的。从贸易商品出口国来看，随着国际贸易引起的收入水平的提高，人们开始偏好于"洁净"的生态环境，对绿色产品需求的增加推动企业研发或引进新的绿色生产技术。对清洁的生态环境的偏好也使人们更加关注生产者的生产活动对生态环境是否造成破坏，这也形成一种对企业生产的社会监督，促使企业采取保护生态环境的生产技术。贸易商品进口国越来越严苛的技术标准对出口国产品的生产亦有积极的影响，可以促使出口国的出口企业重视产品的内在质量和绿色生产过程。各国对进口产品实施的严格的环境标准，迫使生产企业生产单位产品对环境的污染程度降低。总的来说，对外贸易的发展具有正的技术效应，对于保护和改善一国生态环境有促进作用。

(二)外商直接投资的生态环境影响

外商直接投资提高了资本密集程度和劳动生产率，成为接受国加速工业化的催化剂，各国尤其是发展中国家愿意提供各种优惠政策吸引外商直接投资本国进行生产，以促进本国经济的发展。但是过多的外商投资会使接受国对国外资金产生依赖，以获取利润为目的的外商直接投资也不会考虑当地产业链的发展及产业结构的优化。更为重要的是，外商直接投资对本国生态环境往往会产生负的影响，这在全球生态环境恶化的今天越来越引起人们的关注。

1. 外商直接投资的污染转移效应

发达国家通过国际经济合作、国际投资或跨国公司经营的途径，将一些高能耗、高物耗、高污染、劳动密集型的夕阳产业转移到发展中国家，甚至把垃圾场建在这些国家，直接掠夺那里的土地、劳动力、自然资源、洁净的空气和干净的水源，从而实现环境污染转移。之所以会出现这种情况，是因为发达国家在已完成工业化过程之后，其国内生态环境要素经历了从丰裕到匮乏的过程，开始注重生态环境的改善问题，因而提高了生态环境标准。而发展中国家为了满足生存和发展的需要，其经济发展的重点还在于追求经济总量的增加，同时由于发展中国家工业化过程尚未完成，相比较而言其生态环境要素资源还较为丰裕，生态环境标准较低。高环境标准的国家为规避国内高额的环境成本同时保持产品价格竞争力，常常将生产线转移到低环境标准的国家，低环境标准的国家则依靠丰裕的环境要素大量生产污染密集型产品。在国与国之间资本可以自由流动的情况下，由于发展中国家的环境标准低于发达国家，发达国家企业、经济组织或个人为减少环境成本纷纷将一些高污染、高排放生产转移到环境标准比较低的发展中国家，而环境标准比较低的发展中国家凭借其环境资源的比较优势，成为"污染避难所"或"污染天堂"。因此，发达国家通过产业转移实际进行了污染转移，而发展中国家作为外商直接投资的接受国，在享受资金流入给本国本地区带来的经济发展便利之处的同时，也为发达国家变相地提供了生态环境资源。对于外商直接投资的接受国而言，外商直接投资具有负的生态效应。

2. 外商直接投资对一国环境标准的影响

外商直接投资从资金流出国和资金流入国两方面对生态环境标准产生向下的影响。从资金流出国来看,一国出于生态环境保护而提高环境标准的要求可能会在污染企业把工厂迁移到发展中国家的威胁下最终妥协下来。从资金流入国来看,为了吸引外商投资,促进经济发展,各国尤其是发展中国家向国外投资者提供各种优惠条件,甚至不断降低其环境标准。为了追逐竞争优势,国与国之间展开非合作式博弈,即每个国家都担心其他国家采取比本国更低的环境准入门槛使本国丧失吸引外资的机会,因而竞相采取次优的环境政策。这种做法在短期看使投资国和接受国都获得了经济利益,但从长期看,各国生态环境标准的降低最终会导致全球生态环境更加恶化,生态环境对经济发展的制约作用最终会集中表现出来。

(三)外贸商品消费的生态环境影响

随着世界经济全球化的发展,一国在享受国际贸易带来的经济增长的同时,国内消费者也在享受着国际贸易所带来的商品的多样化。但在贸易商品的消费过程中产生的生态环境影响,还远远没有引起人们的注意。

1. 贸易商品消费对出口国的生态影响

贸易商品消费对出口国的生态影响是通过贸易商品的生产发生作用的。一些国家通过国际贸易买进那些在其国内遭到环境法规严厉控制所不能生产的初级产品,通过这种贸易活动,实际是将原本在本国生产这些初级产品可能会带来的生态环境破坏和污染转嫁给其他国家了。矿产资源产品的贸易尤其如此。矿产资源的开发过程本身就是对开发地区地质、生态的破坏过程,并且矿产资源作为一种不可再生资源其存量有限,而一些发展中国家为了眼前经济的发展,大量出口矿产品等初级产品,不仅造成生态环境的恶化,而且以初级产品出口换取其他国家高技术、高附加值的产品,这种贸易剪刀差的存在其实也不利于该国经济的长期发展。

2. 贸易商品消费对进口国的生态影响

贸易商品消费对进口国的生态影响,一方面表现在贸易商品对进口国该类商品的生产产生影响从而影响进口国的生态环境,另一方面表现在贸易商品本身可能会带来的污染转移。通过影响进口商品在国内的生产从而对进口国生态环境产生影响的典型例子是农产品的进口。以经济利益为衡量标准的农产品进出口贸易，使一国在进口某种农产品能够比在本国生产具有优势的情况下选择放弃本国生产，长此以往，会导致该种农作物在本国生产消失，这其实是对农作物多样性生产的破坏，是对农业生态系统的直接危害。随着各国经济规模的扩大，经济活动产生的固体废弃物也大量增加，处理这些固体废弃物不仅要付出巨额的经济成本，而且这些固体废弃物的处理过程也会对生态环境产生不可避免的破坏。因此，一些发达国家就采取付给高额处理费的形式，将那些难以处理和降解的垃圾输往发展中国家。而一些发展中国家或者是受贸易不平等条件的制约，或者是由于对这些物品的认识不足，大量进口这些"洋垃圾"，对本国的生态环境造成潜在的威胁。

第四节　碳排放权交易能解决气候变化和环境问题吗？

尽管理论和实践都已证明在生态环境问题上市场会处于失灵状态，但面对愈演愈烈的全球生态问题，人类还是寄希望于市场能有效发挥作用。近年来世界经济迅速发展，环境问题随之受到全球的重视，碳排放权交易作为一个解决全球生态环境问题的思路被提出来并且展开了旷日持久的讨论。人们认为，碳排放权交易将环境政策和市场机制及经济手段相结合，是达到温室减排目标的有效方式之一。由于其减排成本低、对市场扭曲程度小而增加了流动性，越来越多的国家参与到全球碳交易中来。

把市场机制作为解决温室气体减排问题新路径的协议《京都议定书》中，对于碳排放权交易将如何进行问题建立了三个灵活机制。第一个交易机制是联合履约，即发达国家之间通过项目的合作来实现双方之间减排额度的转让，一方的限额减排额度相应增加，而另一方的限额减排额度相应减少。第二个交易机制是国际排放交易，即排放贸易是《京都议定书》中规定的，发达国家之间基于配额——限制的贸易方式。企业通过交易可回收一部分资金，对不能实现减排任务的企业，实行惩罚机制。第三个交易机制是清洁发展机制，是《京都议定书》所确定的合作机制，主要指发展中国家和发达国家之间的项目合作，产生的减排额可为发达国家抵消它承诺的减排额。发展中国家可以通过清洁发展机制项目,得到技术和资金的支持。其核心在于,工业化国家可以向发展中国家购买减排额度,通过碳交易市场等以较低的成本灵活完成减排任务,同时发展中国家可以获得相关技术和资金,即商品化温室气体排放权,使之成为一种生产成本。

按照《京都议定书》的规定,目前国际碳排放权交易可以划分为两种类型。一种是以项目为基础的减排量交易。联合履约和清洁发展机制是其中最主要的交易方式。它们都是基于温室气体减排项目合作的机制,其运作基础是由附件一国家企业购买具有额外减排效益项目所产生的减排量,再将此减排量作为温室气体排放权的等价物,用于抵消其温室气体的排放量,以避免高额的处罚。

另一种是以配额为基础的交易。以国际排放贸易为主要的交易形式。在该机制下,人们采用总量管制和排放交易的管理和交易模式,购买者所购买的排放配额是在限额与贸易机制下由管理者确定和分配的。即环境管理者设置一个排放量的上限,受该体系管辖的每个企业将从环境管理者那里分配到相应数量的分配数量单位,承诺期内剩余的单位可以通过国际市场有偿转让给那些实际排放水平高于其承诺而面临违约风险的企业,以获取利润。

根据新自由主义经济学理论的观点,市场手段更具有效率。就运用市场化手段、运用碳排放权交易解决生态环境问题的有效性上,不同国家之间仍然存在很大的争议。在全球生态危机的背景下,基于市场的排放交易和税收措施是否更有效,也是学术界一直争论的焦点。随着碳排放交易市场的发展壮大,碳排放交易体系制度的设计也成为研究的重点,而该制度的核心是实现碳交易市场的公平、公正、公开。

就碳排放交易市场而言,产权理论是碳排放交易市场发展的理论基础。研究者认为用产权制度来消除污染问题是最优的选择。并用严格的理论模型解释了用市场化方式来解决污染负外部性成本的有效性,这一研究,提升了运用产权理论解决污染问题的应用价值。

但是,关于碳排放市场的研究中存在着争议。争议主要表现在:

(1)现有市场机制能否有效减少全球碳排放?随着全球气候变暖,环境问题也变得日益严峻。二氧化碳是温室气体的主要来源,因而如何减少全球碳排放就成为迫切需要解决的问题。在现有的市场减排机制下,不同学者对碳排放市场减排机制的有效性持有不同的观点,也为此展开了激烈的讨论。有的学者认为,碳排放与很多产品不同,排放的温室气体能够引起跨国界的外部效应。那么,在温室气体减排机制上,就产生了一个问题,即如何在不同国家之间实施减排的协调机制,从而使不同国家都能够达到利益与成本的均衡点。基于这一问题的讨论,学术界对碳排放市场减排机制就存在一个争论,即现有市场减排机制能否在减少温室气体排放的基础上,促进全球经济的发展。由此可见,关于采用碳排放权交易是否必然能改善全球生态环境问题这个方面,答案并不是完全肯定的;即使碳排放权交易确实有利于改善温室气体排放,但减少排放和谋求经济发展之间必然会存在的矛盾该怎么解决?

(2)实现碳排放权交易的国际排放贸易机制是否真正有效?针对现有机制有效性的争议,主要体现在以下方面:第一,国际贸易是否有助于碳减排,即贸易机制的有效性;第二,不同发展阶段的国家之间如何在碳减排量上进行博弈,即限额机制的有效性。就贸易机制方面,一些学者认为,国际贸易从总体上有损于环境保护。因为不同国家在贸易结构以及在国际贸易中的地位不同,全球自由贸易有利于发达国家改善其环境,即通过国际贸易来减少碳排放,从而保护环境;但对发展中国家和不发达国家而言,为了促进经济的发展,这些国家不得不以牺牲环境为代价,因而国际贸易就对环境产生了负效应。另一些学者认为,国际贸易从总体上有利于环境保护。就限额机制方面,不同国家在承担碳排放责任上存在很大的分歧,并提出了不同角度来划分责任。发达国家强调,生产能够直接导致碳的排放,所以应该从生产的角度来进行划分。然而,发展中国家则主张从消费角度进行划分,因为生产的产品最终要进行流通并消费。

研究发现,从根本上看,碳排放权交易的实质,无论从何种角度划分碳排放责任,各国尤其是发达国家都是在进行“责任转移”,即“碳排放转移”。在碳排放权交易实施的过程中,在“有效控制碳排放”的现象背后,“碳泄露”作为又一个新名词被提出来。碳泄露是指由于一国或一地区实施减排政策而导致的该国以外的国家或地区的温室气体排放量增加的现象。可见,碳排放权交易并不能真正解决气候变化和环境问题。不论是责任转移还是碳排放转移,最终消费产品的碳隐含量则是不容忽视的问题。国际碳排放权交易的实质是在各国间划分全球环境容量,欧盟和美国力推在世界范围内开展的背后有其巨大的经济利益和政治目的的考虑。发展中国家减排的成本和代价要比发达国家高很多,因此要求发展中国家减排是不公平的,而那些面临经济转型的发展中国家在减排方面将会付出更高的代价。因此主张发达国家在碳减排方面应承担更多的义务,并向发展中国家提供必要的资金和技术等帮助其减排。

第五节　我们的行动

解决气候变化问题恢复生态环境的两条重要途径,就是市场化机制和行政控制机制。在自由主义经济学看来,市场化手段被认为优于行政控制手段。但气候变化具有全球共享性,生态环境恶化具有负的外部性,这就决定了在解决气候变化问题和生态环境问题时,在充分调动市场积极性的同时,必须更好地发挥政府的作用。

中国的温室气体排放量居世界首位,作为负责任的大国,中国向世界承诺承担减排的责任和义务。到 2020 年我国每单位 GDP 的温室气体排放将在 2005 年的基础上再减少 40%~45%。作为发展中国家,面对艰巨的减排任务,碳交易作为一种以低成本达到履约目标的手段成为我国的必然选择。在积极参与国际范围内的减排活动的同时,我们在国内也采取了积极的减排行动。

一、积极参与国际气候谈判

20 多年来,从国家利益和人类利益出发,中国积极开展多边气候外交,为推动联合国气候变化大会取得积极成果发挥了积极作用,也为减缓全球温室气体排放的增长速度做出了重要贡献。

20 世纪六七十年代,许多国家遭遇了干旱和气候异常现象。1979 年 2 月 12 日到 23 日,世界气象组织召开第一次世界气候大会,中国代表团出席了会议。1988 年在日内瓦成立了政府间气候变化专门委员会,中国代表出席成立大会,并积极组织协调参与有关活动。1990 年第二次世界气候大会在日内瓦召开, 中国代表团表明了中国政府对全球气候变暖问题的立场和态度。1991年 2 月至 1992 年 5 月,第一次气候谈判在华盛顿举行。中国代表团与 77 国集团密切协作,向委员会提出了许多反映发展中国家利益的重要建议。

1992 年 6 月,联合国环境与发展大会在巴西里约热内卢召开,批准了包括《公约》在内的一系列国际条约。中国代表团签署《公约》,展现了中国对全球环境与发展问题的高度重视,表现了对人类生存环境的高度责任感。

1994 年 3 月《公约》生效。由于缺乏法律约束力及具体的实施细则,从 1995 年起,针对温室气体减排的具体事宜各国之间展开了旷日持久的国际气候谈判。谈判的第一阶段:从 1992 年至 2005 年,即从《公约》通过到《京都议定书》生效。在此期间,中国坚持"共同但有区别的责任"原则,要求发达国家正视历史性积累排放和高人均排放的事实, 但发达国家在承担气候责任方面并没有拿出十足的诚意。不仅如此,发达国家还对发展中国家集团施加压力,使得气候谈判过程中的发展中国家集团出现了分化。为了维护发展中国家的共同利益,中国从中进行了积极的协调。谈判的第二阶段:从 2005 年至今,即从《京都议定书》生效至今。这一时期,气候谈判的格局逐渐成为以欧美为代表的发达国家和以中国、印度、巴西为代表的发展中国家之间的谈判。为了更好地参与气候谈判,中国一方面在坚持"共同但有区别的责任"原则前提下,呼吁发达国家尽快提出减排目标;另一方面,中国也积极承担了相应的减排任务,主动实施可持续发展战略。

2009 年,在全球金融危机和经济不景气的大背景下,联合国气候变化大会也因为诸多问题受挫停滞。中国一直坚持《公约》及《京都议定书》下的谈判,积极推动谈判进程。而与此同时,发达国家不断向发展中国家施压,要求发展中国家承担减排目标。2009 年哥本哈根气候变化大会上的《丹麦草案》,将发达国家与发展中国家等同看待,这显然有悖于"共同但有区别"原则。中国理解并重视最不发达国家、非洲国家和小岛屿国家等的特殊关切。2012 年 6 月在联合国可持续发展大会上, 中国向联合国环境规划署信托基金捐款 600 万美元,用于帮助发展中国家提高环境保护能力的项目和活动,用于援助最不发达国家、非洲国家和小岛屿国家等应对气候变化。

　　在哥本哈根气候大会召开前夕，中国正式对外宣布控制温室气体排放的行动目标，"决定到 2020 年中国单位国内生产总值二氧化碳排放比 2005 年下降 40%~45%"，这是中国应对气候变化做出的自愿承诺，表现出中国负责任的态度。2014 年 11 月，中美两国发表联合声明，中国计划 2030 年二氧化碳排放达到峰值，并计划到 2030 年将非化石能源占一次能源消费比重提高到 20%左右。中国为应对气候变化做出的努力得到了世界各国的赞赏。

二、国内减排行动

　　2007 年，国务院成立国家应对气候变化领导小组，作为国家应对气候变化和节能减排工作的议事协调机构，提出"到 2010 年，实现单位国内生产总值能源消耗比 2005 年降低 20%左右，相应减缓二氧化碳排放"。2008 年 10 月，国务院新闻办公室发布了《中国应对气候变化的政策与行动》白皮书，全面介绍了中国应对气候变化的政策与努力。

　　近年来，尽管中国坚持对外不承诺减排义务的立场，但是政府高度重视气候变化问题，国内控制温室气体排放的相关政策和法律越来越完善。2011 年 11 月，《"十二五"控制温室气体排放工作方案》提出"2015 年全国单位国内生产总值二氧化碳排放比 2010 年下降 17%"。

　　2014 年 5 月，国务院发布了《节能减排低碳发展行动方案》，指出，加强节能减排，实现低碳发展，是生态文明建设的重要内容，是促进经济提质增效升级的必由之路。方案中提出，2014 年至 2015 年，我国的单位 GDP 能耗、化学需氧量、二氧化硫、氨氮、氮氧化物排放量分别逐年下降 3.9%、2%、2%、2%、5%以上，单位 GDP 二氧化碳排放量两年分别下降 4%、3.5%以上。为实现这些目标，必须大力推进产业结构调整，积极化解产能严重过剩矛盾，加快发展低能耗低排放产业，调整优化能源消费结构，强化能评环评约束作用。必须加快建设节能减排降碳工程，推进实施节能技术改造工程，加快更新改造燃煤锅炉，加大机动车减排力度，强化水污染防治。要狠抓重点领域节能降碳，加强工业节能降碳，推进建筑节能降碳，强化交通运输节能降碳，抓好公共机构节能降碳。强化节能减排行动的技术支撑，加强技术创新，加快先进技术推广应用。

　　更为重要的是，我们认识到生态环境的破坏在很大程度上与市场无序、市场失灵的密切关系,因而在节能减排、改善生态环境、恢复生态系统问题上必须更好地发挥政府作用,进一步加强政策扶持。通过完善价格政策、强化财税支持,各级政府加大对节能减排的资金支持力度,整合各领域节能减排资金,加强统筹安排,提高使用效率,努力促进资金投入与节能减排工作成效相匹配。推进碳排放权交易试点,研究建立全国碳排放权交易市场。推行能效标识和节能低碳产品认证,加强监测预警和监督检查。

"十三五"节能减排综合工作方案中,提出我国节能减排的主要目标是,到2020年,全国万元国内生产总值能耗比2015年下降15%,能源消费总量控制在50亿吨标准煤以内。全国化学需氧量、氨氮、二氧化硫、氮氧化物排放总量分别控制在2001万吨、207万吨、1580万吨、1574万吨以内,比2015年分别下降10%、10%、15%和15%,全国挥发性有机物排放总量比2015年下降10%以上。并分行业分领域落实节能减排的责任,组织实施园区循环化改造、资源循环利用产业示范基地建设、工农复合型循环经济示范区建设、京津冀固体废弃物协同处理、再生产品与再制造产品推广等专项活动,构建绿色低碳循环的产业体系。

尽管我们采取了很多措施,在节能减排方面做出了很多努力,但当前我国实现节能减排目标的压力仍然还很大,经济发展过程中还存在一些问题:传统制造业粗放发展模式仍然是工业能源资源消耗高的主要原因;企业、行业和区域节能减排发展水平仍然不均衡;科技创新对节能减排的支持不足;高耗能行业产能过剩继续制约节能减排动力。对于这些问题,单纯依靠市场的作用显然无法有效解决。我国政府为此加强各项政策的制定和落实,加快构建资源消耗低、环境污染小的绿色制造体系;出台差异化的节能减排政策;强化绿色科技创新及其成果转化;推进高耗能行业化解过剩产能实现发展。

第六节　结语

总之,工业文明的发展,在带来生产力巨大发展、物质产品极大丰富的同时,也带来了生态环境的极大破坏。人类在生产、交换、分配、消费的各个环节都出现了生态不正义的结果，其中的原因主要在于自由主义经济思想所主张的私有化、市场化、自由化与人类生态安全之间存在矛盾，私有化、市场化、自由化的主张有悖于生态产品的公共产品属性，容易导致对生态系统的过度消耗。碳排放权交易机制只是在一定范围内对于人类利用自然生态系统权利的重新分配，并不能真正解决生态危机问题。生态正义的实现需要从生产生态化、交换生态化、分配生态化、消费生态化等各个环节入手，真正做到人与人、人与自然、人与社会相协调。

第九章　贫富差距为什么越来越明显？

对贫富差距的认识，必须了解的一个指标就是基尼系数。基尼系数是1943 年意大利经济学家根据劳伦茨曲线所定义的判断收入分配公平程度的指标，是国际上用来综合考察居民内部收入分配差异状况的一个重要分析指标。根据劳伦茨曲线提出的判断收入分配平等程度的办法，令实际收入分配曲线和收入分配绝对平等曲线之间的面积为 A，实际收入分配曲线右下方的面积为 B，并以 A 除以（A+B）的值作为基尼系数，用来表示收入分配不平等程度。基尼系数为 0 到 1 之间的数值，如果基尼系数为零，表示收入分配完全平等；如果基尼系数为 1，表示收入分配绝对不平等。基尼系数越大，收入分配越是趋向于不平等。

第一节　我国的贫富差距分析

随着中国参与经济全球化的广度和深度不断加深，在经济贸易快速增长的同时，我国的收入分配差距也在不断加大。完善收入分配制度、缩小居民收入分配差距的改革已经成为当前中国社会必须关注的焦点问题。问题在于：中国收入差距逐渐拉大到底与中国经济开放逐渐扩大有无直接关系？从时间匹配度看，随着中国参与全球化程度的不断提高，国际市场对我国国内劳动力市场的影响也愈益加深；中国参与全球化程度的加深过程，也就是中国市场化改革不断深入的过程，因此，国内收入分配差距不断加大与我国经济开放逐渐扩大之间是有直接关系的。

一、收入分配差距拉大的原因分析

从全球化对一国收入差距影响的角度进行分析:研究认为,当一国开放其贸易后,出口商品的数量会增加,且相对价格也会上升,那么该国富裕要素的回报率和收益率将趋于上升;而国外进口的增加以及要素的流入又会使该国的稀缺要素受损,因此全球化的结果是各国居民收入差距不断拉大。还有研究认为,对于发展中国家而言,贸易开放将缩小该国的收入差距,进一步加大各国的收入不平等状况。

目前有一种声音,认为当前中国收入差距不断扩大是由于中国融入全球化程度太深,尤其是加入 WTO 参与全球分工所造成的。

中国参与经济全球化对收入分配的影响:积极参与贸易全球化,贸易就业效应非常明显。生产和投资全球化促进了中国的产业结构升级,从而影响不同行业的收入分配。中国吸引外资的产业结构有明显的阶段性特征。20 世纪 80 年代到 90 年代初,多是一些劳动密集型产业,这对普通劳动者的收入提高起到了积极作用。20 世纪 90 年代中后期,外资进入成长性高的资本与技术密集型行业,促进了中国的产业结构升级,高技术人才的收入提高。2000 年以来,"走出去"战略给中国境内投资者带来更多的收益。此外,金融的全球化不断发展,在中国企业不断发展壮大的同时,由于金融资源的拥有与分配存在不合理性,对中国收入分配也产生了拉大差距的影响。

中国收入分配在不同阶层、行业和地区间的差距越来越大:随着中国参与国际贸易、投资、生产全球化的快速发展,不同阶层、不同行业和不同地区的收入报酬差异也越来越大,IT 行业和金融行业的平均劳动报酬最高, 金融业、采矿业和文化产业的薪酬也较高, 而农业劳动报酬多年来一直处于非常低的水平。金融自由化程度的加深拉大了中国的收入分配不均, 如果金融制度不合理,则融资贷款就更加有利于资金的拥有者,而不利于向弱势群体流动,这就必然会加大富者更富、穷者更穷的"马太效应",使收入分配不均程度更加严重。

二、改革开放以来我国全国总体基尼系数的演变

要客观地分析我国收入差距究竟有多大，首先应该对度量我国收入差距状况最常用的指标基尼系数在我国的演变做一分析。

根据程永宏[①]的研究结果，可以把中国农村基尼系数的演变分为四个阶段：1978~1982年，农村基尼系数出现下降趋势，1981年达到最低点0.2504；1992年后持续快速上升，1989年达到0.3230；1989~1998年间基本围绕这一水平小幅波动，且略有上升；1999年以后再次迅速上升，2005年达到最高水平0.3842。这一演变过程实质上正是与中国农村改革进程相吻合的。1984年以后农村经济改革的效果开始显性化，农村经济也开始发生分化，乡镇企业的发展，使农村地区间收入差距开始加大。1989年以后农村经济基本上处于徘徊不前的状态，收入差距也相应地变化不大。1999年以后农村收入差距进一步扩大，这与城镇经济迅速增长、城镇收入扩大对农村的渗透影响有关系，也与农业劳动力流动性加大有关。2004年以后农村基尼系数明显下降，这与我国在这一时期提出众多支持农业发展的政策有关，取消农业税的政策提高了低收入者的收入，但这一下降趋势被农业生产资料的价格上涨所取代，因此，2005年农村的基尼系数又再度提高。

改革开放以后，中国城镇基尼系数呈现波段性上升的趋势，大致可以划分为三个阶段。1981~1984年为第一阶段，这一阶段的基尼系数基本不变，大体保持在0.17左右；1985~1992年为第二阶段，这一阶段的城镇基尼系数缓慢上升，从1985年的0.2166上升到1992年的0.2473；1994~2004年为第三阶段，这一阶段的城镇基尼系数继续缓慢上升，从1994年的0.2847上升到2004年的0.3263。这一演变过程也与我国城镇经济体制改革的进程相吻合。1984~1985年是中国改革从农村转向城市的标志性时期，1993~1994年是建立市场经济体制的关键性时期，这两个时期城镇部门经济体制改革的步伐加快，改革力度也加大，并且都是对以往平均主义分配格局的巨大挑战，因此，这两

① 程永宏. 改革以来全国总体基尼系数的演变及其城乡分解 [J]. 中国社会科学, 2007 (4).

个时期的城镇居民基尼系数有了明显的快速上升。

从我国城乡居民总体基尼系数看，根据中华人民共和国国家统计局公布的结果，1981 年至 2015 年间，总体基尼系数 1981 年至 1986 年间低于0.3,1987 年到 1993 年间低于 0.4,1994 年以后,除了 1999 年基尼系数下降为0.397 外,其他年份均在 0.4 以上且越来越接近于 0.5。从基尼系数的演变历程看，其数值每一次的标志性上升都与我国城乡经济改革的标志性时间阶段有关。这说明,我国改革开放的进行和市场经济体制改革的建立和完善,在收入分配的贫富差距变化方面发挥了重要作用。

第二节　新自由主义与全球收入不平等

世界范围内大规模的收入分配不平等出现在 20 世纪 80 年代后，收入分配不平等与自由主义的再次盛行的时间节点之重合,并不是偶然,世界范围内收入分配差距加大的背后根源正是在那一个历史时期盛行的新自由主义浪潮。

一、世界范围内收入分配状况

新自由主义的泛滥,使人类社会的贫富差距达到了前所未有的程度。一方面,是国与国之间发展的不平衡加剧,差距拉大;另一方面,在几乎所有推行新自由主义的国家内部都出现了贫富差距拉大的问题。事实上,在新自由主义泛滥以来,除了少数国家,绝大部分国家的贫困人口不是减少了而是增加了。

早在 2007 年,世界银行的研究报告就指出,许多国家收入不平等现象在20 世纪最后的 10 年中都有加剧。在全球 59 个国家中,收入不平等程度加剧的国家占到 78%。比如，美国的基尼系数在 1985 年为 0.35,1994 年为0.4,1997 年为 0.41。美国知名杂志《名利场》2011 年 5 月发表的一篇题为《1%"民有、民治、民享"》的文章这样写道:美国上层 1% 的人现在每年拿走将近 1/4的国民收入。25 年前,这两个数字分别是 12% 和 33%。英国的基尼系数在 20世纪 70 年代只有 0.27,1999 年英国的基尼系数上升到 0.36。除发达国家之外,许多发展中国家在 20 世纪 80 年代和 20 世纪 90 年代都出现了收入分配不平等程度扩大的趋势。尤其值得注意的是,转型国家在 20 世纪 90 年代未转型之前基尼系数相对较小,但进入 20 世纪 90 年代后,基尼系数都有上升,并且上升的幅度超过了其他国家。

目前,工业化发达国家内部的两极分化,已经达到了前所未有的程度。根据联合国开发计划署 2011 年 9 月 9 日发表的人类发展年度报告,全球最富裕的 3 个人所拥有的财富已经超过最穷的 48 个国家国内生产总值的总和,而全球最有钱的 15 个人,他们的财富总值比撒哈拉沙漠以南全部非洲国家的国内生产总值还要多,全球最有钱的 32 个人,则比南亚国家全部国内生产总值还要多。报告以数据显示贫富差距的严重,全球最富裕的国家中共有 1 亿多人口生活水准低于贫困标准,属于赤贫,至少有 3700 万人失业。1997 年,在欧洲联盟内部,10%最富有的居民的收入占欧洲联盟全部居民收入的 25%,而 10%收入最低居民的收入只占欧洲联盟全部居民收入的 3%。

有太多的数据可以表明,20 世纪 80 年代至今,世界范围内的收入分配状况不容乐观。从国与国之间的比较看,全球最富裕的阶层集中在少数几个发达国家,从总体上看发达国家与发展中国家及其他落后国家之间的收入差距越来越大。从一个国家内部收入分配状况来看,无论是发达国家还是发展中国家,都出现了内部收入分配差距拉大的趋势。

二、新自由主义与发达国家收入不平等

从发达国家内部收入分配的状况看,有数据显示发达国家国内财富分配的差距越拉越大,甚至已经达到了前所未有的程度。比如,德国 5%的私人家庭占有的财富占全部私人总财富的 30%以上;英国公司管理层的收入高于员工近 100 倍;美国总收入的 40%流入占人口不到 10%的富人的口袋里。2000 年以来,由于国内劳动力成本增加,美国和欧洲国家把低端制造业大量转移到发展中国家,国内只留技术研发中心。这样做的结果造成大量的人员失业而公司的股东却能够获得丰厚的收入,这更加扩大了两极分化。

从美国发展的历史上看,第二次世界大战后美国的收入差距曾经因为凯恩斯主义经济政策的实施而缩小,劳资关系也在一定程度上得到改善。但 20

世纪 70 年代末开始出现的"新自由主义"经济思想,排斥凯恩斯主义国家干预政策,提倡自由主义传统,反对国家干预。经济增长带来的好处大部分被高收入阶层占有,中低收入阶层受到严重冲击,收入差距逐渐又扩大起来。

1979 年, 英国右翼保守党撒切尔政府上台后实施的改革方案和 1980 年里根政府奉行的供给学派改革,都是新自由主义经济思想的具体实施。以美国为例,新自由主义经济政策的实施对美国的收入差距造成了严重的影响。

里根政府的改革计划包括产业私有化,大量削减政府的社会支出,降低个人所得税,放宽对经济的管理,实施货币供应量稳定增加的政策。产业私有化政策使美国政府掌握的煤炭、钢铁、电力、航空等国有企业的部分股份或全部股份通过转包或订单方式卖给了私人企业, 使私人部门大幅度参与到以前由政府控制或监管的部门中。新自由主义经济思想主张减少政府对经济生活的干预,其中就包括减少福利支出这项政策。因此政府从 80 年代开始大幅度减少社会福利开支,这使得那部分低收入家庭的生活更加失去了保障,不利于收入差距的缩小。新自由主义者认为工会是垄断组织,工会的存在使得工人的工资高于劳动力市场均衡价格,高工资的存在影响资本家投资的积极性。因此,新自由主义政策实施的结果之一就是对工会组织的打压, 采取工会立法和压制工人罢工等手段削弱工会势力。与减少福利支出和打压工会组织相反,对富人阶级一方,新自由主义则主张降低税率,认为只有富人才有足够的资本去投资,因此,认为减税有利于整个社会的发展。

这一系列主张不难看出, 新自由主义者的经济政策在提高富人收入水平和降低穷人收入水平两方面发挥着作用。新自由主义在美国居民收入严重的贫富分化方面发挥了重要的作用,其所倡导的大市场小政府理念,所实施的减少金融管控、私有化、减低税率等措施,使工人的收入水平下降,经济增长的好处大部分都流入富人的口袋,是造成美国收入差距越来越大的主要原因。

三、新自由主义与发展中国家收入不平等

新自由主义在发展中国家的传播,是以"华盛顿共识"条款作为工具的。"第二次世界大战以来,欧洲收回了在拉丁美洲的财产,让位于席卷而来的美国投资。从此,投资方向发生了重大的变化。用于公众服务事业和矿业方面的

资本一步一步地、年复一年地丧失其相对的重要性。与此同时，在石油、特别是在制造业方面的投资比例不断增加。在拉丁美洲，每三美元投资中就有一美元用于工业投资。"①帝国主义公司将拉丁美洲的工业增长据为己有，将拉丁美洲工厂变成各大公司全球性机器的简单零部件。在国际分工中，穷国和富国之间进行资本及商品流通的渠道没有改变，拉丁美洲继续出口国际市场需要的原材料，而拉丁美洲的经济则依赖于出口这些原材料和跨国公司子公司用拉丁美洲的廉价劳动力加工的一些工业产品。在发达国家与拉丁美洲国家之间的不平等交换一直存在，一定程度上讲，拉丁美洲的低工资帮助美国和欧洲收入水平的提高。

通过新自由主义政策推广，发达国家不仅培育出了自己廉价的原材料产地和广阔的产品销售市场，有利于自己国内财富的积累，而且发达国家在发展中国家内部，通过私有化浪潮，通过市场化改革，逐渐使劳资两个阶层的分化显性化，逐渐使资本方和劳动方的收入差距不可避免地扩大起来。

第三节　跨越中等收入陷阱必须警惕新自由主义

一、什么是中等收入陷阱？

2007年，世界银行发布了一份题为《东亚复兴：关于经济增长的观点》的报告，首次提出"中等收入陷阱"一词。"中等收入陷阱"是指在一些发展中国家，由低收入国家行列进入中等收入国家行列之后，经济增长长期停滞不前的状况，既无法在工资方面与低收入国家竞争，又无法在尖端技术研发方面与富裕国家竞争。那么，到底什么是中等收入陷阱？形成中等收入陷阱的原因是什么？中等收入国家应该如何避免中等收入陷阱？这些问题对于正处于从中等收入阶段向高收入阶段过渡的国家而言都很重要。

---

① 爱德华多·加莱亚诺(Eduardo Galeano).拉丁美洲被切开的血管[M].北京：人民文学出版社，2001：238.

一个经济体从中等收入向高收入迈进的过程中，既不能重复又难以摆脱以往由低收入进入中等收入的发展模式，很容易出现经济增长的停滞和徘徊，人均国民收入难以突破一万美元。进入这个时期，经济快速发展积累的矛盾集中爆发，原有的增长机制和发展模式无法有效应对由此形成的系统性风险，经济增长容易出现大幅波动或陷入停滞。大部分国家长期在中等收入阶段徘徊，迟迟不能进入高收入国家行列。

国际上公认的成功跨越中等收入陷阱的国家和地区有日本和韩国。日本人均 GDP 在 1972 年接近 3000 美元，到 1984 年突破了一万美元。韩国 1987 年人均 GDP 超过 3000 美元，1995 年则达到了 11469 美元，进入了发达国家的行列。而拉丁美洲和东南亚一些国家则是陷入中等收入陷阱的典型代表。一些国家的收入水平长期停滞不前，还有一些国家的收入水平虽然在提高，但始终难以缩小与高收入国家的鸿沟。比较分析发现，成功跨越中等收入陷阱的国家与陷入中等收入陷阱的两大类国家，在经济增长、技术创新、人力资源、收入分配、社会发展、对外依赖等方面存在明显的差异性。

二、为什么有的发展中国家会陷入中等收入陷阱？

从各国发展的历史看，随着技术的进步、生产力的发展，各国的收入水平总体呈增长趋势。作为正在发展中的国家，在进入中等收入水平以后，有的能够成功跨越中等收入陷阱，而有的国家则长期陷入中等收入陷阱。据统计资料分析，发展中国家落入中等收入陷阱并不是一个小概率事件。2008 年后，只有 13 个国家转变为高收入经济体，其余的 88 个国家均没有成功跨越"中等收入陷阱"这道门槛。[①]对这些长期陷入中等收入陷阱的国家的发展历程进行分析，可以探究到其中的一些原因。

从那些成功迈入高收入水平的经济体来看，它们在经济发展过程中也存在一些共同之处：这些国家都是开放的经济体，这些国家的宏观经济在较长时间内都保持着稳定增长。另外，这些国家都有相对较高的储蓄率和投资率，并

---

① 林毅夫. 发展中国家有大概率落入"中等收入陷阱"[DB/OL]. 网易财经 http://money.163.com/16/0823/15/BV5OST93002580S6.html.

且都处于一个有序的市场经济之中。在市场对资源配置发挥作用的同时,又能够很好地发挥政府的作用,政府通过相关政策对经济的发展进行有效的宏观调控。

从长期陷入中等收入陷阱的国家来看,普遍存在的问题也有共同之处:在发展过程中收入分配差距拉大,引起消费不足,影响经济的持续发展和社会的稳定;经济转型失败和政治转型失败也是导致这些国家发展后续动力不足的原因;更为重要的是,从低收入阶段发展到中等收入阶段所采取的经济发展方式,难以继续保障经济持续增长的时候,必须进行经济发展方式的转变,而许多中等发展国家继续维持原有的发展模式而导致其陷入中等收入陷阱中无法自拔。

厉以宁认为,中等收入陷阱包含了三个陷阱:发展的制度陷阱、社会危机陷阱、技术陷阱。其中,发展的制度陷阱需要靠改革来避免;社会危机陷阱需要靠缩小城乡与地区收入差距和社会管理创新来避免;技术陷阱要靠技术创新和资本市场创新来解决。[①]从拉丁美洲地区和东南亚一些国家的发展情况看,当发展中国家从低收入国家行列跨入中等收入国家行列时,其传统社会的许多特征还保留着,在进一步发展过程中,就会遇到政治、经济、社会、文化等方面的传统制度束缚工业化进一步发展的障碍。所谓的"中等收入陷阱"首先遇到的就是这种"发展的制度陷阱",继而会出现社会危机和技术陷阱。

三、新自由主义如何导致中等收入陷阱?

目前,学术界关于中等收入陷阱原因的分析,基本上是从陷入陷阱的国家内部寻找原因,缺乏辩证的分析。仔细分析跨越或没有跨越"中等收入陷阱"的国家,固然有这些国家在发展过程中能够及时转变发展方式的内在原因,但是,从跌入陷阱国家的外因来看,无疑是中了新自由主义的圈套。[②]

新自由主义经济思想的推广导致一些发展中国家陷入发展的制度陷阱。

---

① 厉以宁.论"中等收入陷阱"[J].经济学动态,2012(12).

② 段学慧.跨越"中等收入陷阱"必须警惕"新自由主义"[J].河北经贸大学学报,2012(6).

新自由主义经济思想主张自由化、私有化和市场化,认为自由市场是配置资源的最佳方式,反对任何形式的国家干预;认为私有产权是最明晰最有效率的制度安排。这种"市场原教旨主义"的推广使得一些发展中国家在基本经济制度方面越来越否定公有制,采取生产资料私有制为基础的所有制方式。在这种私有制为基础的生产资料所有制方式下,自由市场经济发展过程中的一系列弊端在这些发展中国家会逐渐暴露出来。分配过程中的两极分化,财富在资本一方的积累等,使整个社会的消费不足越来越严重,经济的持续增长乏力。因此,这些国家在享受人口红利带来的经济增长动力之后,由于制度性缺陷的存在,普遍会陷入长期的经济增长停滞状态之中。

新自由主义经济思想的推广导致一些发展中国家陷入社会危机陷阱。新自由主义经济思想主张自由化、私有化和市场化,自由化为发达国家资本自由流动提供了便利,私有化浪潮使大量国有资本通过各种方式转变为私人资本,市场作为配置资源的方式也更进一步加大资本和劳动在收入分配中的差距。各个接纳并推广新自由主义经济思想的发展中国家的发展实践证明,贫富分化、收入差距加大是新自由主义经济思想指导下的经济发展不可避免的结果。主要依靠提供劳动要素获得收入分配的人越来越处于社会的最底层,来自底层社会的人收入增长缓慢、停滞或下降,与拥有资本要素的所有者之间的收入差距越拉越大,贫富悬殊越来越明显。穷人感到失望,于是整个社会出现动荡不安,整体购买力下降,贫民人数增多,经济增长缺乏动力。拉丁美洲的发展历史证明,这种社会危机陷阱往往使政治家无从下手。

新自由主义经济思想的推广导致一些发展中国家陷入发展的技术陷阱。发达国家以"华盛顿共识"为工具在发展中国家和经济转型国家推广其自由主义经济思想,为从美国和国际金融机构获得贷款,发展中国家被迫接受促使其进行"改革"的附加条件。但事实证明,"华盛顿共识"的各项条款和贷款条件,其本意不是要从根本上解决发展中国家的债务危机,而是要强制债务国按照新自由主义的主张实行结构调整和体制改革,使这些国家经济发展的自主性进一步下降。债务资本化使民族经济受到外国投资者的控制,而外国投资者对发展中国家的技术投资和技术转移方面却一直有所保留。发展中国家在进一步发展的过程中普遍遇到这样的问题:拥有资源禀赋的国家想通过增加附加值而摆脱中等收入陷阱，但增加附加值的技术壁垒难以突破；有一定制造业基础的国家希望在尖端技术方面有所突破从而摆脱中等收入陷阱，但难以越过技术陷阱。

四、中国是否陷入中等收入陷阱？

实际上，"收入陷阱"是指一种均衡状态，即在一些促进人均收入提高的因素发挥作用之后，由于此类因素具有某种程度的不可持续性，其他制约因素又会将其作用抵消，因而人均收入增长陷入停滞。

由此可见，中等收入陷阱实际上是一个增长陷阱。在经济发展的不同阶段，经济增长的动力机制是不同的，这就使在低收入阶段能够有效促进经济增长的动力因素到中等收入阶段可能就会变得动力不足。

界定一个国家是否陷入中等收入陷阱，有两种方法。①从绝对标准来看，中等收入国家出现经济增长停滞或者负增长的现象，即已经处于中等收入陷阱之中。从相对标准看，如果中等收入国家的经济增长率低于高收入国家，则被认为处于中等收入陷阱之中。其实，这两个界定标准，不仅可以被用来衡量中等收入国家向高收入国家发展的过程中是否陷入中等收入陷阱，而且也可以被用来衡量低收入国家向中等收入国家过渡的过程中是否陷入低收入陷阱，也可以被用来衡量高收入国家在继续发展过程中是否也存在增长陷阱的问题。

因此，所谓的"中等收入陷阱"，是每一个国家在发展过程中可能陷入也可能顺利跨越的一个阶段，就拉丁美洲国家、东欧国家等的发展来看，由于诸多原因尤其是由于以美国为首的西方发达国家对其倾销"华盛顿共识"的新自由主义观念，使其在发展过程中出现了发展的制度陷阱、技术陷阱和一系列社会危机，从而在成为中等收入国家后陷入漫长的增长停滞期，难以继续向高收入国家迈进。

中国的改革之路不同于拉丁美洲国家和东欧国家。改革开放以来，我国的经济体制改革也是一种市场化取向的改革，市场在资源配置过程中发挥的作

---

① 姚枝仲.什么是真正的中等收入陷阱[J].国家经济评论,2014(6).

用越来越大,但不同于拉丁美洲和东欧国家的是,我国的市场经济体制改革是在国家有效宏观调控下的改革,我们在充分发挥市场对资源配置过程的决定性作用的同时,要更好地发挥政府作用。以公有制为主体多种经济成分并存的基本经济制度和以按劳分配为主体多种分配方式并存的分配制度,既充分调动了多种经济成分的积极性,又确保了我国市场经济的发展是在社会主义条件下的发展。

当前,我国经济发展进入新常态,经济结构和增长动力发生重要转变,增长速度由高速增长转为中高速增长。鉴于此,国内外对中国是否已经陷入中等收入陷阱以及中国能否成功跨越中等收入陷阱的讨论此起彼伏。

需要明确指出的是,我国的经济增长速度有所减缓,但我国不可能落入像拉丁美洲及东欧国家那样的"中等收入陷阱"。从增长轨迹看,我国改革开放以来经历了30多年的高速增长,近年来增长速度有所放缓,增长模式和增长轨迹类似于东亚经济体。从长期增长框架上看,我国充分利用了工业化时期经济高速增长的潜力。当前经济增长条件虽然出现一系列重要变化,出现经济不能持续高速增长的困难,但从经济发展水平上看,我国现在达到的发展水平实际上已经远远高于拉丁美洲陷入中等收入陷阱时的发展水平。

但是,由于人口红利不断削弱、制度转型之后创新力度不足等原因,中国落入"收入陷阱"的可能性仍然存在,需要我们引起充分的警惕。而在如何避免或如何顺利跨越中等收入陷阱问题上,尤其要注意警惕新自由主义经济思想的影响。

五、我国避免或跨越中等收入陷阱必须警惕新自由主义经济思想的影响

伴随着改革开放的进行,新自由主义经济学也在我国得到广泛传播。

在改革开放初期,新自由主义经济理论,如关于市场配置资源的机制、减少政府经济干预、压缩政府开支等主张,对于促进我国商品经济发展、转变我国政府职能、加快国有企业改革、提高经济效率等起到了积极的促进作用。

从20世纪80年代后期开始,新自由主义经济学家开始有意识地向我国推销新自由主义思想,主张用新自由主义的一套理论来指导我国的改革开放和经济体制改革的全过程,不断动摇我国社会主义公有制的基础。在经济领

域,新自由主义经济思想主张全面实行私有化,主张自由放任的市场经济,反对政府干预,主张国有企业全面私有化。在政治领域,新自由主义崇尚绝对自由,鼓吹个人主义,反对国家权威。在国际关系方面,新自由主义极力鼓吹以西方大国为主导的全球一体化，实质上是想把我国变成像拉丁美洲及东欧国家一样的西方国家的附庸国。新自由主义大搞历史虚无主义和价值虚无主义,造成拜金主义、享乐主义和极端个人主义在我国的盛行。新自由主义经济思想对我国经济社会发展的影响已然非常深入了。

进入21世纪,社会主义市场经济体制的建立和完善需要及时处理我国经济生活中出现的各种矛盾和问题。以世界银行为代表的国际金融机构也以“救世主”的身份为中国的发展开出“药方”。但“国有企业股权多元化”、利率自由化、国有银行私有化等措施无论怎么看都与以美国为首的国际金融机构在拉丁美洲和东欧地区的策略相类似。因此,在经济进入新常态的背景下,无论是避免经济增长陷入中等收入陷阱,还是顺利跨越中等收入陷阱,我国经济的进一步发展都必须警惕新自由主义经济思想的影响。

第十章 "华盛顿共识"给发展中国家带来了什么?

经济全球化的发展,使各个国家参与国际经济活动的范围越来越加深。在这一过程中,各个国家从中获得了什么? 发达国家给发展中国家带来了什么? 发达国家"施恩于"发展中国家的"华盛顿共识",其真相究竟是什么? 这些都是值得我们反复深思的问题。实际上,以"华盛顿共识"作为工具的新自由主义经济学流行以后,对发展中国家的影响要大于发达国家。大多数发展中国家推行新自由主义结构调整改革的结果,都是民族工业的发展遭到了致命的打击,政府控制国内经济和金融活动的能力大大削弱,经济安全、民族独立和国家主权不断弱化,与发达国家的经济差距越来越大。

第一节 "华盛顿共识"的真相

华盛顿共识,是发达国家给发展中国家的一颗糖衣炮弹。"华盛顿共识"是20 世纪 80 年代以来由国际货币基金组织、世界银行和美国财政部联合形成的一系列政策主张。"华盛顿共识"最初是针对拉美经济危机而提出的一系列改革措施,最后演变为国际垄断资本向全球扩张的工具,形成了一种经济转型模式和理论,向广大发展中国家和前苏联东欧国家进行了推广。

一、"华盛顿共识"产生的背景

"华盛顿共识"的形成是有诸多原因的。首先,"华盛顿共识"的政策主张向发展中国家的推广是国际垄断资本向全球扩张的需要。随着生产力的极大发展,国内市场已经不能满足垄断资本获取高额垄断利润的要求,它们要求开拓新的国际市场以寻求更有利的投资机会。同时,技术进步和国际贸易的发展也为资本国际化和经济全球化提供了基础条件。"华盛顿共识"所包含的政策主张正是体现了垄断资本的这种要求。其次,20世纪90年代初期,在苏联解体、东欧剧变的动荡时期,广大发展中国家对于如何谋求发展普遍感到无所适从,以"华盛顿共识"作为经济转型发展的模式的新自由主义经济思想正好让广大发展中国家似乎看到了希望,接受了"华盛顿共识"所提出的改革发展政策。

由此来看,一方面是发达国家的垄断资本向外扩张的需要,另一方面是广大发展中国家急于谋求一条能迅速摆脱贫困的经济发展道路的需要,这是以美国为首的发达国家针对发展中国家而设计的经济发展政策能够顺利得以推行的根本原因。

二、"华盛顿共识"的主要内容

由美国操纵的世界银行、国际货币基金组织、美洲开发银行等国际机构的代表和若干经济学家,在华盛顿会议上系统地指出指导拉美经济改革的十条政策主张,即"华盛顿共识"的主要内容。归纳起来,"华盛顿共识"的主要内容包括:

（1）加强财政纪律,压缩财政赤字,降低通货膨胀率,稳定宏观经济形式。

（2）把政府开支的重点转向经济效益高的领域和有利于改善收入分配的领域（如文教卫生和基础设施）。

（3）开展税制改革,降低边际税率,扩大税基。

（4）实施利率市场化。

（5）采用一种具有竞争力的汇率制度。

（6）实施贸易自由化,开放市场。

（7）放松对外资的限制。

（8）对国有企业实施私有化。

（9）放松政府的管制。

（10）保护私人财产权。

"华盛顿共识"的这十点主要内容,大致可以概括为三个方面:第一是市场化改革,即要求发展中国家的价格完全放开,由市场来决定商品的价格,统一汇率;第二是私有化改革,即对国有经济全面地、大规模地、快速地实行私有化,保护私有产权,放松对市场准入的管制,尤其是要取消阻碍外国资本进入的障碍;第三是稳定宏观经济,即扩大税基,增加政府在高回报领域的公共投资,消除财政赤字,实行贸易自由化,维持宏观经济的稳定。总体来看,"华盛顿共识"的主要目的在于使发展中国家形成"政府职能范围最小化,快速私有化、自由化"的一系列政策主张,通过经济全面私有化,让自由市场在资源配置过程中发挥作用,减少甚至取消政府对经济的干预,从而产生强劲的经济增长势头。

华盛顿共识出笼后,在一些西方国家和国际组织的推动下,新自由主义迅速向拉美、原苏东地区社会主义国家和亚非发展中国家蔓延开来。其代表性表现如,"贝克计划":即"美国关于发展中国家持续增长的计划"。贝克计划在执行中采用了一些重要的金融创新手段,主要内容包括:各多边开发银行在以后3年内向重债务国提供约90亿美元的新贷款;要求私人银行建立信贷基金,资助重债务国家;债权国和债务国进行对话,以防止债务国组成新的抗债集团;债务国实行紧缩政策,降低通货膨胀率,鼓励和吸引外资,减少国家干预。

贝克计划体现了债权国的利益,提供新贷款必须以债务国调整经济为条件。这份计划将美国的对外援助同发展中国家的新自由主义改革绑定在一起。这表明美国等西方国家对发展中国家的债务、援助战略发生了重大转变,标志着西方的新自由主义在全球范围内的新一轮扩张。

三、"华盛顿共识"的实施历程

"华盛顿共识"的提出与初次实践:20 世纪 80 年代,针对墨西哥无力偿还到期的外债而引发拉美地区长达 10 年之久的国际债务危机,发达国家和国际机构旨在联合救助的"布雷迪计划"的基础上形成了"华盛顿共识"。最初,"华盛顿共识"的内容体现在国际货币基金组织对发展中国家提供贷款所附加的"备用协议"中,其内容包括:实行货币贬值以降低进口鼓励出口,积极寻求外国投资,减少政府公共开支,取消实物和原料补贴,限制增加工资和取消价格控制,向私人部门出售国有企业,等等。20 世纪 80 年代末,"华盛顿共识"首先在拉丁美洲地区推广开来。

1989年至1990年，苏联解体、东欧剧变，东欧局势发生了激烈的动荡。随着中央集权的计划经济体制的崩溃，"华盛顿共识"所主导的私有化、自由化、市场化政策框架正好填补了这些国家的政策框架空白。1992年俄罗斯实施的"休克疗法"，正是自由化、市场化、私有化的体现。这说明，"华盛顿共识"的核心内容开始在这些经济转型国家推广开来。在"华盛顿共识"的政策推动下，这些国家的经济制度和经济结构开始发生根本性变化，已经完全被纳入了世界资本主义体系之中。

"华盛顿共识"在拉丁美洲国家的推行，在短时间内带动拉丁美洲国家实现了高速的经济增长。但由于并未解决发展中国家所面临的根本性问题，在一段时间的经济增长之后，其弊端也逐渐暴露出来。经济自由化、市场化的改革，不但没有帮拉丁美洲解决反而加重了其失业问题、分配不公问题和贫困化问题。20世纪90年代拉丁美洲再次陷入动荡和混乱之中，经济增长年平均不足3%，甚至低于市场化改革前的年平均增长率，经济增长几乎陷于停滞状态。鉴于此，"华盛顿共识"的内容也被修改和补充，除市场导向的政策目标之外，加入了减少贫困、改善收入分配等目标，但即使如此也没有解决广大发展中国家所遇到的棘手问题。1997年东南亚国家连续爆发金融危机，国际货币基金组织以"华盛顿共识"条款为附加条件，要求东南亚国家按照全面市场经济的要求改革经济，否则就拒绝向危机国家提供贷款。尽管对此批评的声音很多，但是大多数东南亚国家迫于自身经济压力还是接受了国际金融组织对其经济改革进程的全面介入。在此基础上，"华盛顿共识"在全球范围的蔓延进一步展开。

从20世纪90年代至今，拉丁美洲国家又发生了几次金融危机，出现了严重的经济衰退。东欧的转型国家在采用"华盛顿共识"进行激进式改革而实现经济转型之后，也都不同程度地出现了经济衰退和生活水平的下降，其他采用"华盛顿共识"的发展中国家也是如此。各国经济发展的实践已经证明"华盛顿共识"的失败，对于这一套以"华盛顿共识"为基础的西方新自由主义思想的转轨经济理论争议越来越大。

第二节　"华盛顿共识"的理论基础是新自由主义

发达国家极力以"华盛顿共识"及其条款来参与发展中国家和经济转型国家的经济发展,致力于引导发展中国家和经济转型国家完成私有化、市场化、自由化改革,那么,发展中国家和经济转型国家按照"华盛顿共识"要求进行改革的过程中,发达国家得到了什么?私有化,即国有资产向私有资产的转制。私有化是针对国有经济的一项改革措施,其目的是要将企业中国家参与的成分剔除。"在世界很多地方,私有化过程被滥用。一小部分人为了牟取私利而对原有国有资产巧取豪夺,成了百万甚至亿万富翁。"①斯蒂格利茨对私有化的这一评价,更进一步引起人们对私有化浪潮的本质的探索。要回答这些问题,认清"华盛顿共识"政策框架代表着什么样的经济利益很重要,认清"华盛顿共识"的理论基础是什么很重要。

一、"华盛顿共识"的理论基础

"华盛顿共识"的政策主张,首先强调市场机制的功能和作用,否定国家干预经济和社会发展的必要性,推行市场原教旨主义;其次主张私有化,宣传私有产权对激发市场活力的永恒作用,极力反对公有制;第三主张自由化,尤其是国际贸易的自由化,放松国家对外贸的管制,实际上就是推崇全球自由化。

这些政策主张与新自由主义经济思想的政策主张如出一辙。显然,"华盛顿共识"的理论基础就是新自由主义经济思想,或者说,"华盛顿共识"是新自由主义经济思想在国际范围内推广的结果,是新自由主义经济思想所强调的私有化、市场化、自由化得以推广的具体经济模式。

二、"华盛顿共识"代表的是国际垄断资本的利益

"在政治经济学领域内,自由的科学研究遇到的敌人,不只是它在一切其

---

① 约瑟夫·斯蒂格利茨(Josefp E. Stiglitz). 私有化:成功与失败[M]. 北京:人民大学出版社,2011.

他领域内遇到的敌人。政治经济学所研究的材料的特殊性，把人们心中最激烈、最卑鄙、最恶劣的感情，把代表私人利益的复仇女神召唤到战场上来反对自由的科学研究。"①马克思认为，经济学研究所涉及的人，只是经济范畴的人格化，是一定的阶级关系和利益的承担者。"华盛顿共识"作为新自由主义经济思想指导下的一种向全球范围推广的自由主义经济模式，也有其所代表的阶级利益。

产权的私有化、资源配置方式的市场化、金融和贸易的自由化，这是"华盛顿共识"的三项基本特征，从"华盛顿共识"的推广过程及其实施效果来看，这三项基本特征也正是为了满足国际垄断资本的利益而进行的强制规定。

在资本主义发展过程中，资本的所有者按照资本的本质要求组织生产，推动资本主义生产依次经历了自由竞争资本主义、垄断资本主义。进入垄断资本主义阶段后，竞争的目的和手段发生了变化，但并没有改变资本主义内在的发展规律。国家作为垄断资本的利益总代表，极力采取相应的政策以保障垄断资产阶级在全球范围内的利益，"华盛顿共识"的各项条款正是反映了国际垄断资本的各项利益要求。

马克思、恩格斯对资本主义的历史地位有客观评价，认为，资产阶级在它的不到一百年的阶级统治中所创造的生产力，比过去一切世代创造的全部生产力还要多，还要大。生产的集中、资本的集中、生产力的发展、技术的创新等，都是在资本追逐利润的过程中得以实现的。资本有机构成不断提高的趋势下，国内市场上的平均利润率不可避免有下降的趋势。发达国家内部由于机器代替工人出现相对过剩人口的同时，也出现了资本过剩的现象。这里的资本过剩与人口过剩有相似性，都是一种相对过剩。资本的过剩是相对于资本对利润率的要求而言相对过剩，即国内市场的利润率不能满足资本追求高利润率的要求，而导致资本不愿意在国内市场投资的现象。

但资本是不甘寂寞的，垄断资本将触角伸向国外，在国际范围内寻找有利的投资场所，寻找廉价的原材料产地和广阔的产品销售市场。为此，消除国与国之间资本、要素自由流动的制度障碍和市场壁垒，就成为发达国家垄断资本

---

① 马克思. 资本论[M]. 第一卷. 北京:人民出版社,2004:第一版序言.

向外扩张的首要任务。私有化、市场化、自由化作为国际垄断资本对国际市场的要求，通过发展中国家和转型国家接受"华盛顿共识"条款的方式，把这些国家的生产要素、资源和市场纳入全球市场体系之中，为国际垄断资本自由地进入这些国家打开了通道。

国际垄断资本的实质是资本国际化或资本在国际化运动中实现不断增值。列宁曾经预测，"帝国主义的特点，恰好不是工业资本而是金融资本。"[①]"华盛顿共识"的政策是金融垄断资本在全球范围内获取巨额利润的制度保障。"华盛顿共识"通过美国的政治、军事强权，通过国际经济和金融组织的经济强权，构建了为国际金融垄断资本服务的"金融霸权"体系。这个霸权体系以具体详细的权力体系和政策体系，推动经济全球化向着有利于国际金融垄断资本的方向发展。

跨国公司的发展在全球范围内实现了资源配置、产品生产、产品销售的全球化模式。资本输入国与资本输出国在新自由主义政策的支持下形成统一的经济环境是这一全球化模式得以维持的基础。"经济全球化使得国际分工由帝国主义初级阶段的垂直型分工，发展为现代的行业、企业内部的工序、工艺流程的分工——水平型分工。资本主义生产过程的社会化最初意味着一种产品的零部件分别由许多个生产厂家生产，现在，跨国公司不但把零部件的生产分包出去，而且包括这些零部件的科研、设计与最后的生产制造全都包给国外其他企业。全球各个国家都成为垄断资本主义生产方式链条上的一个环节，一个以大跨国公司为载体的全球性生产网络正在形成。"[②]这也就意味着，国际金融垄断资本在"华盛顿共识"政策的支持下，在世界市场范围内进行投资，利润源源不断地流入资本的所有者的口袋中。

总的来说，"华盛顿共识"以"平等的""自由的"经济活动作为国际经济贸易的基本方式，但国际贸易和国际金融活动的结果对于发达国家与发展中国家而言却是极其不平等的。国际垄断资本不仅在全球市场中拿走了高额的垄断利润，而且击垮了发展中国家的民族企业和民族资本，对发展中国家的经济

---

① 列宁选集[M]. 第2卷. 北京：人民出版社，1995：653.
② 李庆. 资本主义是国际垄断资本主义：帝国主义的高级阶段[J]. 唯实，2002(21).

秩序造成了极大的破坏,甚至使发展中国家失去了独立的国民经济发展体系,使发展中国家的经济发展在很大程度上依附于发达国家。"华盛顿共识"以新自由主义经济思想作为其理论基础,代表的是国际垄断资本的利益,这是所有发展中国家面对"华盛顿共识"的政策条款时首先要认清的事实。

第三节 北京共识:发展中国家注重发展的独立性

"北京共识"是国外研究者对中国发展模式的一种认识。美国《时代》周刊高级编辑、美国著名投资银行高盛公司资深顾问乔舒亚·库珀·雷默在英国伦敦外交政策中心发表了一篇调查论文,指出中国通过艰苦努力、主动创新和大胆实践,摸索出一个适合本国国情的发展模式。他把这一模式称之为"北京共识"。

乔舒亚·库珀指出,"北京共识"具有艰苦努力、主动创新和大胆实验(如设立经济特区),坚决捍卫国家主权和利益(如处理台湾问题)已经循序渐进(如"摸着石头过河")等特点。它不仅关注经济发展,同样注重社会变化,也涉及政治、生活质量和全球力量平衡等诸多方面,体现了一种寻求公正与高质量增长的发展思路。

"北京共识"所体现的改革是渐进式改革。它是在坚持社会主义制度的前提下进行建立市场经济体制的改革,是在社会主义条件下发展和完善市场经济的改革。中国的改革开放、经济转型和社会发展的成功实践证明了"北京共识"的成功。中国的这种成功发展模式被认为可以作为追求经济增长和改善人民生活的发展中国家效仿的榜样。总的来看,与"华盛顿共识"所导致的发展中国家经济现状相比较,"北京共识"之所以能够成功,最根本的原因在于这个发展模式所代表的是,一个发展中国家在经济转型发展过程中如何逐渐摸索出来一条适合自己的发展道路,即各个发展中国家应该结合自己的国情,走适合自己的发展道路,注重发展的独立性。具体来看,发展中国家和转型发展国家在经济转型过程中要正确处理改革、发展、稳定之间的关系;要将国内改革与对外开放有机结合起来;坚持市场导向改革的同时,必须更好发挥政府的宏观调控作用。

"华盛顿共识"是有意识组织出台的,"华盛顿共识"的参与者是在接受新自由主义思想的基础上形成的共识。与"华盛顿共识"不同,"北京共识"则是在中国改革开放以来经济快速发展、人民生活水平得到很大提高的条件下,由国际舆论自发提出的一种观点。"北京共识"是对中国经济发展成功经验的总结,尤其是对中国"以经济建设为中心,坚持四项基本原则,坚持改革开放"的自我完善、自我发展经验的总结。

第四节　一带一路:国际合作中的平等互利和多赢

"一带一路"战略是中国首倡、高层推动的国家战略,这一战略构想的提出,契合沿线国家的共同需求,为沿线国家优势互补、开放发展开启了新的机遇之窗,是国际合作的新平台。"一带一路"战略在平等的文化认同框架下谈合作,是国家的战略性决策,体现的是和平、交流、理解、包容、合作、共赢的精神。

一、"一带一路"提出的历史背景

"一带一路"分别指的是丝绸之路经济带和 21 世纪海上丝绸之路。

丝绸之路起始于古代中国,连接亚洲、非洲和欧洲的古代陆上商业贸易路线,最初的作用是运输中国古代出产的丝绸、瓷器等商品,后来成为东方国家与西方国家之间在经济、政治、文化等多方面进行交流的主要道路。丝绸之路主要分为陆上丝绸之路和海上丝绸之路。陆上丝绸之路从古代洛阳开始,经长安、河西走廊、中亚国家、阿富汗、伊朗、伊拉克、叙利亚等到达地中海,最远到达罗马,这条路被认为是连接亚欧大陆的古代东西方文明的交汇之路。海上丝绸之路,是指古代中国与世界其他地区进行经济文化交流的海上通道。古代海上丝绸之路从中国东南沿海,经过中南半岛和南海诸国,穿过印度洋,进入红海,抵达东非和欧洲,成为中国与外国贸易往来和文化交流的海上大通道,并推动了沿线各国的共同发展。

二、"一带一路"战略的提出

2013 年 9 月 7 日，习近平主席在哈萨克斯坦纳扎尔巴耶夫大学发表演讲时表示：为了使各国经济联系更加紧密，相互合作更加深入，发展空间更加广阔，我们可以用创新的合作模式。共同建设"丝绸之路经济带"，以点带面，从线到片，逐步形成区域大合作。2013 年 10 月 3 日，习近平主席在印尼国会发表演讲时表示：中国愿同东盟国家加强海上合作，使用好中国政府设立的中国—东盟海上合作基金，发展好海洋合作伙伴关系，共同建设 21 世纪"海上丝绸之路"。2014 年 5 月 21 日，习近平主席在亚信峰会上发言时指出，中国将同各国一道，加快推进"丝绸之路经济带"和"21 世纪海上丝绸之路"建设，尽早启动亚洲基础设施投资银行，更加深入参与区域合作进程，推动亚洲发展和安全相互促进、相得益彰。2014 年 11 月 8 日在加强互联互通伙伴关系对话会上，习近平指出共同建设丝绸之路经济带和 21 世纪海上丝绸之路与互联互通、相融相近、相辅相成。习近平指出，第一，以亚洲国家为重点方向，率先实现亚洲互联互通。"一带一路"源于亚洲、依托亚洲、造福亚洲，中国愿意通过互联互通为亚洲邻国提供更多公共产品，欢迎大家搭乘中国发展的列车。第二，以经济走廊为依托，建立亚洲互联互通的基本框架。"一带一路"兼顾各国需求，统筹陆海两大方向，涵盖面宽，包容性强，辐射作用大。第三，以交通基础设施为突破，实现亚洲互联互通的早期收获，优先部署中国同邻国的铁路、公路项目。第四，以建设融资平台为抓手，打破亚洲互联互通的瓶颈。第五，以人文交流为纽带，夯实亚洲互联互通的社会根基。

三、"一带一路"战略中，国与国之间的共赢关系

"一带一路"战略是中国的倡议，也是中国与沿线国家的共同愿望。中国愿与沿线国家一道，以共建"一带一路"为契机，平等协商，兼顾各方利益，反映各方诉求，携手推动更大范围、更高水平、更深层次的大开放、大交流、大融合。"一代一路"建设是开放的、包容的，世界各国和国际、地区组织都能积极参与。共建"一带一路"的途径是以目标协调、政策沟通为主，不刻意追求一致性，具有高度灵活性，是多元开放的合作进程。中国愿与沿线国家一道，不断充实完

善"一带一路"的合作内容和方式,共同制定时间表、路线图,积极对接沿线国家发展和区域合作规划。

　　中国愿与沿线国家一道,在既有双多边和区域次区域合作机制框架下,通过合作研究、论坛展会、人员培训、交流访问等多种形式,促进沿线国家对共建"一带一路"内涵、目标、任务等方面的进一步理解和认同。中国愿与沿线国家一道,稳步推进示范项目建设,共同确定一批能够照顾双多边利益的项目,对各方认可、条件成熟的项目抓紧启动实施。

　　"一带一路"是一条互尊互信之路,是一条合作共赢之路,是一条文明互鉴之路。只要沿线各国和衷共济、相向而行,就一定能够谱写建设丝绸之路经济带和 21 世纪海上丝绸之路的新篇章,让沿线各国人民共享"一带一路"共建成果。

四、"一带一路"相较于"华盛顿共识"

　　"一带一路"战略作为中国在新的历史时期进一步对外开放的新举措,也是在新的历史条件下对待全球化发展的正确态度。全球化的发展已经经历了一个相当长的历史时期,反映了人类发展的基本趋势,但全球化发展过程中也受到了诸多的指责与批评,这主要是因为历史上的全球化,尤其是在"华盛顿共识"主导下的全球化存在的一些问题。

　　由于"华盛顿共识"主导下的全球化主要体现了私有化、自由化、市场化在全球范围的不断深化推进,出现了经济发展的某些方面严重的"市场失灵"现象,缺乏对全球化进行的有效监管,甚至在全球化过程中有些方面出现了失控的情况,从而导致较为严重的危机在各个国家之间迅速蔓延。在"华盛顿共识"主导下的全球化,由于忽略了发展中国家经济发展与社会发展、经济发展与环境发展之间的协调关系,许多国家出现了政局不稳、社会动荡问题,许多国家出现基础设施建设不足、国民教育水平低下问题,许多国家出现资源耗竭、生态环境恶化问题,在"市场失灵"的同时,也出现了严重的"政府失灵"问题。

　　针对目前全球化发展过程中存在的这些重大问题,推进全球化转型就非常急迫了。中国首倡的"一带一路"战略,正是实现全球化转型的现实举措。相较于"华盛顿共识"而言,"一带一路"的基本理念、目标、原则和做法都是推动全球化成功转型的有力途径。首先,"一带一路"的基本理念是开放,"一带一路"倡议和建设的是一个开放系统,没有任何歧视,只要愿意,谁都可以通过适当方式参与其中。其次,"一带一路"建设的目标是尽快消除贫困,实现共同富裕,这与"华盛顿共识"主导下的全球化导致穷国与富国之间差距加大的现实不同。再次,"一带一路"建设的基本原则是共商共建共享,这就有效解决了发展中国家与发达国家在全球化过程中地位不平等的问题。

第五节 案例：新自由主义对拉丁美洲经济的影响

新自由主义作为一种影响巨大的社会思潮,在现实中是以具体的经济政策、政治政策作为推行的工具,对各个国家尤其是不发达国家造成了很大的危害,拉丁美洲地区就是一个典型。考察新自由主义经济思想对发展中国家经济和社会发展产生的影响和造成的危害,首先会想到20世纪70年代后的拉丁美洲地区。

一、新自由主义在拉丁美洲国家的传播

如前所述,新自由主义在经济上主张最大限度的自由化、尽可能快地私有化,并且在财政和金融方面采取强硬措施保证其经济自由化和产权私有化的实施。以美国为首的国际垄断资本主义,利用由他们所控制的国际货币基金组织、世界银行、世界贸易组织,向拉丁美洲地区推行所谓的"新自由主义改革",试图在世界范围内建立以新自由主义为理念的经济、政治和文化制度,实现他们的"新帝国主义梦"。

拉丁美洲国家受30年代世界经济危机严重冲击后,逐渐改变以出口初级产品为主的经济发展模式,奉行一种进口替代的工业化发展模式。但从60年代中期开始,拉丁美洲国家进口替代工业化模式遇到了企业效益低下、市场饱和等困难,许多中小企业困难重重,失业增加,国有企业负债累累,财政赤字不断增加,对外依赖加重。面对诸多的矛盾和问题,拉美国家在70年代开始接受以美国为首的"华盛顿共识",新自由主义改革在拉丁美洲一些国家开始进行

试验。

新自由主义在拉丁美洲的影响其实早在 50 年代就已经开始。当时,美国芝加哥大学这个货币主义的摇篮专门为来自拉丁美洲的学生设立了一个经济学博士学位点。这些在芝加哥大学接受经济学教育的拉丁美洲学者回到拉美后,有的在政府中任职,有的成了著名的企业家,对拉丁美洲的经济产生了重要的影响。他们积极倡导用新自由主义思想改造拉美经济,在新自由主义经济思想的影响下,智利、阿根廷、乌拉圭等国都实行对外开放的贸易自由化政策,加快了国有企业私有化的步伐,减少甚至取消国家对价格、汇率、利率等的全面干预和控制。同时,开放金融市场,放宽对外资的限制。阿根廷有学者指出,华盛顿共识的实施,使阿根廷不仅工业、商业、服务业,就连银行、电力、石油、公交、水利、邮电、铁路这样一些重要部门,也都实现了或正在实现私有化。拉丁美洲国家大量出售国有企业和大公司,而西方跨国公司则是最大的并购买家。

新自由主义之所以能够在拉丁美洲国家得以推行和迅速发生影响,除了美国的霸权主义和强权政治的因素以外,还有更深刻的国际和国内的、历史和现实的原因。从国际上看,新自由主义在拉丁美洲国家得逞,同当时的国际环境和经济全球化有着直接的关系。同时,从拉丁美洲国家内部来看,这些国家长期实行进口替代工业化的政策,没有着力去发展民族工业和民族资本,没有转向外向发展以寻求和扩大自己的国外市场,而只是力图通过地区经济一体化来解决国内市场狭小的问题。结果是对外部资金和技术的依赖进一步加深,导致深陷债务危机。在这种情况下,面对新自由主义的诱惑和美国的强权压力,拉美国家只能任由新自由主义的摆布。以美国为首的国际垄断资本,正是利用拉丁美洲国家面临的国内国际情况,对拉美地区经济实施了控制。

二、新自由主义对拉美国家造成的危害

尽管新自由主义者一直宣称,经济政策只对技术因素做出反应,因而"没有色彩"。但经济政策本身就代表着一定的利益和价值判断。从新自由主义在拉丁美洲的推行,从立足于自由开放、倡导市场机制以及减少政府作用的"华盛顿共识"的制定和实施过程看,一方面没有发展中国家参与制定条款,另一

方面各项条款不利于劳动阶级等这些细节表明，新自由主义就是资本的自由主义，是发达国家的自由主义。代表发达国家、代表垄断资本主义利益的新自由主义在拉丁美洲的推行，其结果必然不会有利于拉丁美洲国家的利益。实践证明，新自由主义的推行，在拉丁美洲造成了严重的经济后果和社会后果。

拉丁美洲是受新自由主义影响和危害最严重的地区。尽管在实行新自由主义的开始阶段，这些国家的经济有所发展，但随之而来的严重的经济衰退和动荡的社会问题，制约了它们的社会经济发展，使这些国家深陷危机而难以自拔。阿根廷学者把实行新自由主义的十年称为"失去的十年"，巴西学者把新自由主义的推行称为"美国的陷阱"。

从新自由主义改革前后的比较来看，在实行新自由主义之初，拉美地区有些国家经济有所增长，有些增长还较快，但从总体来看，经济增长的速度反而降低。阿根廷和巴西是拉丁美洲地区经济较发达的国家，人均国内生产总值曾经达到过 8000 美元，但在新自由主义改革以后，到 2002 年，阿根廷人均国内生产总值下降为 2665 美元。巴西东北部的亚马逊州，至今文盲仍占到全州人口的一半。与经济萧条相伴随的是高失业率。新自由主义在拉丁美洲推行后，拉丁美洲的失业率持续上升，有的国家有的年份失业率达到两位数。

沉重的外债负担是拉丁美洲国家社会经济发展的又一个大的障碍。发达国家的资本流入拉丁美洲地区国家，在利用外资发展本国经济的过程中会带来一定的收益，但拉美国家为此需要向资本输出国支付高昂的利息，这更进一步导致国内资本的短缺，降低了人民的生活水平。债务成为发达国家国际垄断资本勒索和控制拉丁美洲国家的手段和工具，成为阻碍拉美经济与社会发展的沉重的负担。

拉美地区推行新自由主义的另外一个严重的后果就是社会产生了严重的两极分化。实行新自由主义改革后，拉美地区最富有的人和最贫穷的人在社会总收入中所占比重的差距迅速拉大，1999 年 10% 的富人和 10% 的穷人在社会总收入中所占的比重大约相差 40 倍，这一差距到 2002 年上升到 46.6 倍。

新自由主义经济政策的基本原则就是私有化和政府减少甚至退出对经济的管制，这便极大地削弱了国家的宏观调控力。由于政府对经济的控制力减弱，结果在社会经济出现混乱的时候，政府就显得力不从心，从而使社会经济陷入更大的混乱，以至于出现失控的局面。拉丁美洲国家在市场化改革过程中，曾经以自由化、私有化、市场化进行得彻底而受到西方国家的赞誉，但后来这些国家的经济发展都出现了较为严重的问题。新自由主义要求政府退出经济领域，实行全面私有化，这种新自由主义政府不利于弱国和发展中国家的经济发展。

从社会层面来看，新自由主义所造成的社会危害也很严重，在有些国家所产生的结果甚至是灾难性的。以厄瓜多尔的发展为例，贸易自由化和金融自由化在厄瓜多尔推行的结果之一是破坏了原来的就业岗位，破坏了国内的生产体系，导致厄瓜多尔的失业率上升。2004 年失业人口占到经济自立人口的11%，就业不足的人口占劳动力的比重高达 46%。与此同时，厄瓜多尔的不平等也更趋于严重。2004 年最贫困的 20%人口的收入占比仅为 2.4%，最富有的20%人口的收入却占到了 60%。①

三、拉丁美洲国家的未来：新自由主义及其政策反思

拉丁美洲国家发展的历史事实证明，新自由主义经济政策并没有帮助拉丁美洲国家解决发展中遇到的问题，虽然新自由主义的经济政策给各个国家带来了一些暂时的、局部的积极因素，对危机起到了缓和的作用，但并不能从根本上消除困难与危机，甚至在更大的范围和更深的程度上积累了矛盾，埋下了更大的危机的可能性。在事实面前人们开始对新自由主义及其政策进行反思。在拉美国家，新自由主义也遭到了越来越多的批评。从拉丁美洲国家实行的新自由主义经济改革的实践及其结果看，以下几方面的问题值得深思：

首先，外资大量涌入带来的经济总量的增加并不意味着本国的经济真正实现了增长。新自由主义的理念和政策主张使很多拉丁美洲国家形成了这样的看法：只要政府减少对经济的干预，只要开放市场，实行贸易自由化、金融自由化、资本自由化，那么一定会实现经济的快速增长。但拉丁美洲国家发展的历史证明，国际资本市场的大量游资是被高的利润率所吸引而来的。市场经济

---

① 胡乐明. 新自由主义在拉美的失败——读〈厄瓜多尔：香蕉共和国的迷失〉[N]. 中国社会科学报，2015-03-02.

中的任何经济体都存在经济周期性波动，国际游资会在利润率较高的投资机会中大量涌入，而在经济有下行趋势时毫不犹豫地流走。因此，开放金融市场，放松金融管制，在短期带来经济快速增长的同时，其实隐藏了巨大的风险。拉丁美洲屡次爆发的危机就证明了这个结论。

其次，新自由主义经济政策的推行必然造成财富分配不均。实行新自由主义的拉丁美洲国家在新自由主义经济政策实行多年后都出现了进一步的两极分化的现象。拉丁美洲国家实行的对外开放和与发达国家接轨，确实使一部分经济活动和一部分人加入了国际资本大循环中，这部分人的财富也随之而迅速积累起来。但是，一部分人的富裕并不意味着所有人生活水平的提高，也不意味着整个国家的富裕。事实证明，大量外资进入本国使部分人享受开放的成果富裕起来的同时，恰恰是本国民族经济的衰退和另一部分人的收入下降。外资在短时间内带来的经济增长和收入增加，其中有相当一部分以利息和利润的形式流回发达国家，并没有真正参与到拉丁美洲国家国内的经济循环之中。收入差距的加大不利于国内消费增长，这种种现象都为未来经济危机的爆发埋下了种子。

第三，新自由主义经济政策主张尽可能减少政府的作用，这就使经济发展缺乏有效的公共政策的支持和调节。众所周知，在现代市场经济国家的宏观调控政策对于有效弥补市场失灵非常重要。在新自由主义经济思想的推动下，拉丁美洲国家普遍都缺乏有效的公共政策。全面私有化的实施，原有的国有经济基本都被出卖，这就使政府实施宏观调控政策的经济基础极其薄弱甚至不复存在了。经济发展的实践证明，仅仅依靠货币政策、财政政策等西方经济政策手段而没有相应的关键部门和国有企业实体作为政府实施调控的基础，在经济危机面前政府会陷入束手无策。

已经实行多年的新自由主义政策对拉丁美洲国家的经济发展带来的危害是深重的。自由化、私有化、市场化并没有改变这些发展中国家的经济落后现状，反而使这些国家在经济上严重依附于发达国家，使发展中国家进一步陷入发展的泥潭。

面对新自由主义在拉丁美洲制造的悲剧，新自由主义经济学家还在为自己辩护，国际货币基金组织、世界银行还在继续为拉丁美洲经济发展开出新的药方。但只要新自由主义经济思想所代表的阶级利益没有改变,只要国际金融组织为拉丁美洲开出的新药方没有改变"华盛顿共识"的本质,只要拉丁美洲国家还没有改变对发达国家的经济依赖,那么这种新自由主义的悲剧就还会重演。

因此,从拉丁美洲地区发展中国家国内来看,独立自主建立适合本国国情的经济体系,完善民族工业的发展至关重要。从国际环境看,建立以新兴市场国家为主,亚洲、非洲、拉丁美洲其他广大发展中国家参加的广泛的发展联盟,发展联盟内部资源丰富,优势互补,要形成联盟内部促进经济发展良性增长机制。通过专注于发展联盟内部发展,可少受发达国家长期债务问题、增长停滞问题的困扰。为适应世界主要国家经济地位的变化,发展中国家、新兴国家要积极有为,团结起来,建立一个由新兴国家和发展中国家做主的强大的发展银行,这在当前国家货币金融市场是十分必要的。建立这样一个不受发达国家控制和摆布的金融机构,可以大幅减少发展中国家对美元和欧元的需求,解决发展中国家、新兴国家内部投资、贸易需求及储备货币的需求。

第十一章　新自由主义与道德问题

关于道德问题的分析，似乎不属于本书研究的经济思想批判问题范围之内,然而事实并非如此。当我们按照时间顺序重新审视我国道德行为表现的演变时，会发现道德行为表现的演变与我国经济社会发展的时间节点有高度契合。

第一节　道德是什么?

道德,是人们自愿遵守的行为规范,例如,见义勇为、乐善好施等等。①道德是衡量行为正当的观念标准，是指一定社会调整人们之间以及个人和社会之间关系的行为规范的综合。不同的对错标准是特定生产能力、生产关系和生活形态下自然形成的。

大多数经济学家畏惧道德一词。像所有社会科学一样，经济学是在脱离道德哲学之后才成为一门"合法"学科的。

作为道德哲学家的亚当·斯密决定脱离道德因素来研究产品和服务的生产、分配及消费,从而开创了这个学科领域。对当事人行为的经济分析不是从道德角度出发(人们应该怎样做),而是基于客观的观察(他们实际怎样做),就像对原子的研究也是以其现实运动为基础,而非应该怎样运动。因此,经济学

---

① 高鸿业.道德是市场经济顺利运行的必要条件——西方经济理论和市场经济实践的论证[J].宏观经济研究,2004(2).

家们对于让道德因素进入他们的领域超级敏感。①

第二节　市场经济是否促使我国出现了
道德缺失和道德滑坡?

社会主义市场经济体制的建立和完善为我国经济发展打开了一扇新的大门,我国的经济实现了快速的增长,人们的物质生活水平得到了大幅提高。然而,我们在享受着经济高速发展给我们带来的物质文明成果的同时,也不得不经历当前社会频繁发生的道德滑坡问题,甚至面临着道德危机。

社会主义市场经济既有一般性又有特殊性。从一般性上讲,市场经济对经济社会发展的积极作用和消极作用,在社会主义条件下也都会表现出来。基于此,市场经济的道德悖论在社会主义市场经济条件下也会有所体现。发展市场经济,使市场在资源配置中发挥决定性作用。市场经济中的每一个经济主体都追求利润最大化,市场经济中的每一个个体都追求利益最大化。最大化目标一定意义上是社会生产力发展的动力,但从另一个角度讲,最大化目标也可能成为市场经济健康发展的障碍,如果没有适当的监管,市场经济的自发运行会存在道德悖论。所谓市场经济的道德悖论,即市场经济的发展既排斥道德又需要道德。一方面,资本追逐利润最大化和个人追求利益最大化,就可能导致极端利己主义、拜金主义等排斥道德的现象;另一方面,市场经济的发展又要求市场主体遵守市场秩序、遵守市场规则,这又要求参与市场活动的人们进行道德自律。

在我国市场经济发展的过程中,经济高速发展的同时,全社会的道德发展状况却越来越令人担忧。随着市场经济的深入发展, 人们的价值观在发生变化,与道德观屡屡发生碰撞,经常出现冲击道德底线的事件,道德危机问题日益凸显。

---

① 路易吉·津加莱斯. 繁荣的真谛[M]. 北京:中信出版社,2015:157.

一、市场经济与诚信危机

诚信状况是一个社会道德水平的最直观的反映，诚信缺失也是当前我国社会最突出的道德问题。利润最大化的目标的实现本来是要靠正确的投资场所、合理的生产要素组合、最佳产量决定以及一系列科学决策来实现，但不遵守市场秩序的生产者会利用产品造假、以次充好等来降低生产成本从而获得较高的利润，于是，市场经济活动中出现了一系列制假造假活动。市场参与者为达到获利的目的不择手段，假冒伪劣商品充斥市场，冲击着商业道德底线。

食品安全问题是最触目惊心的商业道德失范问题。民以食为天，食以安为先。但食品安全问题这些年来却一直存在于我们身边。2006年，在市场上出现了价格高昂的"红心"鸭蛋，号称是散养的鸭子吃了小鱼小虾后生成的，但实际上是养鸭户在鸭子吃的饲料里添加了苏丹红后所成。苏丹红是一种工业燃料，常被用来做鞋油、油漆等工业色素，毒性较大，有致癌性。2008年，出现患有肾结石病症的婴幼儿，经调查，是食用含有三聚氰胺的奶粉所致。由于在食品制作过程中要检查蛋白质含量，通常采用以食品中的氮原子含量来间接推算蛋白质的含量的办法，三聚氰胺的含氮量很高，生产工艺简单，成本很低，这就给了造假者极大的利益冲动。2010年，地沟油事件引起社会广泛关注。地沟油是来自城市大型饭店下水道的隔油池，被收集来经过处理后销往食品油加工企业，再制成食品和火锅底料等。长期食用地沟油对人体的危害极大，可能引发癌症。2011年，瘦肉精事件发生。瘦肉精是一种能够促进瘦肉生产的饲料添加剂。由于市场上消费者更喜欢购买瘦肉，瘦肉的价格较之于肥肉更高，这就使得养殖户逐利心切，在饲料中添加瘦肉精来增加动物的瘦肉量。但瘦肉精对人体危害巨大，严重的可能导致死亡。除此之外，毒生姜、镉大米等等众多的食品安全问题不绝于耳。剖析这些屡屡发生的食品安全问题，无一不是"利"在发挥作用。

二、市场经济中人们的价值取向问题

市场经济中各类生产要素的所有者和各种商品的生产者追求自身利益的最大化，在竞争中优胜劣汰，能够促进资源配置的效率，对经济发展和社会进步具有积极的影响。但在现实生活中,这种逐利性、追求效率却演变为一味向钱看,过分追逐自身利益,甚至见利忘义。

在我国市场经济发展过程中,这种金钱至上的现象越来越广泛,甚至有人将社会主义市场经济条件下人与人之间的关系就看成是如同资本主义生产方式下那种赤裸裸的金钱关系。人与人之间的人情味越来越淡,利己主义道德观极力推崇的"人不为己,天诛地灭"在中国大行其道,公众的价值观严重扭曲。这样的价值取向下,必然会引起市场秩序混乱,腐败问题横生,整个社会的道德水平下降。

与扭曲的价值观相伴而生的还有人们之间的道德冷漠,即人们之间在道德关系上的隔膜以及由此引起的道德行为方式的相互冷淡、互不关心。道德冷漠是行为主体具备道德观念和知识,但对现实社会提出的道德要求表现出一种漠不关心和麻木的心理。而这种道德冷漠最直接的后果便是人们的社会责任感缺失。人们习惯从自己的立场和自己的利益角度出发去考虑问题,因此便出现了本来可以通过互相伸把手帮帮忙就解决的问题现在需要钱来解决,见义勇为的行为变少了,遇到社会不公人们首先想到的不是拔刀相助而是保护自己。

第三节　市场经济中容易出现道德缺失的原因

我国改革开放 30 多年以来,公民道德领域出现了一些道德失范、诚信缺失等现象。这些问题既影响了社会的和谐稳定发展,也影响了人们的幸福感和安全感。对比改革开放前和改革开放后两个时期,尤其是市场经济体制建立和完善的过程中,会发现随着市场经济的发展公民道德领域的问题越来越严重。有人认为,这是因为我国进入了经济全球化的时期,在传统与现代、东方与西方的对比中,人们对于西方社会的文明程度、道德状况有了新的认识,人们不再满足于纵向对比,而是更倾向于对中国与世界各国进行横向对比。这就导致道德的认知更加多元化,道德评价的标准和参照系更加多样。

一、新自由主义经济思想的影响

有人认为,利己心是推动市场经济顺利运行的唯一必要条件,道德对于市场经济没有必要性。这种错误认识正是来源于西方新自由主义经济理论的看法。

亚当·斯密曾经说过,"每个人都在力图应用他的资本,来使其生产品能得到最大的价值。一般地说,他并不企图增进公共福利,也不知道他所增进的公共福利为多少。他所追求的仅仅是他个人的安乐,仅仅是他个人的利益。在这样做时,有一只看不见的手引导他去促进一种目标,而这种目标绝不是他所追求的东西。由于他追逐自己的利益,他经常促进了社会利益,其效果要比他真正想促进社会利益时所得到的效果还要大。"当我们庆幸存在"利己的同时可以实现利他"这一现象时,我们还应该从社会经济发展的实践中看到:首先,单纯由利己心推动的竞争可以导致欺诈行为。如,由于信息不对称的存在是竞争中占有信息优势的一方取得竞争优势的前提, 由于各个参与者所能获取的信息量并不是完全相等的,就会出现由这种信息不对称导致欺诈行为的发生。其次,单纯由利己心推动的竞争可以导致反竞争的后果。为了在竞争中占有有利地位,实力强的参与者会加强自己的垄断地位。再次,单纯由利己心推动的竞争可以造成负面的外部性。生产者利润最大化的目标,会促使其采用以牺牲社会利益为代价来谋求自身利益的生产方式,其中,以牺牲生态效益换取经济效益的生态负外部性呈扩大化趋势。第四,单纯利己心的推动可以使法律失效。在没有道德约束的条件下,法律界人士也同样会追求他们最大的经济利益。这样一来,单纯由利己心推动而不遵守道德的法律界人士可以使法律失效,从而未必能维护社会的正常秩序。

道德危机产生的原因与市场经济固有的特征有关,具体到我国,则是由于市场经济发展过程中所形成的经济增长方式不合理所致, 而这种经济增长方式恰恰就是新自由主义经济思想所极力推崇的增长方式。

改革开放以来,尤其是社会主义市场经济建设的过程中,经济开放给我们带来发展活力的同时,也使西方发达国家的价值观迅速在我国传播。其中新自由主义极力推崇的"利己主义""理性主义""最大化目标"等一系列原则已经内化为人们的行为观念。这些崇尚市场、崇尚自由的理念具有两面性。在我国急于寻求能够充分调动国内各种生产要素积极性来发展社会生产力的那个时代,新自由主义经济思想以"先进的管理经验、合理的商业规则"散发着魅力,其所包含的公平交易的商业道德、稳定市场交易秩序的商业规则,对我国经济发展起到了极大推动作用的同时,也对我国市场经济发展中的道德建设起到了促进作用。然而,西方新自由主义主导下的价值观和思想道德,对我国市场经济发展过程中的道德建设同时也起到了极大的破坏作用。

新自由主义者作为其经济原则之一的利己主义实质上是个人主义的表现形式之一,其基本特点就是以自我为中心,以个人利益作为思想、行为的原则和道德评价的标准。新自由主义者的又一个原则即最大化原则,这使接受新自由主义经济思想的生产者以是否实现利润最大化作为对自己经济行为合理与否的判断标准,接受新自由主义经济思想的消费者以是否实现效用最大化作为自己经济行为合理与否的判断标准。在这一价值判断标准的指引下,为了降低成本而对自然界的掠夺性使用就使人类之于自然出现不道德行为,为了争取利益最大化也使人与人之间出现了一些不择手段的行为。"金钱至上""利益熏心"不再是贴着资本主义标签的行为模式,在社会主义市场经济发展过程中越来越成为人们之间交往过程中更常见的一种现象。

二、传统道德体系和社会主义道德体系的对接裂缝

很长一段时期内,我们对传统道德批判的多,肯定的少;抛弃的多,继承的少,导致中华民族几千年来积淀的许多优良美好的传统道德被忽视、抛弃甚至践踏了。中华民族的优良道德传统一般是指以古代儒家伦理道德为主要内容并且包括墨家、道家、法家等传统道德思想的精华。在 2000 多年的历史发展过程中,各家思想相互影响,相互吸收,形成了中华民族特有的道德传统。比如,"天人合一"强调了人的发展和自然生态相协调;"整体至上"的思想包含了社会责任感和使命感;"仁爱兼利"提倡人和人之间的相互尊重和关心;"自强不息""厚德载物"的思想是人们激励斗志、克服困难的精神支柱;"修身自律"要求人们注重个人道德品质的修养。

这些在很长的历史时期内用以维系人们之间相互关系的优良道德传统,在我们发展市场经济的过程中却受到了新自由主义思想的责难。对我国传统

文化、传统道德的批判此起彼伏,建立与市场经济相适应的文化道德体系的诉求更进一步使我国传统道德遭到无情抛弃。与社会主义市场经济发展相适应的道德体系是什么尚无定论,于是在传统道德体系和社会主义市场经济中的道德体系对接过程中就出现了裂缝,人们自然地把与新自由主义道德思想与新自由主义经济理论一起,作为市场经济发展过程中的必然而接受了。

第四节 思想道德建设:传承、发展、重塑

国无德不兴,人无德不立。

现代社会的道德危机是全球社会和整个资本主义时代的基本问题。[①]道德危机已经成为阻碍社会健康发展的一大障碍。现代社会的道德危机也是市场经济的伴生问题。在新自由主义向全球推广的过程中,道德危机作为市场经济的伴随者也一并推广到了各个接受新自由主义经济思想的国家。我国在社会主义市场经济建设过程中,新自由主义经济思想也在一定程度上逐渐加深了对我国经济社会发展的影响。不得不承认,我国当前的道德危机已经是一种客观存在,道德危机的存在已经严重威胁到经济和社会的进一步发展,我们必须正视它。

一、传承中华优秀传统文化中的道德理念

"培育和弘扬社会主义核心价值观必须立足于中华优秀传统文化。牢固的核心价值观,都有其固有的根本。抛弃传统,丢掉根本,就等于割断了自己的精神命脉。"习近平同志的这一重要论述,深刻揭示了传承中华优秀传统文化中的道德理念与弘扬社会主义核心价值观之间密不可分的内在联系。

孝道、仁爱、诚信是中华传统道德理念中个人层面最基本的价值范畴,历经两千多年的社会发展、文化变迁仍保持着旺盛的生命力和强大的感召力。传

---

① 黄学胜.现代社会的道德危机及其出路:从康德、黑格尔到马克思 [J].学术论坛,2016(8).

统的中国文化是一个以伦理为核心的文化系统。中国人崇尚以儒家"仁爱"思想为核心的道德规范体系,讲求和谐有序,倡导仁义礼智信,追求修身齐家治国平天下全面的道德修养和人生境界。可以说,思想道德建设是中华文化脉动几千年的核心力量,对现在中国社会和人民群众,有着深刻的影响,是现代道德建设的思想基础。

二、加强社会主义思想道德建设

2013 年 11 月习近平同志考察山东时指出,"必须加强全社会的思想道德建设,激发人们形成的善良的道德意愿、道德情感,培育正确的道德判断和道德责任, 提高道德实践能力尤其是自觉践行能力, 引导人们向往和追求讲道德、尊道德、守道德的生活,形成向上的力量、向善的力量。只要中华民族一代接着一代追求美好崇高的道德境界,我们的民族就永远充满希望。"

2013 年 12 月 30 日中共中央政治局就提高国家文化软实力研究进行第十二次集体学习时,习近平同志强调,"中国梦的宣传和阐释,要与当代中国价值观念紧密结合起来。中国梦意味着中国人民和中华民族的价值体认和价值追求,意味着全面建成小康社会、实现中华民族伟大复兴,意味着每一个人都能在为中国梦的奋斗中实现自己的梦想, 意味着中华民族团结奋斗的最大公约数,意味着中华民族为人类和平与发展做出更大贡献的真诚意愿。"

马克思主义一向重视道德建设的必要性。马克思主义关于上层建筑与经济基础之间的关系的原理说明,道德作为上层建筑的组成部分之一,要适应而且会推动作为我国目前经济基础的社会主义市场经济。因此,在社会主义市场经济发展过程中, 必须重视道德建设, 将道德建设贯穿于社会发展的各个领域,才能最终有利于社会主义市场经济的发展。道德生活的改善必然要求改变资本主义生产方式和经济基础,警惕新自由主义思想的影响。

三、加强法制建设

德以劝善,法以诛恶。改革开放以来我国道德水平下滑有目共睹,现在已经到了非加强道德教育和道德建设不可的时期了。然而,经历了改革开放后至今天的发展历史,许多传统优良道德被丢弃, 社会主义道德体系没有建立起来,新自由主义引导下的道德破坏效应还未消除,单纯靠道德教育和道德建设恐怕难以在短时间内营造良好的社会环境, 难以在全社会范围内培养起良好的道德情操。

要使道德教育由软变硬、由虚变实,就必须有一套严格的法律和制度来规范和保障道德建设的实践。法律保障制度一方面应该致力于消除人们行善的后顾之忧,减少"扶不扶"的困扰,用完善的法律为道德撑腰,才能让好人放心地做好事,扭转当前部分不良的社会风气。法律保障制度另一方面还应该加大对道德堕落和失德行为的惩罚,对道德的堕落实行有效的制裁,通过严厉的惩罚促使道德行为能够内化成人们的道德自律。

参考文献

[1]马克思恩格斯全集[M]. 中文第 1 版. 第 1-50 卷. 北京：人民出版社，1956~1985.

[2]马克思. 资本论[M]. 第 1-3 卷. 北京：人民出版社，2004.

[3]列宁选集[M]. 第 2 卷. 北京：人民出版社，1995：653.

[4]〔美〕道格拉斯·多德（Douglas Dowd）. 资本主义经济学批评史[M]. 南京：凤凰出版传媒集团，江苏人民出版社，2008.

[5]〔英〕诺尔曼·P. 巴利（Norman P. Barry）. 古典自由主义[M]. 上海：上海人民出版社，1998.

[6]罗兰·斯特龙伯格. 西方现代思想史[M]. 北京：中央编译出版社，2005.

[7]〔美〕保罗·克鲁德曼（Paul Krugman）. 致命的谎言：揭开经济世界的真相[M]. 北京：北京大学出版社，2009.

[8]〔美〕丹尼尔·A. 科尔曼（Daniel A. Coleman）. 生态政治：建设一个绿色社会[M]. 上海：上海译文出版社，2006.

[9]张夏准. 资本主义的真相——自由市场经济学家的 23 个秘密[M]. 北京：新华出版社，2011.

[10]西斯蒙第（Sismondi）. 政治经济学新原理[M]. 北京：商务印书馆，1983.

[11]萨伊. 政治经济学概论[M]. 北京：商务印书馆，1997.

[12]亚当·斯密（Adam Smith）. 国民财富的性质和原因的研究[M]. 下卷. 北京：商务印书馆，2014.

[13]〔美〕保罗·A. 萨缪尔森（Paul A. Samuelson），威廉·D. 诺德豪斯

(William D. Nordhus). 经济学[M]. 上. 北京：中国发展出版社，1992.

[14]特里·伊格尔顿(Terry Eagleton). 马克思为什么是对的[M]. 北京：新星出版社，2011.

[15]大卫·鲍兹(David Boaz). 古典自由主义[M]. 北京：同心出版社，2009.

[16]路易吉·津加莱斯(Luigi Zingales). 繁荣的真谛[M]. 北京：中信出版社，2015.

[17]约瑟夫·E. 斯蒂格利茨，热拉尔·罗兰主编. 私有化：成功与失败[M]. 北京：中国人民大学出版社，2011.

[18]乔治·丁·施蒂格勒(George JosephStigler). 价格理论[M]. 北京：商务印书馆，1992.

[19]〔美〕尼古拉斯·拉迪(Nicholas R. Lardy). 中国经济增长靠什么[M]. 北京：中信出版社，2012.

[20]〔日〕中谷岩. 资本主义为什么会自我崩溃：新自由主义者的忏悔[M]. 北京：社会科学文献出版社，2010.

[21]莱斯特·R. 布朗(Lester R. Brown). B 模式——拯救地球，延续文明[M]. 北京：东方出版社，2003.

[22]张军. 被误读的中国经济——像中国那样增长[M]. 上海：东方出版社，2013.

[23]爱德华多·加莱亚诺(Eduardo Galeano). 拉丁美洲被切开的血管[M]. 北京：人民文学出版社，2001.

[24]路易吉·津加莱斯. 繁荣的真谛[M]. 北京：中信出版社，2015.

[25]陶永谊. 互利：经济的逻辑[M]. 北京：机械工业出版社，2011.

[26]高鸿业. 西方经济学[M]. 北京：中国人民出版社，2000.

[27]中国经济发展和体制改革报告：中国改革开放 30 年(1978-2008)[M]. 北京：社会科学文献出版社，2008.

[28]中共中央关于建立社会主义市场经济体制若干问题的决定

[29]李建平. 新自由主义市场拜物教批判——马克思《资本论》的当代启示[J]. 当代经济研究，2012(9).

[30]王志伟. 经济全球化下的新自由主义经济学[J]. 福建论坛(人文社会

科学版),2004(2).

　　[31]刘国光.对经济学教学和研究中一些问题的看法[J].高校理论战线,2005(9).

　　[32]何自力.对中国经济学教育二元格局的反思[J].经济纵横,2009(1).

　　[33]杨敏,周尚万.关于西方经济思想对我国改革开放影响的思考[J].改革与战略,2009(4).

　　[34]张作兴.经济学思维方式的特质与创新[J].东南学术,2005(2).

　　[35]孙勇.从经济学派理论假设的变迁看西方经济学的发展[J].江苏社会科学,2002(1).

　　[36]杨静."经济人"假设的反思与评判[J].上海经济研究,2006(2).

　　[37]程恩富.理论假设的分类与马克思主义经济学的创新[J].云南财经大学学报,2007(6).

　　[38]于刃刚.西方经济学生产要素理论述评[J].河北经贸大学学报,2002(5).

　　[39]陈孝兵.经济学的工具理性及其方法论[J].经济评论,2007(5).

　　[40]田国强.现代教训的基本分析框架与研究方法[J].经济研究,2005(2).

　　[41]余东华.从诺贝尔经济学奖看西方主流经济学的发展与演进[J].天津社会科学,2006(5).

　　[42]卢风.西方社会科学方法论中的个人主义与整体主义之争[J].哲学动态,1993(8).

　　[43]杨立雄.个体主义抑或整体主义[J].经济学家,2000(1).

　　[44]叶航.个体主义方法论的偏误[J].中国社会科学评价,2016(3).

　　[45]陈孝兵.经济学的工具理性及其方法论[J].经济评论,2007(5).

　　[46]左大培.中国经济学现代化的探索[J].经济研究,1996(4).

　　[47]裴小革.新自由主义与资本主义经济危机——基于阶级分析方法的研究[J].理论探讨,2015(3).

　　[48]蔡继明,王生升.保守的理念与"革命"的方法——新自由主义经济学范式[J].天津社会科学,2004(2).

[49]高和荣. 揭开新自由主义的意识形态面纱[J]. 政治学研究,2011(3).

[50]张才国. 新自由主义的意识形态本质:国际垄断资本主义的理论体系[J]. 科学社会主义,2008(1).

[51]竟辉. 意识形态安全视阈下新自由主义批判路向研究[J]. 当代经济研究,2016(10).

[52]程恩富,何干强. 论推进中国经济学现代化的学术原则——主析"马学""西学"与"国学"之关系[J]. 马克思主义研究,2009(4).

[53]程言君,王鑫. 坚持和完善"公主私辅型"基本经济制度的时代内涵——基于新自由主义的国际垄断资本主义意识形态工具性质研究 [J]. 管理学刊,2012(4).

[54]王熙,邓鹏. 新自由主义意识形态化的路径研究[J]. 学习与实践,2013(5).

[55]周宏,李国平. 金融资本主义:新特征与新影响[J]. 马克思主义研究,2013(10).

[56]蔡万焕. 新自由主义的兴衰——大卫·科兹对新自由主义的批判[J]. 红旗文稿,2015(14).

[57]刘灿. 从经济自由主义和国家干预的纷争与现实看市场经济模式[J]. 中国经济问题,2010(1).

[58]魏礼群. 正确认识与处理政府和市场关系[J]. 全球化,2014(4).

[59]胡钧. 科学定位:处理好政府与市场的关系[J]. 经济纵横,2014(7).

[60]张夏准. 国有企业该被私有化吗[J]. 现代国企研究,2012(1).

[61]程恩富,丁冰,左大培等. 十教授联合声明:产权改革风向不能错[N]. 社会科学报,2004-09-10.

[62]周新城. 不能让新自由主义误导国有企业改革[J]. 山西财经大学学报,2004(5).

[63]程恩富,方兴起. 深化经济改革的首要任务绝不是国有企业私有化[J]. 求是,2012(13).

[64]陈亮. 国有企业私有化绝不是我国国企改革的出路[J]. 马克思主义研究,2012(5).

[65]朱安东.国有企业改革一定要防止私有化倾向[J].宏观经济研究,2015
(3).

[66]于晓华,魏昊.垄断性国有企业不需要也不能实行私有化[J].红旗文稿,2015(8).

[67]何干强.揭开把改革引向私有化的面纱——评《重启改革议程》的理论逻辑[J].管理学刊,2015(4).

[68]王志东.马克思理想:"重新建立"的个人所有制[J].湖南行政学院学报,2015(3).

[69]苏炳衡.经济学的"哥德巴赫猜想"——试析"重新建立个人所有制"的确切含义[J].理论月刊,2002(2).

[70]王成稼.对"重新建立个人所有制"的辨析[J].当代经济研究,2004(10).

[71]赵学清.也谈"重新建立个人所有制的本意——兼与卫兴华老师商榷"[J].江苏行政学院学报,2013(5).

[72]赵家祥.按照资本的逻辑和历史理解"重新建立个人所有制"的含义[J].理论视野,2013(1).

[73]卫兴华.再析马克思"重建个人所有制"的含义——兼评王成稼研究院的有关诠释与观点[J].当代经济研究,2008(9).

[74]朱舜."重新建立个人所有制"理解偏差及本质理解[J].马克思主义研究,2015(12).

[75]许崇正.马克思"重新建立个人所有制"的本质特征[J].经济学家,2009(9).

[76]卫兴华.论资本主义和社会主义的混合所有制[J].马克思主义研究,2015(1).

[77]李炳炎.新制度经济学的本质及其对中国经济改革的影响评析[J].马克思主义研究,2010(11).

[78]张胜荣.新自由主义经济学的破绽和危害[J].贵州大学学报(社会科学版),2006(3).

[79]李文.新自由主义的经济"成绩单"[J].求是,2014(16).

［80］吴易风. 新自由主义给俄罗斯经济带来的第三个大灾难［J］. 领导参考，2005（8）.

［81］余振，吴莹. 阿根廷新自由主义改革失败的启示［J］. 拉丁美洲研究，2003（5）.

［82］郭庆旺，赵志耘. 中国经济增长"三驾马车"失衡悖论［J］. 财经问题研究，2014（9）.

［83］曾汉生. 论净出口对经济增长的影响——以中美贸易顺差为例［J］. 湖南人文科技学院学报，2010（5）.

［84］陈建宝，李坤明. 收入分配、人口结构与消费结构：理论与实证研究［J］. 上海经济研究，2013（4）.

［85］王雪琪. 我国居民消费结构变动影响因素及趋势研究［J］. 统计研究，2016（2）.

［86］吕红星. 降低企业成本要解决好两个问题［N］. 中国经济时报，2016-08-25.

［87］邱海平. 供给侧结构性改革必须坚持以马克思主义政治经济学为指导［J］. 政治经济学评论，2016（2）.

［88］谢地，郁秋艳. 用马克思主义政治经济学指导供给侧结构性改革［J］. 马克思主义与现实，2016（1）.

［89］丁为民. 供给侧结构性改革的实质、路径与实现条件［J］. 政治经济学评论，2016（2）.

［90］许梦博，李世斌. 基于马克思社会再生产理论的供给侧结构性改革分析［J］. 当代经济研究，2016（4）.

［91］张衔. 马克思的社会资本再生产模型：一个技术性补充［J］. 当代经济研究，2015（8）.

［92］袁祖社，董辉. "公共精神"的高阶形态：走向"大共同体时代"的生态正义信仰［J］. 山东社会科学，2013（7）.

［93］韩克勇，李繁荣. 经济增长理论的生态反思［J］. 云南财经大学学报，2014（3）.

［94］梁中堂，翟胜明. 经济增长理论史研究（上）［J］. 经济问题，2004（3）.

[95]李繁荣,韩克勇. 马克思国际贸易思想的生态蕴含及其现实意义[J]. 福建论坛,2014(12).

[96]程永宏. 改革以来全国总体基尼系数的演变及其城乡分解[J]. 中国社会科学,2007(4).

[97]厉以宁. 论"中等收入陷阱"[J]. 经济学动态,2012(12).

[98]段学慧. 跨越"中等收入陷阱"必须警惕"新自由主义"[J]. 河北经贸大学学报,2012(6).

[99]姚枝仲. 什么是真正的中等收入陷阱[J]. 国家经济评论,2014(6).

[100]李庆. 资本主义是国际垄断资本主义:帝国主义的高级阶段[J]. 唯实,2002(21).

[101]胡乐明. 新自由主义在拉美的失败——读《厄瓜多尔:香蕉共和国的迷失》[N]. 中国社会科学报,2015-03-02.

[102]高鸿业. 道德是市场经济顺利运行的必要条件——西方经济理论和市场经济实践的论证[J]. 宏观经济研究,2004(2).

[103]黄学胜. 现代社会的道德危机及其出路:从康德、黑格尔到马克思[J]. 学术论坛,2016(8).

后 记

"在政治经济学领域内,自由的科学研究遇到的敌人,不只是它在一切其他领域内遇到的敌人。政治经济学所研究的材料的特殊性质,把人们心中最激烈、最卑鄙、最恶劣的感情,把代表私人利益的复仇女神召唤到战场上来反对自由的科学的研究。"①政治经济学的研究从来都是有阶级性的,这也是世界范围内人们对新自由主义经济思想褒贬不一的原因。对于新自由主义经济学是持赞赏还是批判态度,就必须深入经济理论的背后,把握其来龙去脉,认清其理论本质,分析其社会影响。

从事多年"资本论"教学与研究工作的我,在写作的过程中很自然地会用马克思主义经济学的立场、方法和观点看问题,在对待新自由主义经济学的态度方面亦是如此。因此,书稿从新自由主义的方法论缺陷和意识形态特点的分析开始,具体到新自由主义的各种核心观点的分析,都是基于马克思主义经济学理论体系而展开论述的。

书稿写作的过程中,也曾就书稿涉及的内容与学界同仁进行过交流,意料之中地进行了一番激烈的讨论。于是更加清楚这么多年来新自由主义经济思想盛行的原因,也更加清楚书稿成书之后不可避免会有质疑和批评的声音。但若能"以石击浪"又何尝不是一种意义呢?

书稿既成,行将付梓。要感谢晔枫先生在书稿写作过程中给予的帮助,针对一些问题,晔枫先生经常与我电话讨论,讨论的结果也体现在书稿中。感谢

---

① 马克思恩格斯文集[M].第5卷.北京:人民出版社,2009:10.

山西经济出版社的李慧平老师,在书稿的校订、出版过程中给予的大力支持和帮助。

2017 年 9 月